Lumpenproletariat

Christopher Wimmer

Lumpenproletariat

Die Unterklassen zwischen Diffamierung und revolutionärer Handlungsmacht

Reihe
theorie.org

Schmetterling Verlag

Bibliografische Informationen der Deutschen Nationalbibliothek
Die Deutsche Nationalbibliothek verzeichnet diese Publikation in der Deutschen Nationalbibliografie; detaillierte bibliografische Daten sind im Internet über http://dnb.d-nb.de abrufbar.

Schmetterling Verlag GmbH
Libanonstr. 72A
70184 Stuttgart
www.schmetterling-verlag.de
Der Schmetterling Verlag ist Mitglied von aLiVe,
der assoziation Linker Verlage.
ISBN 3-89657-647-X
1. Auflage 2021
Printed in the Czech Republic

Satz und Reproduktionen: Schmetterling Verlag
Druck: EuroPB, Príbram

Inhalt

1 Einleitung

Für eine Tageszeitung verfasste ich im Frühjahr 2020 einen Kommentar, der sich kritisch mit der Äußerung der SPD-Parteivorsitzenden Saskia Esken auseinandersetzte, die SPD «sei Antifa». Ich stellte diese Selbstzuschreibung der konkreten Parteipolitik der letzten Jahre gegenüber. Eine Funktionärin der Parteijugend teilte diesen Text in den sozialen Medien, was zu einer Flut an wütenden Leserbriefen der Parteijugendlichen führte. Der Vorwurf lautete, ich würde allen Mitgliedern der Partei antifaschistisches Engagement absprechen. Aus dieser Masse stach eine Mail eines jungen Parteimitglieds heraus, der mich als «Lump» bezeichnete. Welch seltsamer Begriff.

Ein Wörterbuch klärte auf: Der Lump leitet sich vom «Haderlump» ab und ist ein vor allem in Süddeutschland und Österreich gebräuchliches Schimpfwort für Habe- oder Taugenichtse. Der Lump rekurriert auf die «Lumpensammler», die seit dem Mittelalter bis in die Moderne hinein umherzogen, um abgetragene Kleidungsstücke sowie Stofffetzen – sogenannte «Hadern» bzw. «Lumpen» – zu sammeln, um diese dann wiederum an Papiermühlen weiterzuverkaufen. Solche Lumpen bildeten bis ins 18. Jahrhundert den einzig verfügbaren Rohstoff für die Herstellung von Papier.

Aufgeklärt über die Beschimpfung, die mir zuteil wurde, stieß ich auf den Begriff des Lumpenproletariats. Nur noch selten verwendet, scheint er keine sonderliche Aktualität mehr zu besitzen. Ein archäologischer Blick auf den Begriff legt jedoch eine interessante Entstehungsgeschichte, eine komplexe Bedeutung und eine überraschende Gegenwärtigkeit frei. Alledem möchte ich in diesem Buch nachspüren.

Karl Marx und Friedrich Engels gelten als Erfinder des Begriffs. Er bot ihnen die Möglichkeit, ihre Prognosen aus den Revolutionsjahren 1848/49 zu revidieren, als sie – mit wahnsinniger historischer Ungeduld – von einem unmittelbaren Sieg des Proletariats im Klassenkampf und der Verwirklichung der klassenlosen Gesellschaft ausgingen. Schuld für die Niederlage der Revolutionen seien neben der eigenen Schwäche des Proletariats auch «sozial degradierte, von den Herrschenden korrumpierbare und daher im Klassenkampf passive oder ambivalent agierende Teile der sozialen Unterschichten» (Bescherer 2015, 1379) gewesen: das Lumpenproletariat. Marx zog daher «eine Grenze zwischen dem Proletariat und dem Lumpenproletariat, um den moralischen Charakter des ersteren zu verteidigen» (Denning 2010, 87; eigene Übersetzung) und das zweite auszugrenzen und abzuwerten. Nach einer kurzen Vorgeschichte beschäftige ich mich im dritten Kapitel ausführlich mit der Verwendung des Begriffs bei Marx und Engels. Bis heute bilden moralische Abwertungen bestimmter Gruppen ein Mittel der sozialen Disziplinierung. Eine solche Abgrenzung des Devianten, Disziplinlosen und Leistungs- und Arbeitsunwilligen gehört konstitutiv zu modernen Gesellschaften und reicht von der «Gefahr», die von der Heimatlosigkeit der Vagabund*innen der frühen Neuzeit ausging, bis zur gegenwärtigen «Faulheit» der ALG II-Empfänger*innen. Die offene oder verdeckte Verachtung und Stigmatisierung der Mehrheitsgesellschaft gegenüber Gruppen wie Langzeiterwerbslosen oder Obdachlosen ist bis heute durchweg präsent. Im vierten Kapitel werde ich zeigen, dass diese sich in der gesamten Geschichte der Arbeiter*innenbewegung aber auch in kritischer Soziologie wiederfinden lassen. Diese Stimmen begreifen das Lumpenproletariat lediglich als Objekt und sprechen ihm entweder jede Handlungsmacht ab oder können in ihm nur eine reaktionäre und käufliche Gruppe erkennen, die vor allem durch die gegenwärtige weltweite autoritäre Formierung eine Wiederkehr erlebt. Doch nicht die gesamte Arbeiter*innenbewegung des 19. und 20. Jahrhunderts übernahm diese polemischen negativen Konnotationen, die Marx dem Lumpenproletariat angelegt hatte. Dies ist Inhalt des fünften Kapitels. So finden sich bei den Anarchisten Michail Bakunin und Erich Mühsam oder in den Schriften von Frantz Fanon, die heute als Gründungstexte postkolonialer Theorie gelten, Ansätze, das Lumpenproletariat positiv zu bestimmen: untergründige Widerstandsformen konvergieren mit Kriminalität und können dabei zu einer Kraft des revolutionären Umbruchs werden.

In der langen Debatte zwischen Marxismus und Anarchismus wurde das Lumpenproletariat vor allem mit Bezug auf die Revolution verhandelt. Findet sich das revolutionäre Subjekt im Industrieproletariat oder bei den «Verdammten dieser Erde»? Diese Frage bewegte im 20. Jahrhundert linke Politik und Theorie. Während die Sozialdemokratie ihre Hoffnungen in die gut organisierte Arbeiter*innenklasse setzte, weiteten Revolutionäre, denen der Rückgriff auf eine solch relativ homogene Klasse fehlte, ihr Verständnis des revolutionären Subjekts aus. Wladimir Iljitsch Lenin und Mao Tse-tung beispielsweise betrachteten das Lumpenproletariat strategisch und betonten die Bedeutung dieser Klasse, die noch nicht vom Kapitalismus absorbiert worden war, erkannten aber auch die Notwendigkeit ihrer revolutionären Führung.

Aus alledem ergibt sich – aufs begriffsgeschichtliche Ganze gesehen – ein drastischer Widerspruch zwischen reaktionärem Opportunismus (Marx) und einer existentiellen Nähe zum radikalen Bruch mit der Gesellschaft (Bakunin, Fanon). Dieser Widerspruch stellt den Inhalt dieses Buches dar. Elisabeth Olfermann, Christian Frings, Detlef Hartmann, Frank Engster, Julia Bringmann und Timm Graßmann haben große Teile des Manuskripts Korrektur gelesen und durch Anmerkungen, Kommentare, Gespräche und Unterstützung wesentlich zum Gelingen dieses Projekts beigetragen. Ihnen gilt ebenso wie dem Schmetterling Verlag mein herzlicher Dank.

2 Vorgeschichte des Lumpenproletariats

Die Vorstellungen, die mit dem Lumpenproletariat verbunden sind, reichen zurück bis in vorkapitalistische Gesellschaften. Da die kapitalistischen Klassenverhältnisse nur als Transformation vorhergegangener gesellschaftlicher Strukturen verstanden werden können, beginnt die Analyse des Lumpenproletariats vor ihm selbst. Bereits in vorkapitalistischen Vorstellungen von Armut und Exklusion lassen sich Unterscheidungen zwischen einer «guten» und einer «schlechten» Unterklasse finden. Von einem «echten Teil» der von Armut bedrohten Bevölkerung wurde stets ein weiterer Teil durch moralische Grenzziehungen abgetrennt. Diese Trennung kann mit Georges Bataille als der Ausschluss eines «verfemten Teils» verstanden werden (Bataille 2007). Darunter versteht Bataille den nicht-integrierbaren Teil in Ökonomie, Politik und Gesellschaft, der als das Ausgeschlossene in der vorherrschenden gesellschaftlichen Homogenität negativ bestimmt wird, gleichzeitig aber eingeschlossen ist. Jede soziale Ordnung, so Bataille, bedarf eines solch heterogenen Bereichs, um sich selbst zu definieren. Keine Gesellschaft kommt ohne Opfer aus.

2.1 Der Vagabund als unwürdiger Armer

Verfemte Teile finden sich bereits in antiken Gesellschaften, man sollte aber spätestens am Ende der frühen Neuzeit beginnen. Dort wurde die Armut der Unterklassen im Rahmen einer von Gott gegebenen Ordnung verstanden, die Versorgung und Fürsorge war Aufgabe der Kirchen. Doch bereits diese knüpften ihre Unterstützung an zwei Bedingungen: Fester Wohnsitz und Arbeitsunfähigkeit (vgl. Castel 2000, 64ff.). Wer unverschuldet und rechtschaffen in Not geraten war, verdiente Almosen in Form christlicher Nächstenliebe. Hierunter fielen vor allem Witwen, Waisen und Kranke. Sie waren zwar marginalisiert, konnten durch Mildtätigkeit jedoch noch in geringem Maße gesellschaftlich teilhaben. Nach dem Gründungsakt des Pariser Generalspitals von 1656 wurden sie «als lebendige Glieder Jesu

Christi, und nicht als unnütze Glieder des Staates» (in: Depauw 1974, 403; eigene Übersetzung) betrachtet und dementsprechend behandelt.

Wer nicht arbeiten wollte oder konnte, wohnsitzlos oder fremd war, wurde hingegen mit allen Mitteln aus der Gesellschaft ausgeschlossen. Es entwickelte sich die Unterscheidung zwischen arbeitsfähigen und arbeitsunfähigen Armen, eine Trennlinie zwischen Gut und Böse, anhand derer soziale Hilfen gewährt oder verweigert, Freiheitsrechte verwehrt oder ermöglicht wurden. Sesshaftigkeit, Integration und Erwerbsbeteiligung waren die Garanten für ein gesellschaftlich als würdevoll angesehenes Leben. Bereits 1349 wurde in England dahingehend das erste Gesetz über eine Pflicht zur Arbeit beschlossen. Es folgten Bettelverordnungen und -verbote, die im Laufe des 16. Jahrhunderts in ganz Europa festlegten, wer als Arbeitsunfähige*r zum Betteln berechtigt war und wer nicht. Dabei kann in den ersten Ansätzen zur Erfassung der Arbeitsunfähigen die Grundlage für die moderne Ausweispflicht erkannt werden.

Der Vagabund, der arbeitsfähige und heimatlose Nichtarbeiter, stellte sich gegen diese Sozialordnung der vorkapitalistischen Moderne. Für den französischen Soziologen Robert Castel (1933–2013) entzündet sich an ihm die soziale Frage der damaligen Zeit. Unter dem Begriff Vagabund fasst Castel «Bettler (…), Spitzbuben, Simulanten (Bettler, die Krankheiten vorgeben), Müßiggänger, Hurenjäger, Kuppler, Haderlumpen, Faulenzer etc.» (Castel 2000, 81) zusammen. «Zu dieser Aufzählung kommen häufig noch Berufe mit schlechtem Ruf hinzu, etwa Spielleute, Sänger, Kuriositätenschausteller, Zahnzieher, Quacksalber sowie mißbilligte Tätigkeiten – Würfelspieler oder Prostituierte, ja sogar Barbiere oder Barbiersgesellen» (ebd.). Die Vagabund*innen wurden seit dem 16. Jahrhundert gnadenlos verfolgt, da sie gegen die gesellschaftliche Norm der ständisch und zünftisch durchweg organisierten und regulierten Arbeit verstießen. In Frankreich wurden per Erlass ab 1659 Zucht- und Arbeitshäuser errichtet, die sich alsbald auch in ganz Europa finden ließen (vgl. Sachße/Tennstedt 1998, 113). Dort versuchte man mit drakonischen Maßnahmen wie Freiheitsentzug oder Arbeitszwang die Vagabund*innen und Bettler*innen zu bekämpfen. Mit Mitteln der Repression und der Disziplinierung sollte die Asozialität der vagabundierenden Störenfriede (Thomä 2016) ausgelöscht werden. Die negative Bewertung dieses gesellschaftlichen «Bodensatzes» war eindeutig. Eine Augsburger Chronik des 15. Jahrhunderts drückt dies deutlich aus: «Der verdorbene, das heißt der arme Mann kehrt sich zum Bösen» (in: Aubin/Zorn 1976, 376).

Auch Karl Marx zitierte im «Kapital» staatliche Maßnahmen, die sich gegen die Armen richteten: beispielsweise verordnete ein englisches Statut von 1547, dass, wenn jemand sich weigerte zu arbeiten, er oder sie «als Sklave der Person zugeteilt werden [soll], die ihn als Müßiggänger denunziert hat. [...] Wenn sich der Sklave für 14 Tage entfernt, ist er zur Sklaverei auf Lebenszeit verurteilt und soll auf Stirn oder Backen mit dem Buchstaben S gebrandmarkt, wenn er zum drittenmal fortläuft, als Staatsverräter hingerichtet werden» (MEW 23, 763).

Solche gewaltsamen Prozesse der Ausgrenzung, Disqualifikation und Bestrafung bildeten den Ausgangspunkt für die bis heute noch aktuelle Trennung zwischen *deserving* und *undesving poor*. Es gäbe «zwei Arten von Armen», schrieb 1654 der calvinistische Schriftsteller Richard Younge: «Die Armen Gottes und die Armen des Teufels» (in: Clark/Slack 1972, 165). Während erstere ausschließlich materiell arm seien, beschreibt Younge zweitere als frech und charakterschwach. Der ersten Gruppe sollte mit individueller Hilfe, die sich am Arbeitsprinzip orientierte, geholfen werden, die zweite wurden der Verachtung preisgegeben. Die Unterklassen separierte fortan eine Trennlinie, die «respektable» und «nicht respektable» Existenzen voneinander unterschied. Diese Linie blieb auch noch bestehen, als mit der Aufklärung soziale Ungleichheit immer mehr gesellschaftlichen Charakter gewann – und damit zu einer von Menschen veränderbaren Tatsache wurde.

In dieser Zeit taucht auch die Bezeichnung «Pöbel» für die aufsässigen und gefährlichen Unterklassen erstmals auf, während sie im Mittelalter als «Povel» noch relativ wertneutral verwendet wurde. Es sollte Georg Wilhelm Friedrich Hegel (1770–1831) sein, der als einer der Ersten einen präzisen Begriff davon entwickelte, dass es in modernen, auf Arbeitsteilung basierenden Gesellschaften zur Polarisierung des gesellschaftlichen Reichtums kommt und damit auch zur Notwendigkeit der gesellschaftlichen Produktion von Armut und Ausgrenzung. «Was die Armut anbetrifft, so wird sie immer in der Gesellschaft sein, und je mehr, je größer der Reichtum gestiegen ist» (HW

3, 702), so Hegel. Im Wintersemester 1821/22 hält Hegel an der Berliner Universität seine Vorlesung über die «Grundlinien der Philosophie des Rechts». Im § 244 kommt er auf den Pöbel zu sprechen. Dieser zeichne sich durch zwei Tatsachen aus. Die Armut führe zum «Herabsinken einer großen Masse unter das Maß einer gewissen Subsistenzweise», also zur Verelendung. Doch, so stellt er fest, «die Armut an sich» (HW 7, 389) macht noch niemanden zum Pöbel – dieser «ist verschieden von Armut» (HW 4, 608).

Doch kann die Armut zu einer feindlichen Haltung der Armen gegen die Gesellschaft führen, sie «pöblisieren», werden also zum Pöbel. Dafür bedarf es neben der objektiven Lage auch noch der subjektiven «Gesinnung» (HW 7, 389), wie Hegel in einem Zusatz erläutert. Wann und wo genau die Armen zum Pöbel werden, ist kontingent. Pöbel bezeichnet denjenigen, der neben allem Besitz auch seine Ehre, die eigene Subsistenz durch Arbeit zu sichern sowie Teil eines Standes zu sein, verloren hat – «er ist vielmehr der infam gewordene Arme» (Ruda 2011, 65). Im Pöbel «entsteht [...] das Böse» (HW 7, 389). Der Pöbel ist also die lauernde Gefahr einer revolutionären Unruhe und damit die größte Herausforderung für die bürgerliche Gesellschaft. Beiläufig erwähnt Hegel hier, dass es auch reichen Pöbel gebe (vgl. Ruda 2011, 83ff.).

2.2 Der Pöbel als gefährliche Klasse

So wie der (Arbeits-)Markt der zentrale gesellschaftliche Bezugsrahmen wurde, wurden die Trennlinien der ständischen Formation durch die Notwendigkeiten und Praktiken des sich herausbildenden Kapitalismus überlagert (Leistungsgedanke, Profitstreben, Trennung von Produktion und Reproduktion etc.), ohne dass die vorhergehende Sozialstruktur komplett aufgelöst worden wäre. Mit dem sich entwickelnden Kapitalismus verschwanden die Vagabund*innen nicht einfach, sondern wurden transformiert. Die «Freisetzung» aus der hierarchischen, feudalen Ordnung bedeutete für die Betroffenen häufig brutale Verarmung sowie Zerstörung ihrer bisherigen Lebensweise.

2.2.1 *Entstehung des Pauperismus*

Es entstand eine «unwürdige Lohnarbeit» (Castel 2011, 63), deren Nützlichkeit – im Sinne der Mehrwertproduktion – zwar anerkannt wurde, ohne dass dies jedoch mit gesellschaftlicher Wertschätzung verbunden gewesen war. Mit der gewaltsamen Durchsetzung der kapitalistischen Produktionsweise im Zuge der «ursprünglichen Akkumulation» nahm die gesellschaftliche Bedeutung der Lohnarbeit noch weiter zu. Die gewaltsame Einhegung von Gemeingütern und deren private Aneignung war die treibende Kraft der «ursprünglichen Akkumulation» und das zentrale Element dessen, was Eric Hobsbawm als «general crisis of the 17th century» bezeichnete. Bereits dies – und nicht erst die spätere Industrialisierung – war für ihn die «last phase of the general transition from a feudal to a capitalist economy» (Hobsbawm 1954, 33). Die gesamte «ursprüngliche Akkumulation» muss als Prozess verstanden werden, der sich «durch die furchtbare Primitivität seiner Grausamkeit, durch eine ungeschminkte, nackte Brutalität charakterisiert» (Kuczynski 1961, 217). «So wurde das von Grund und Boden gewaltsam expropriierte, verjagte und zum Vagabunden gemachte Landvolk durch grotesk-terroristische Gesetze in eine dem System der Lohnarbeit notwendige Disziplin hineingepeitscht, -gebrandmarkt, -gefoltert» (MEW 23, 765). Die von ihrem Boden enteignete Landbevölkerung suchte Arbeit in den Städten oder saisonale Beschäftigung in den ländlichen Hausindustrien. «Die Wanderungsbewegungen der Arbeitssuchenden überkreuzten sich mit den Irrfahrten zahlloser Bettler, den nächtlichen Runden der Armen und Brandstifter, den Streifzügen organisierter Banden von Räubern» (Meyer 1985, 63). Diese Menschen, die keine Produktionsmittel oder ausreichend Kapital besitzen, wurden und werden – sofern sie sich nicht in die Kriminalität begeben wollen – in die kapitalistische Gesellschaftsform integriert, indem sie als freie Lohnarbeiter*innen ihre Arbeitskraft verkaufen müssen, um überleben zu können; frei von Produktionsmitteln, die es ihnen ermöglichen, sich selbst zu versorgen, und frei ihren einzigen Besitz, ihre Arbeitskraft, zu verkaufen.

Auf die besonderen Auswirkungen dieser Enteignung für Frauen hat insbesondere die politische Philosophin und feministische Aktivistin Silvia Federici hingewiesen. Sie beschrieb die geschlechtsspezifischen Auswirkungen des Übergangs vom Feudalismus zum Kapitalismus anhand der Kontrolle über weibliche Körper. Die «ursprüngliche Akkumulation» war für sie ebenso eine «Akkumulation von Unterschieden und Spaltungen innerhalb der Arbeiterklasse, so dass Hierarchien, die auf dem Geschlecht, aber auch auf der ‹Rasse› und auf dem Alter beruhen, für die Klassenherrschaft und die Herausbildung des modernen Proletariats konstitutiv wurden» (Federici 2015, 82). Ihre zentrale These lautet, dass sowohl die «ursprüngliche Akkumulation» als auch die darauffolgende Hexenverfolgung konstitutiv für die Entstehung der kapitalistischen Produktionsweise waren. Federici sieht die Hexenverfolgung als Beispiel für frühe Bevölkerungspolitik. Vorwiegend proletarische Frauen seien angeklagt worden, Kindstötungen verübt oder Schwangerschaften verhindert zu haben, was eine Gefahr für das politische Ziel darstellte, mehr Arbeitskräfte durch Bevölkerungszuwachs zu erreichen. «Ganz so, wie die Einhegungen des gemeinschaftlich genutzten Landes die Bauern enteigneten, enteignete die Hexenjagd die Körper der Frauen. Auf diese Weise wurden Frauenkörper von allem ‹befreit›, was sie daran hinderte, als Maschinen zur Produktion von Arbeitskräften zu wirken. Denn die Drohung des Scheiterhaufens errichtete um die Körper der Frauen noch eindrucksvollere Zäune, als man je um die Allmende herum errichtet hatte» (ebd., 228).

Armut und Arbeit hingen eng zusammen. Marx verwies auf die strukturelle Neuheit dieses inneren Zusammenhangs. Er konnte zeigen, dass Armut im Kapitalismus etwas grundsätzlich Anderes war als bisher, da gerade die einzige Quelle des abstrakten Reichtums zugleich einer existenziellen Not ausgesetzt ist, ebenso wie Krisen nun auch nicht mehr aus zu wenig, sondern aus zu viel Reichtum in all seinen Gestalten resultieren: überakkumulierte Arbeitskräfte, Waren, Geld, Produktionsmittel. In Bezug auf die Ware Arbeitskraft schrieb Marx: «In dem Begriff des *freien Arbeiters* liegt schon, daß er *Pauper* ist: virtueller Pauper. […] Kann der Kapitalist seine Surplusarbeit nicht brauchen, so kann er seine notwendige [Arbeit] nicht verrichten; seine Lebensmittel nicht produzieren» (MEW 42, 505). Diese Armut unter Bedingungen der kapitalistischen Produktionsweise resultiert gerade aus der Freiheit der Arbeiter*innen und aus der Steigerung der Produktivität. «Es ist nur in der auf das Kapital gegründeten Produktionsweise, daß der Pauperismus erscheint als Resultat der Arbeit selbst, der Entwicklung der Produktivkraft der Arbeit» (ebd.).

Der Begriff «Pauperismus» kennzeichnet eine soziale Erscheinung, die sich seit dem letzten Drittel des 18. Jahrhunderts in den elenden ländlichen Lebensverhältnissen jener Bevölkerungsgruppen ausdrückte, die ihr Existenzminimum mit Hilfe eines Nebengewerbes oder einer kleinen Landwirtschaft so eben decken konnten, sowie der städtischen Schichten, deren zumeist handwerkliche Tätigkeit nicht für den Lebensunterhalt ihrer Familie ausreichte. Die industrielle Revolution machte aus dem Pauperismus ein Massenphänomen und ließ diese neue Form der Armut als Armut arbeitender Klassen auch zu einem ernsten Problem für den Staat werden. Dieser versuchte durch Reformen die Senkung der explodierenden Kosten öffentlicher Armenfürsorge zu erreichen. Dafür kam es 1834 in England zum *Poor Law Amendment Act*, der auf den Kategorien *deserving* und *undeserving poor* beruhte und auch zum Vorbild für die neuen Fürsorge- und Wohlfahrtssysteme in Deutschland wurde. Das Gesetz sah die verpflichtende Einweisung in Arbeitshäuser vor. Gleichzeitig wurden dort die Bedingungen massiv verschlechtert. Sie glichen mehr und mehr modernen Gefängnissen. Versorgungsleistungen wurden an harte Arbeit in diesen Arbeitshäusern gekoppelt. Trotz ihrer regionalen Unterschiede zeichneten sie sich durch den Gedanken der Arbeitserziehung und der zwanghaften Eingliederung arbeitsfähiger Menschen in den Produktionsprozess aus. Eine Erziehung zum Fleiß sollte die «Faulheit», die als Grundlage für die Armut angesehen wurde, bekämpfen. Das Klientel der Arbeitshäuser bestand aus «Arbeitsscheuen, Bettlern, gerichtlich abgeurteilten Verbrechern, unbotsmäßigen Gesinde, aufsässigen Kindern, gebrechlichen Alten, verarmten Witwen, Waisenkindern und Prostituierten, Wahnsinnigen und venerischen [geschlechtlich] Kranken» (Sachße/Tennstedt 1998, 115) und gleicht damit haargenau der Beschreibung der vorkapitalistischen Vagabund*innen. Die *deserving poor* waren Kranke und Alte sowie diejenigen, die man aktuell wohl beschönigend als Geringverdiener*innen bezeichnen würde. Die *undeserving poor* hingegen, die *idlers and loafers*, waren Paupers, die vermeintlich nicht arbeiten wollten, das System (kriminell) auszutricksen wussten und «unvernünftig» handelten. In dieser Unterscheidung schwingt stets eine Aussage über die Lebensführung der betroffenen Menschen mit, die dem herrschenden Diskurs als angemessen oder unangemessen erschien. Dabei kam es immer zu einer Vermischung sozialer und moralischer Kriterien.

Dies zeigt sich auch in der Verachtung der herrschenden Klassen von einer angeblich mit der Armut einhergehenden eigenen «Kultur der Armut» (Lewis 1975). Die Lebensweisen der pauperisierten Klassen (in England sprach man tatsächlich im Plural von diesen Klassen) wurden mit Devianz, Amoral, Promiskuität, Würdelosigkeit und Kriminalität in Verbindung gebracht. 1840 veröffentlichte der Sektionschef der Pariser Polizei, Honoré Antoine Frégier (1789–1860), sein Buch «Des classes dangereuses da la poulation dans les grandes villes», das noch im selben Jahr in deutscher Übersetzung erschien, und prägte darin den Begriff der *classes dangereuses,* der gefährlichen Klassen. Diese werden bei Frégier in rein moralisierenden Begriffen beschrieben: Die Mitglieder der Klasse seien verdorben und unmoralisch. Ähnlich argumentierte der häufig als «Vater des Ruhrgebiets» bezeichnete Unternehmer Friedrich Harkort (1793–1880) in seinem 1849 publizierten «Brief an die Arbeiter». Dort geißelte er alle, die ihr «Brod ohne Arbeit verlangen» (in: Stein 1985, 40) und unterschied kategorisch zwischen den «braven Arbeitern» der Industriearbeit und den erwerbslosen Armen, die seit ihrer «Jugend verwahrlost, nicht gewaschen, nicht gestriegelt, weder zum Guten erzogen noch zur Kirche und Schule angehalten» wurden. Dies Gruppe habe ihr «Handwerk nicht erlernt, heirathet ohne Brod und setzt seines Gleichen in die Welt, welche stets bereit sind, über anderer Leute Gut herzufallen, und den Krebsschaden der Kommunen bilden» (ebd., 43). Deutlicher kann man seinen Klassenstandpunkt kaum ausdrücken. Ebenso wurden in den 1840er-Jahren Forderungen nach einem Sexual- und Fortpflanzungsverbot für Arme, Arbeitsunfähige oder Bettler*innen diskutiert und damit sozial- und bevölkerungspolitische Aspekte verbunden (vgl. Meyer 1985, 28f.). Dieser gesellschaftliche «Bodensatz» bilde die gefährlichen Klasse, nicht so sehr, weil deren Angehörige eine Revolution planen würden, sondern aufgrund ihres ansteckenden und krankhaften Einflusses auf die «braven Arbeiter».

Nun besteht mit Roman Widder die «methodische Herausforderung» einer Geschichtsschreibung des Pöbels und des Lumpenproletariats darin, dass das «Untersuchungsobjekt keine empirische Größe der sozialen Wirklichkeit darstellt» (Widder 2020, 43), sondern auf historisch spezifische Zuschreibungen und Klassifikationen durch den herrschenden Diskurs und den Staat beruht. Wenn wir heute so leicht zu essentialisierenden Zuschreibungen neigen, hat dies den handfesten Grund in der Kategorisierung der Menschen durch den Sozialstaat und das Strafrecht. Der Pöbel als Klasse blieb dabei stets ein Objekt der Verachtung, Disziplinierung und Ausgrenzung, war gleichzeitig anwesend, aber nie in der ersten (Ich, Wir) oder zweiten Person (Du, Ihr), mit der man in einen gleichberechtigten Dialog hätte treten können, sondern lediglich als «abwesende dritte Person» (Widder 2020, 44): «die da unten».

2.2.2 Protestbewegungen des Pöbels

Friedrich Harkort glaubte an die Gefahr, die von der gesamten Lebensweise des Pöbels ausgehe. Und zweifellos entwickelte sich zu Beginn des 19. Jahrhunderts eine meist jugendliche Protestbewegung der Unterklassen, die sich mit unterschiedlichen Widerstandsformen gegen die kapitalistische Innovation und die neuen aufgezwungenen Lebensweisen richtete. Verschiedene Studien sehen im Widerstand dieses Proto-Lumpenproletariats eine Wurzel der Arbeiter*innenbewegung (Thompson 1979; Machtan 1983; Piven/Cloward 1986).[1] Zu diesen Unterschichtenprotesten (Herzig 1988) gehörten unter anderem Holzsammeln in den Wäldern der Herrschenden, Diebstahl oder lokale Unruhen (vgl. Volkmann/Bergmann 1984). Solche Protestformen gründeten sich unter anderem auf den frühdemokratischen und dissidenten Bewegungen der Leveller und Digger im 17. Jahrhundert, der Pariser Kommune von 1793 sowie der Ludditen. Geführt wurden die Kämpfe von den landlosen Bäuer*innen, Tagelöhner*innen, Handwerker*innen und einfachen Arbeiter*innen.[2] Auch die Juli-Revolution in Frankreich 1830 und nach-

1 Der Sozialhistoriker E.P. Thompson (1924–1993) machte als einer der Ersten darauf aufmerksam, dass diese Proteste keiner objektiven Regelmäßigkeit gehorchen und legte dabei den Fokus auf die Protestformen der Unorganisierten. Piven und Cloward legten am Beispiel der Erwerbslosenbewegung in den USA der 1930er-Jahre dar, wie groß die Bedeutung der Selbstorganisierung und des Aufbegehrens für die Protestierenden war.

2 Beate Althammer wies darauf hin, dass die Berufsbezeichnungen keinesfalls essentialistisch zu verstehen sind (vgl. Althammer 2017, 19f.). Die Durchlässigkeit zwischen verschiedenen Einkommensarten – mal

folgenden Revolten von Arbeiter*innen, wie die in ganz Europa mit Erschrecken wahrgenommenen Aufstände der Lyoner Seidenweber 1831 und 1834 sowie der Weberaufstand 1844, zeigten, dass es sich beim Pauperismus um keine ausgrenzbare Problematik mehr handelte und «der Pöbel» selbst Forderungen aufstellen konnte und wollte.

Die sozialen Proteste hatten zum einen sozioökonomische Gründe. Die sich verstärkende Not der Unterklassen übersetzte «sich in ‹Gesetzwidrigkeiten› wie Forstfrevel, Wilderei, Diebstahl und Holzdiebstahl, Brandstiftung usw., welche nichts als die Verlängerung bzw. Kompensation für den Fortfall bisheriger gewohnheitsmäßiger Nutzungsrechte und Existenzsicherungen der Gutsuntertanen ausdrückten» (Meyer 1999, 113). Durch steigende Lebenshaltungskosten und die veränderten Besitzverhältnisse der neuen Sozialordnung war die Subsistenz vieler armer Menschen gefährdet, die wiederum mit einer steigenden Zahl an Aufständen reagierten wie bei Bierkrawallen oder Getreideunruhen. Die Kriminalität im Vormärz musste größtenteils als «ökonomische Notkriminalität» (Blasius 1984, 216) verstanden werden, wodurch es meist unmöglich oder zweifelhaft wurde, «die Trennlinie zwischen Kriminalität und Protest allzu scharf zu ziehen» (ebd., 222). Vielmehr wurde die neue Eigentumsdelinquenz durch neue Besitzrechte überhaupt erst geschaffen, um sie dann sanktionieren zu können. Das «Auflesen von trocknem Holz [wurde nun] unter die Rubrik Diebstahl subsumiert und ebenso bestraft [...] wie die Entwendung von stehendem grünen Holz» (MEW 1, 110).

Zum anderen gab es aber auch außerökonomische Gründe für den Protest, die in Wertvorstellungen und Handlungsnormen begründet lagen. Der noch unbekannte Zwang zur Fabrikarbeit, der in den Arbeitshäusern erprobte kapitalistische Arbeitsethos sowie die fortschreitende Technisierung wurden als Bedrohung einer gesamten Lebensweise empfunden. Somit richteten sich die Unruhen – ohne dabei rückwärtsgewandt oder anachronistisch zu werden – darauf, die eigene bisherige Lebensqualität und -weise weiterhin führen zu können (vgl.

Fabrikarbeiter*in, mal Bettler*in, mal Prostituierte – war groß. So kamen Arbeiter*innen im Winter, wenn es draußen kalt war, zur Arbeit in die geheizten Fabriken oder waren als Bauarbeiter*innen oder Holzfäller*innen tätig, im Sommer verschwanden sie und gingen auf Wanderschaft und arbeiteten als Einleser*innen oder Erntearbeiter*innen.

Herzig 1988, 34). Es ging bei den Aktionen der Unterklassen um die Bewahrung ihrer Werte wie der Selbstbestimmung der Gemeinde oder der kollektiven Traditionen wie die Allmende. Sie wollten eine Subsistenzökonomie, welche die Gesamtheit der sozialen Reproduktion sicherstellte, gegen die Ökonomie des Lohns und des kapitalistischen Arbeitszwangs verteidigen. Die deklassierten Handwerker*innen und «befreiten» Bäuer*innen beharrten auf ihrem Existenzrecht und ihrem Anspruch nach Rechten und Würde. Diese leiteten sie aus einer *moral economy* ab. Dies meint ein komplexes Set von tradierten, moralischen Gerechtigkeitsvorstellungen, das von der sich ausbreitenden politischen Ökonomie des freien Marktes gefährdet war, wie etwa die gerechte Verteilung des Bodens und der Ressourcen, eine Eindämmung von ökonomischen Unterschieden sowie die Solidarität mit den Schwächeren (Thompson 1987). Edward P. Thompson behandelte die *moral economy* als aus der Erinnerung geschöpfte Werte und machte deutlich, dass bei Konflikten in den 1820er- und 1830er-Jahren häufig diejenigen Themen «die intensivsten Gefühle hervorriefen, bei denen es um Werte wie traditionelle Bräuche, ‹Gerechtigkeit›, ‹Unabhängigkeit›, Sicherheit oder Familienwirtschaft ging, und nicht um einfache ‹Brot-und-Butter›-Fragen» (ebd., 203). «Über weite Strecken der Geschichte ist die Subsistenzfrage für die Unterklassen vorherrschend gewesen. Bis zur Mitte des 19. Jahrhunderts waren die europäischen Sozialbewegungen von der Forderung des Rechts auf Existenz getragen.» (Meyer 1985, 20) Die neue auf Warenbeziehungen beruhende Ordnung wurde nicht nur als falsch, sondern auch als moralisch illegitim betrachtet. Der «Kommunismus» des Pöbels zur Zeit des Vormärz war dabei «keine Utopie und auch kein rückwärtsgewandtes Ideal, noch weniger einer von Marx und Engels überzeugten Arbeiterfraktion. Kommunismus hieß die revolutionäre Forderung nach Existenzgarantien» (Meyer 1999, 211) und damit notwendigerweise die Zerstörung der gegenwärtigen Gesellschaft (vgl. Meyer 1985, 20).

Die sozialen Proteste der pauperisierten Klassen richteten sich gegen den gesellschaftlichen Wandel weg von den traditionellen, bäuerlichen und handwerklichen Lebensformen hin zum Industriekapitalismus. Aufgrund der Heterogenität und Zersplitterung der Unterklassen waren ihre Aktionen meist eruptiv und vielfach gewalttätig.

«Auf dem Lande zirkulierten Bettlerheere […] und große Banden von Armen und Proletariern, die in ihren Umzügen Gutsbesitzer und Eigentümer von Getreide heimsuchten, sich zwangsweise von ihnen bewirten ließen, deren demonstrativen Reichtum verwüsteten […] und das erpreßte Getreide unter sich gleichmäßig aufteilten, wo sie es nicht vernichteten zum Zeichen einer Legalität des Hungers» (Meyer 1985, 94).

Solche Subsistenzrevolten wurden in den Städten als Streiks, kommunistische Agitationen und Aufstände geführt. Die ländlichen Rebell*innen waren von den städtischen *classes dangereues* nicht zu trennen, Eigentumsdelikte stiegen an und wurden zunehmend bandenmäßig durchgeführt. All diese sozialen Bewegungen bildeten keine Organisationsformen im heutigen Sinne, was jedoch nicht bedeuten soll, dass sie unorganisiert waren. Vielmehr kann man sie als Form autonomer Selbstorganisierung begreifen.

Solche im Kampf gegen die Ausbeutung entwickelten Kampfformen und Werte der *moral economy* waren eine weltweit übergreifende Erscheinung, die sich in den Peripherien entwickelte (Hartmann 2019, 38–44). Insbesondere in Mexiko, Russland oder im europäischen Süden rebellierten Bäuer*innen, Deklassierte und Enteignete und machten damit auf den globalen Charakter der sozialen Frage aufmerksam. Auf diese weltweiten Verbindungen von Kämpfen der Enteigneten haben Peter Linebaugh und Marcus Rediker in ihrer Studie «Die vielköpfige Hydra» hingewiesen. Die Hydra – dieses neunköpfige Ungeheuer der griechischen Mythologie, dessen Häupter doppelt nachwachsen, wenn man ihm eines abschlägt – symbolisiert bei Linebaugh und Rediker die «von der Allmende vertriebene[n] Landbewohner, deportierte Verbrecher, Schuldknechte, religiöse Radikale, Piraten, städtische Arbeiter, Soldaten, Seeleute und afrikanische Sklaven» (Linebaugh/Rediker 2008, 11), die sich dies- und jenseits des Atlantiks gegen kapitalistische Enteignung wehrten und in ihren Kämpfen gegen die Ausbeutung und die offensiven Strategien des Kapitalismus ein gemeinsames Bewusstsein entwickelten. Darunter verstanden Linebaugh und Rediker Meutereien und Piraterie (vgl. ebd., 157–189) ebenso wie Rebellionen in den Städten – so zum Beispiel den Aufstand in New York von 1741.

Vom Staat und den herrschenden Klassen wurden diese Protestformen kriminalisiert oder als rückständig verächtlich gemacht. Doch auf Seiten der Deklassierten setzte sich ihre Empörung über die laufende soziale, politische und ökonomische Unterdrückung immer mehr in politische Handlung um (vgl. Blasisus 1984, 223) und trug somit dazu bei, dass die «Unterschichten aus ihrer Objektstellung heraus» (ebd.) traten und sich zu einem Kollektivsubjekt formten.

2.3 Das Proletariat als bewusste Klasse

Dafür setzte sich der Begriff der Klasse des Proletariats ab Mitte der 1830er-Jahre gegen die Bezeichnung Pöbel oder Paupers nach und nach durch und markierte damit den Übergang vom «Barbaren zum Prometheus» (Koenen 2017, 274), vom mitleiderregenden oder verdammungswürdigen Pauper hin zum späteren «Held der Arbeit». Im Klassen- wie auch im Proletariatsbegriff zeichnet sich bereits die Ausbildung der neuen strukturellen Position der Arbeiter*innen in der Gesellschaft ab, die eine Homogenisierung markiert und Arbeiter*innen langsam «zu einer Art Ehrenbegriff» (Offermann 1979, 21) werden lässt, der mit Prestige und nicht mehr mit Mangel und fehlender Handlungsfähigkeit in Verbindung gebracht wurde.

Die Geschichte das Proletariatsbegriffs reicht bis in die Antike. In der Verfassung des römischen Königs Servius Tullius aus dem 5. Jahrhundert vor der Zeitenwende bezeichneten *proletarii* die Besitzlosen, denen es wegen ihrer Armut verboten war, Waffen zu tragen und die daher keinen Beitrag zur Verteidigung des Gemeinwesens leisten durften. Lediglich die *proles*, seine Nachkommen, kann der Proletarier zum Erhalt der *Patria* beitragen (vgl. Feuersenger 1962, 12; Conze 1984, 27). Ähnlich verwendete Cicero den Begriff in seiner Beschreibung der Sozialstruktur Roms.

In der Moderne trat der Begriff des Proletarias bei den Philosophen Montesquieu und Jean-Jacques Rousseau auf und wurde 1778 in der Enzyklopädie von Denis Diderot und Jean d'Alembert erwähnt. Seit der Französischen Revolution wurde er als Bezeichnung für den «Vierten Stand» verwendet, François Babeufs Geheimbund *Conjuration des Égaux* (Die Verschwörung der Gleichen) fokussierte sich in seinen sozialrevolutionären Maßnahmen auf die landlosen Bäuer*innen und das städtische Proletariat. Doch hatte der Begriff in der Französischen Revolution selbst «nur marginale Bedeutung» (Behrens/Hafner 2017, 300). Danach fand der Begriff vor allem im England des 19. Jahrhunderts Verbreitung. Um 1820 sprach der Frühsozialist Henri de Saint-Simon zum ersten Mal von der Klasse der Proletarier*innen (Saint-Simon 1977, 327ff.), ihm folgte Charles Fourier – eine detaillierte Aufarbeitung bietet Rudolf Herrnstadts begriffshistorisches Standardwerk «Die Entdeckung der Klassen» (1965).

In der Zeit der Industrialisierung meinte das Proletariat Menschen, die sich vor allem in den Industrien der Städte als Lohnarbeiter*innen verkaufen mussten und so das industrielle Proletariat bildeten. Doch war das Proletariat noch länger ein fluider und nicht klar definierter Begriff, ein Zusammenfallen eines «buntscheckigen Haufen[s] [...] von allen Professionen, Altern, Geschlechtern» (MEW 23, 268) aus verschiedenen (städtischen und ländlichen) Gruppen mit jeweils großen Unterschieden und Entwicklungsbahnen, wie Marx später schreiben wird, oder eine *motley crew*, wie es Linebaugh und Rediker formulierten. Im Prozess der Proletarisierung (des Anwachsens der Anzahl von Lohnarbeiter*innen in einer Gesellschaft) wurden die Lebensbedingungen und alltäglichen Erfahrungen zum Fluchtpunkt für die Identifizierung und Bewusstseinsformen, aus denen das Kollektivsubjet *Proletariat* oder *Arbeiter*innenklasse* hervorgehen sollte. Hier begann der Prozess der einseitigen Identifizierung und Verengung des (grundsätzlich universalistischen) Proletariatsbegriffs auf die Industriearbeiter*innen. Die beiden französischen Revolutionen von 1830 und 1848 können hierfür als Anhaltspunkte gelten. Nach 1830 kam es in ganz Europa zu Unruhen und Aufständen gegen Fremdherrschaft oder den Absolutismus. 18 Jahre später wiederholten sich diese Bewegungen, allerdings wesentlich ausgeprägter und erfolgreicher. Dabei trat das Industrieproletariat bei vielen dieser Kämpfe als besonders radikale Gruppe hervor. In der Zwischenzeit hatten sich mit der Entstehung des Proletariats als Klasse auch relativ schnell eigenständige Kampfformen und Klassenorganisationen sowie ein Klassenbewusstsein (vgl. Thompson 1987, 8) entwickelt. Arbeiter*innenklasse und -bewegung gingen einher. Jacques Rancière hat in seiner Studie «Die Nacht der Proletarier» (2013) die Genese der frühen Arbeiter*innenbewegung mit großer Sorgfalt dargestellt.

Doch zeigten sich in diesen Bildungs- und Unterstützungsvereinen der frühen Arbeiter*innenbewegung regional teilweise erhebliche Unterschiede. An der Spitze dieser Vereine standen vielfach Funktionäre, die gar nicht der Arbeiter*innenklasse entstammten. Solange die Vereine in ihrer Mitgliedschaft und politischen Wirkung regional begrenzt blieben, traten dabei kaum nennenswerte Schwierigkeiten auf, aber von dem Augenblick an, da eine überregionale Zusammenarbeit durch Zusammenschlüsse gefördert werden sollte, kam es immer häufiger zu erheblichen Auseinandersetzungen zwischen Demokraten und Radikalen und den verschiedenen überregionalen Organisationen. Insbesondere nach der Revolution von 1848 war der Bruch der Arbeiter*innen mit den demokratischen Bürger*innen, mit denen sie zusammen gekämpft und die sie letztendlich im Stich gelassen hatten, offen vollzogen.

Ebenso wandelte sich der «buntscheckige Haufen» zu einem kompakteren und homogeneren Kollektiv. Die Proletarier*innen assoziierten sich in Gewerkschaften unter der Führung der Sozialdemokratie als entstehende Massenpartei und bildeten somit eine organisierte und klar beschreib- und abgrenzbare Gruppe. Die moralische Ökonomie der Paupers sowie deren sozialer Protest wandelten sich zur geplanten und organisierten Solidarität der Bewegung. Neben die «Pöbelrevolten» des Vormärz, wie Hungerstreiks oder Maschinenstürmereien, trat dabei eine Aktionsform, die der Industrialisierung stärker Rechnung trug: der Streik. Die wachsende Organisationsbereitschaft nach der Märzrevolution und der Anstieg gewerkschaftlicher Auseinandersetzungen machten den Lohnkampf zum Maßstab für den Klassenkampf und Arbeitsniederlegungen zum profiliertesten Mittel der Arbeiter*innenbewegung. Die Zunahme der Streikfrequenz ging dabei mit einer Abnahme der kollektiven Militanz einher, da der Streik im Gegensatz zu den spontanen und meist lokalen Aktionen häufiger systematisch geplant und als geregelter Vorgang angesehen wurde (vgl. Tilly 1975, 217).[3]

Marx und Engels bewerteten diese Entwicklung positiv. Im «Manifest der Kommunistischen Partei» grenzten sie ihren Begriff des Proletariats klar ein. Die «Klasse der modernen Lohn-

3 Affirmativ beschrieb Werner Conze – zuerst NS-Ostforscher (Aly/Heim 1991) und später einer der Gründerväter der bundesrepublikanischen Wirtschafts- und Sozialgeschichte – in einem vielbeachteten Beitrag diese Entwicklung «vom ‹Pöbel› zum ‹Proletariat›» (Conze 1954).

arbeiter» (MEW 4, 462) wurde strikt von den rückwärtsgewandten Maschinenstürmern getrennt und sollte sich aus den Fängen der frühsozialistischen und konservativen Strömungen der Arbeiter*innenbewegung befreien. Das Proletariat erfährt bei Marx und Engels eine zweifache Umdeutung. Wurden die Vagabund*innen und unwürdigen Lohnarbeiter*innen des Pöbels als Ballast der Gesellschaft angesehen, die man zu disziplinieren oder zu bestrafen hatte, wurde dies nun umgekehrt. Durch seine Arbeitskraft erschafft das Proletariat Gebrauchswerte und der Rest der Gesellschaft lebt auf Kosten des Proletariats, das zur Stütze der Gesellschaft umgedeutet wird. Ebenso war das Proletariat aber auch als einzige Klasse in der Lage, die bestehende Gesellschaft aufzuheben und in den Kommunismus zu führen (ebd., 390).

In dieser sich verändernden Sichtweise auf das Proletariat steckte bereits der Kern der Debatten, die die kommenden Jahrzehnte prägen sollten. Vom bewussten Proletariat, auf das Marx und Engels ihre revolutionären Hoffnungen setzten, wurde nicht nur die Bourgeoisie abgegrenzt, sondern auch die armen Nicht-Arbeiter*innen wurden als *deserving poor* und «unwürdige Arme» ausgegrenzt. Nicht alle eigentumslosen Menschen wurden von den Industrien in den Städten absorbiert und an die Produktionsdisziplin angepasst. Manche blieben Bäuer*innen und aus den Bettler*innen, Dieben und Vagabund*innen entwickelten sich die städtischen Unterklassen. Sie wurden zu einem neuen, dem Proletariat komplementär gegenüberstehenden Begriff zusammengefasst: dem Lumpenproletariat. Gefürchtet, missachtet, kriminalisiert aber auch bewundert und erhöht bildete es in der gesamten linken Tradition einen seltsamen gesellschaftlichen Rest, ein unbekanntes Anderes.

3 Das Lumpenproletariat bei Karl Marx und Friedrich Engels

Die Verwendung des Begriffs Lumpenproletariat bei Marx und Engels ist überschaubar und auch in der marxistischen Theoriebildung wurde ihm nicht viel Beachtung geschenkt. Doch darf diese konzeptionelle Unterentwicklung nicht als Zeichen einer relativen Bedeutungslosigkeit verstanden werden, nimmt das Lumpenproletariat doch tatsächlich eine bedeutende Stellung in Marx' Verständnis der Klassen und ihrer Entwicklung ein.

Nachdem der Begriff in der «Deutschen Ideologie» 1845/46 das erste Mal aufgetaucht war, wurde der Begriff bei Marx und Engels knapp hundert Mal in rund fünfzig Dokumenten – sowohl in publizierten Schriften als auch in privater Korrespondenz – verwendet, bis er im Dezember 1890 letztmalig bei Engels auftauchte. Über die Hälfte der Begriffsverwendung fällt auf die ersten zehn Schaffensjahre und trotz dieser abnehmenden Fülle zeigt sich bei Marx und Engels eine werkgeschichtliche Entwicklung. Von der Überzeugung, beim Lumpenproletariat handle es sich um ein Überbleibsel vorkapitalistischer Produktionsweisen reicht sie hin zur «Platzierung dieser Klasse im System kapitalistischer Arbeitskraftverwertung» (Bescherer 2018, 7f.).

In seiner klassischen Studie «The Concept of the Lumpenproletariat» hat der US-amerikanische Autor und Sozialist Hal Draper bereits die historische, politische und ökonomische Bedeutung des Lumpenproletariats ausformuliert, das zusammengefasst aus dem «Schrotthaufen» derjenigen besteht, die «aus der bestehenden Klassenstruktur herausfallen oder aus ihr ausgeschieden sind, so dass sie keinen funktionalen Bestandteil der Gesellschaft mehr bilden» (Draper 1972, 2309; eigene Übersetzung).

So verstanden ist das Lumpenproletariat weniger eine feste, eigenständige Gruppe, sondern setzt sich aus unterschiedlichen randständigen Positionen zusammen. Diese Sicht hat einige neuere Theoretiker dazu veranlasst, das Lumpenproletariat bei Marx nicht als eine soziale Klasse zu verstehen, sondern als das Eindringen der Heterogenität und des Politischen in dessen sonst so klares Begriffssystem (Stallybrass 1990; Thoburn 2002).

Für wieder andere ist die Verwendung des Begriffs schlicht von Unklarheiten und Inkonsistenzen geprägt (Bovenkerk 1984).

Ich möchte hier zum einen die These verfolgen, dass aus der Konzeption des Lumpenproletariats auch die bürgerliche Moral bei Marx spricht. Das Lumpenproletariat bildet bei ihm ein Außen der Gesellschaft, dass nicht in erster Linie klassentheoretisch bestimmt, sondern mit moralischen Kategorien abgewertet wird (Stephan 2018, 53). Es bildet für seine Analysen der Klassen und des Klassenkampfs jedoch einen notwendigen Bestandteil. Erst durch die Unterscheidung und Abgrenzung zum Lumpenproletariat kann das Proletariat als handelnde Klasse entstehen. Somit ist das Lumpenproletariat das Negativ der herrschenden Gesellschaft, aber gleichzeitig auch integrales Element – als permanent lauernde Gefahr. Zum anderen soll aber auch dargelegt werden, wie sich das Lumpenproletariat von Marx' sonstiger Klassenkonzeption unterscheidet. Folgt er in der Regel einer relationalen Vorstellung der Klassen, die nur in ihrer Beziehung zueinander verstanden werden können, wird das Lumpenproletariat als Wesenseinheit beschrieben, der Marx fixe Eigenschaften zuspricht und die Klasse somit essentialisiert. Aus alldem, so scheint es, spricht seine Angst vor dem Fremden und Heterogenen. Abschließend möchte ich noch einen Erklärungsversuch für die Abnahme der Häufigkeit des Begriffs im Schaffen von Marx und Engels liefern.

3.1 Ein Begriff schleicht sich ein

Marx gilt als derjenige, der den Begriff systematisch ausgearbeitet hat, doch war es vor allem Engels, der sich im (gemeinsamen) Frühwerk mit den Phänomenen beschäftigte, die der Begriff des Lumpenproletariats zu fassen sucht. In Engels Schilderung der «Lage der arbeitenden Klassen in England» von 1844/45 fanden sich «die Ärmsten der Armen, die am schlechtesten bezahlten Arbeiter mit Dieben, Gaunern und Opfern der Prostitution» (MEW 2, 260) zusammen. Eine genaue Differenzierung oder Trennung zwischen den verschiedenen Fraktionen der ärmsten Klassen nahm Engels noch nicht vor. Das Proletariat entsprach hier noch dem vorindustriellen Pöbel, aber bereits unter Bedingungen der formellen Subsumtion unter die kapitalistische Produktionsweise.

Doch deutete Engels bereits eine Differenzierung in «gute» Arbeiter*innen und jene, die «in den Tag hinein [leben], [...] Schnaps [trinken] und [...] den Mädels nach[laufen]» (ebd., 346) an. In den irischen Arbeiter*innen fand er ein Beispiel für eine subproletarische Schicht, die «in Lumpen geht, Kartoffeln ißt und in einem Schweinestall schläft» (ebd., 307). Diese grenzte er vom «Zivilisationsgrad des englischen Arbeiters» (ebd.) ab. Diese Trennung führe zum einen zur Spaltung innerhalb der arbeitenden Klassen, zum anderen aber auch zur Lohndrückerei, denn es komme unweigerlich dazu, dass die irischen Arbeiter*innen «gegen den Engländer [...] konkurrieren und allmählich den Lohn und mit ihm auf das Niveau des irischen» (ebd.) Arbeiters herabdrücken würden. In dieser Abgrenzung und Abwertung können die irischen Arbeiter*innen zweifellos als Vorgänger*innen des Lumpenproletariatsbegriffs gelten. In einem Beitrag für die *Neue Rheinische Zeitung. Politisch-ökonomische Revue* wird Engels 1850 dies sogar explizit machen (MEW 7, 443).

Engels wird den Begriff Lumpenproletariat erstmals 1847 in einem eigenständigen Text verwenden. Dort wurde es als Teil der damaligen eigentumslosen «arbeitenden Klassen» (MEW 4, 50) beschrieben:

«Diese Zersplitterung in Ackerknechte, Tagelöhner, Handwerksgesellen, Fabrikarbeiter und Lumpenproletariat verbunden mit ihrer Zerstreuung über eine große, dünnbevölkerte Landfläche mit wenigen und schwachen Zentralpunkten, macht es ihnen schon unmöglich, sich gegenseitig über die Gemeinschaftlichkeit ihrer Interessen klarzuwerden, sich zu verständigen, sich zu einer Klasse zu konstituieren. Diese Zersplitterung und Zerstreuung läßt ihnen nichts anderes übrig als die Beschränkung auf ihre nächsten, alltäglichen Interessen, auf den Wunsch nach gutem Lohn für gute Arbeit. [...] Der Lump ficht für ein paar Taler die Häkeleien zwischen Bourgeoisie, Adel und Polizei mit seinen Fäusten aus» (ebd., 49).

Neben dem Fokus auf die Heterogenität der unteren Klassen sprach Engels hier bereits Aspekte an, die in der weiteren Diskussion von großer Bedeutung sein sollten: fehlende Organisierung, Individualismus, der Fokus auf die unmittelbaren Bedürfnisse sowie körperliche Gewalt. Der Artikel *Der Status quo in Deutschland*, aus dem das Zitat stammt, wurde jedoch infolge der Verhaftung des Verlegers nicht gedruckt und so fand sich der Begriff erstmals veröffentlicht am 12. September 1847 in Engels' Schrift «Deutscher Sozialismus in Versen und Prosa». Dort setzte er sich aus einer bunten Menge aus Töpfeflickern, Scherenschleifern, Wäschern, Straßenverkäufern, Bettlern, Musikern und Mägden zusammen (ebd., 219f.). Eine Bewertung dieser bunt zusammengewürfelten Klasse nahm Engels nicht vor.

Dies geschah aber bereits in «Deutsche Ideologie». In jenem zu ihren Lebzeiten unveröffentlichten Manuskriptkonvolut von 1845/46 verwendeten Marx und Engels zusammen den Begriff des Lumpenproletariats als historische Bezeichnung im Rahmen des antiken römischen Reichs. «Die Sklaverei blieb die Basis der gesamten Produktion. Die Plebejer, zwischen Freien und Sklaven stehend, brachten es nie über ein Lumpenproletariat hinaus» (MEW 3, 23), das nur aus «Parasiten» bestand «und nicht nur ohne Nutzen, sondern sogar von Schaden für die Gesellschaft und daher ohne durchgreifende Macht (MEW 21, 497) war. Doch nicht nur in der Antike, in «jedem Zeitalter» (MEW 3, 183) der Geschichte habe eine solch lumpenproletarische Schicht existiert. 1850 formulierte Engels diesen Gedanken in «Der deutsche Bauernkrieg» aus:

«Das Lumpenproletariat ist überhaupt eine Erscheinung, die, mehr oder weniger ausgebildet, in fast allen bisherigen Gesellschaftsphasen vorkommt. Die Menge von Leuten ohne bestimmten Erwerbszweig oder festen Wohnsitz wurde gerade damals sehr vermehrt durch das Zerfallen des Feudalismus […]. In allen entwickelten Ländern war die Zahl der Vagabunden nie so groß gewesen wie in der ersten Hälfte des sechzehnten Jahrhunderts. Ein Teil dieser Landstreicher trat in Kriegszeiten in die Armeen, ein anderer bettelte sich durchs Land, der dritte endlich suchte in den Städten durch Taglöhnerarbeit und was sonst gerade nicht zünftig war, seine notdürftige Existenz» (MEW 7, 338).

Diese Mischung aus Vagabund*innen, Paupers, Dieben und Tagelöhner*innen macht für Marx und Engels «die letzte Stufe» aus, «auf die der gegen den Druck der Bourgeoisie widerstandslos gewordene Proletarier versinkt» (MEW 3, 183). Für Marx und Engels scheint es bereits klar zu sein, dass diese «ruinierten» Proletarier*innen nicht aktiv handeln oder gar revolutionäres Subjekt werden können.

3.2 Systematische Verwendung des Begriffs

Während Marx und Engels das historische Lumpenproletariat noch relativ neutral beschrieben haben, zeichnete sich das gegenwärtige bei ihnen durch «Käuflichkeit und Verkommenheit» (MEW 7, 338) aus und wurde mit dem «gefährliche[n] Proletariat» (ebd., 149), mit «Buhlerinnen, Dieben, Räubern und Mördern, Spielern, vermögenslosen Leuten ohne Anstellung und Leichtsinnigen» (ebd., 148) in Verbindung gebracht. Hier taucht das Bild des gefährlichen Pöbels wieder auf, das sich auch im «Manifest der Kommunistischen Partei» von 1848 wiederfindet.

3.2.1 Geschichte: Das Residuum einer vergangenen Zeit

Im Manifest gingen Marx und Engels von einer Polarisierung der Klassen im Kapitalismus aus. Das Proletariat wird von der Bourgeoisie und dem Kapital geschaffen und formt sich im Gleichklang mit der Entwicklung von Industrie und Kapital zu einer der Bourgeoisie antagonistisch gegenüberstehenden Klasse. Das Lumpenproletariat wird in diesem Prozess als «passive Verfaulung der untersten Schichten der alten Gesellschaft» (4, 472; s.a. MEW 5, 20) beschrieben. Die Begriffe sprechen eine eindeutige Sprache: Passivität und Verfaulung verweisen darauf, dass es sich nur um Reste der vergangenen Gesellschaft handelt, die sich im fortschreitenden Kapitalismus auflösen und verschwinden würden. Nicht zufällig sprechen Marx und Engels an dieser Stelle auch von den vorkapitalistischen Vagabunden (ebd.). Somit sei das Lumpenproletariat der Ausdruck einer «längst dagewesene[n] Sache» (MEW 3, 188). Nach und nach würde es durch die Entwicklung der Produktivkräfte in den kapitalistischen Produktionsprozess eingesogen, beziehungsweise so an den Rand gedrängt, dass es erstens für den Klassenkampf zwischen Bourgeoisie und Proletariat keine Rolle mehr spielen und es zweitens keine empirisch relevante Größe mehr darstellen würde, der man Beachtung schenken müsse (Stallybrass 1990, 70). Marx und Engels zogen daraus die Schlussfolgerung, das Lumpenproletariat seinem Schicksal zu überlassen. Es sei sinnlos und unnötig, sich weiter mit ihm zu beschäftigen.

Der Grund für diese Einschätzung liegt in der grundlegenden Konzeption der Rolle der Klassen in der historischen Entwicklung. Allgemein wird eine Klasse durch ihr Verhältnis zum Eigentum an Produktionsmitteln bestimmt. In der Antike besaß die herrschende Klasse die Sklav*innen, im Feudalismus der Adel das Land und im Kapitalismus die Bourgeoisie die Produktionsmittel sowie das Proletariat seine Arbeitskraft. In der Geschichte als «Geschichte von Klassenkämpfen» (MEW 4, 462) gelangte immer diejenige Klasse an die Macht, die sich der sich ständig entwickelnden Produktivkräfte bemächtigen konnte. Durch die Krisen des Kapitalismus und das Heranwachsen des zunehmend klassenbewussten Proletariats könne dieses die Produktivkräfte zum Wohle aller organisieren und die Macht übernehmen. Das Lumpenproletariat, ohne Beziehung zu den Produktionsmitteln, wurde daher von dieser optimistischen Sichtweise auf die Geschichte ausgeschlossen und würde in der Tendenz zur Klassenpolarisierung untergehen.

Bei alledem ging es Marx und Engels darum, den Begriff des Proletariats von den negativen Konnotationen des Pöbels fernzuhalten und den proletarischen Klassenkampf nicht von ihm «verunreinigen» zu lassen (Bourdin 2013). Das Lumpenproletariat entwickelte sich zu einer Kategorie, die es Marx ermöglichte, sich gegen die bürgerliche Unterstellung zu wehren, die Armen und die Arbeiter*innenklasse *in toto* seien unmoralisch (vgl. Denning 2010, 87). Marx antwortete darauf mit der Hilfskonstruktion des Lumpenproletariats, auf das alle schlechten Eigenschaften des vorkapitalistischen Pöbels projiziert wurden. Für Peter Stallybrass und Allon White (1993) war dies bereits ein Hinweis auf die bürgerliche Abwertung des «Anderen», der Armen, der auch Marx erlegen sei.

3.2.2 Politik: Die gegenwärtige Rolle in der (Konter-)Revolution

Im Kontext der gescheiterten europäischen Revolutionen von 1848 und des Staatsstreichs von Louis Napoleon 1851 in Frankreich mussten Marx und Engels ihre Ansichten jedoch revidieren. Keinesfalls war das Lumpenproletariat lediglich ein verschwindender Ausdruck des vorkapitalistischen Pöbels. Im weiteren Fortgang der Klassenkämpfe wurde ihm sogar eine entscheidende Rolle zugesprochen.

Das Lumpenproletariat beschrieben Marx und Engels nun als gegenwärtige Klasse, deren Größe nicht mehr zu übersehen war:

«Zu den vier Millionen [...] offizieller Paupers, Vagabunden, Verbrecher und Prostituierten, die Frankreich zählt, kommen fünf Millionen hinzu, die an dem Abgrunde der Existenz schweben und entweder auf dem Lande selbst hausen oder beständig mit ihren Lumpen und ihren Kindern von dem Lande in die Städte und von den Städten auf das Land desertieren» (MEW 8, 201).

Bis 1848 wurde der Begriff Lumpenproletariat eher von Engels verwendet. Marx verwendet ihn in einem eigenständigen Text erstmals am 7. November 1848. In «Sieg der Konterrevolution zu Wien» schrieb er, die Revolution von 1848 sei gescheitert, da sich ein «bewaffnetes und erkauftes Lumpenproletariat» gegen das arbeitende und denkende Proletariat (MEW 5, 457) gestellt habe. Diese «schnapslustige[n] Lumpenproletarier» (MEW 7, 129) hätten sowohl im Auftrag der Herrschenden die Barrikaden der Revolutionäre niedergerissen (ebd., 126) als auch durch ihre «Nachlässigkeit und Unordnung» (ebd.) im Kampf dazu beigetragen, die revolutionäre Moral zu untergraben. Diese Entwicklung beobachteten Marx und Engels in ganz Europa: in Frankreich bildete das Lumpenproletariat die konterrevolutionäre Mobilgarde (MEW 5, 457), in Österreich waren es die «Kroaten» des royal-loyalen Generals Jospeh Jelačić (ebd.; s.a. 6, 149) und in Italien die städtischen «Lazzaroni in Neapel» (MEW 5, 131), die aus «ehemaligen Bettlern, Vagabunden, Gaunern, Gamms und kleinen Dieben» (ebd., 132) bestanden. Überall wurde die Bestechlichkeit des Lumpenproletariats zu reaktionären Taten als ursächlich für die Niederschlagung der Revolutionen gewertet, das Fazit eindeutig: «Dies Gesindel ist absolut käuflich und absolut zudringlich» (MEW 7, 536). Seiner «ganzen Lebenslage nach», so wusste bereits das «Manifest», werde das Lumpenproletariat «bereitwilliger sein, sich zu reaktionären Umtrieben erkaufen zu lassen» (MEW 4, 472), als der proletarischen Revolution zu dienen. Die Mitglieder des Lumpenproletariats hätten sich, so Engels, «zur Niedermetzelung ihrer Brüder [...] bestechen lassen mit dreißig Sous per Tag! Ehre diesen bestochenen Vagabunden, weil sie um dreißig Sous per Tag den besten, revolutionärsten Teil der [...] Arbeiter niederrang» (ebd.).

Die Lazzaroni

Der Begriff Lazzaroni soll die Gefährlichkeit des Lumpenproletariats verdeutlichen. Lumpenproletariat und Lazzaroni werden bei Marx und Engels häufig in unmittelbarem Zusammenhang verwendet. Als Lazzaroni wurden in der Neuzeit die Bewohner*innen der ärmsten Stadtteile Neapels um die *Piazza del Mercato*, die *Piazza del Lavinaro* und die *Piazza della Sellaria* bezeichnet. Die Lazzaroni hatten weder eigene Wohnungen noch Arbeit und «lebten in den Tag hinein, ohne für mehr als ihr tägliches Auskommen zu sorgen, unbekümmert und fröhlich», so Benedetto Croce. Die Geisteshaltung – ihr «Lazzaronicharakter» (MEW 7, 26) – zeichne sich dadurch aus, dass sie außerhalb der bestehenden sozialen Institutionen lebten und keiner Lohnarbeit nachgingen und daher für Marx und Engels suspekt blieben. Alle Berichte über die Lazzaroni – von Croce über Goethe, der die Armen Neapels auf seiner Italienreise ebenfalls beschrieb – sind sich darüber einig, dass es sich bei ihnen keinesfalls um «Müßiggänger» handelte, sondern sie in dauerhafter Beschäftigung standen – allerdings in einer informellen und ungeregelten Ökonomie. Sie lebten von Gemeingütern zur Subsistenzsicherung wie Obst und Meeresprodukten.

Bereits 1585 organisierten die Lazzaroni wegen steigender Brotpreise erfolgreich einen Aufstand und zu Beginn des 19. Jahrhunderts stellten sie sich gegen Joachim Murat, der 1808 von Napoleon Bonaparte zum König von Neapel eingesetzt worden war. Beträchtliche Nachwirkungen sollte jedoch der Aufstand der Lazzaroni vom 7. Juli 1647 unter dem Fischer Tommaso Masaniello haben, auch wenn diese Revolte nur zehn Tage dauerte. Anlass war die Erhöhung der Obststeuer durch den spanischen Vizekönig, der in Neapel regierte. Der Versuch, dieses Gemeingut höher zu besteuern, muss den Lazzaroni als *enclosure*, als Enteignung für den ausschließlichen Gebrauch als Privateigentum, erschienen sein. Der Aufstand der Lazzaroni konnte auf eine starke militärische Mobilisierung der gesamten Bevölkerung bauen, auch Frauen und Kinder beteiligten sich. Es war eine der ersten Revolten, die sich gegen die Proletarisierung des Lebens richtete. Die gegenseitige Hilfe und die (militärische)

Selbstorganisation der Lazzaroni zeigte, dass die Unterklassen – im Gegensatz zu den Vorstellungen von Marx und Engels – durchaus zu Widerstand und eigenständigen Formen der Vergesellschaftung jenseits der herrschenden Normen fähig waren.

Linebaugh und Rediker (2008, 124–128) benennen drei Gründe für den starken Widerhall der Revolte um Masaniello: Erstens betrat mit den Lazzaroni ein neues historisches Subjekt die Bühne, das sich aus plebejisch-lumpenproletarischen Elementen zusammensetzte und rebellierte, weil es nichts (mehr) hat. Zweitens war es ein städtischer Massenaufstand: Neapel war damals die zweitgrößte Stadt Europas. Und drittens muss der Aufstand als Teil einer globalen revolutionären Erhebung betrachtet werden. Linebaugh und Rediker verbinden die Revolte mit dem englischen Bürgerkrieg, Aufständen in Irland und Sklavenunruhen dies- und jenseits des Atlantiks. Nicht zufällig besaß Neapel einen der größten Häfen der Zeit, sodass dort der globale Seehandel zusammenlief. Wer die Lazzaroni lediglich als revolutionäre Vorläufer versteht, erliegt jedoch einem vorschnellen Urteil. Denn tatsächlich kämpften sie anlässlich des französischen Angriffs auf das Königreich Neapel in den Jahren 1798 und 1799 im Namen des Katholizismus gegen die als jakobinisch empfundene napoleonische Armee und verteidigten Ferdinand IV. als legitimen König. Auch im Mai 1848 verbündeten sie sich mit den herrschenden Bourbonen gegen die liberale Revolution. Engels schrieb dazu: «Durch diesen Schritt des neapolitanischen Lumpenproletariats war die Niederlage der Revolution entschieden. Schweizergarde, neapolitanische Linie, Lazzaroni stürzten vereint über die Barrikadenkämpfer her» (MEW 5, 20).

Doch blieben die sozialrevolutionäre Tradition sowie die bürgerliche Furcht – und Faszination – vor den Lazzaroni bis in die Mitte des 19. Jahrhunderts noch allgegenwärtig präsent. Neben Marx und Engels sollten sich unter anderem auch Hegel, Locke oder Büchner auf sie beziehen (vgl. Eiden-Offe 2014; 2017). Marx und Engels dienten die Lazzaroni zur Abgrenzung und Abwertung. Dazu nochmals Engels: die «Bande» der Lazzaroni «erstach die Männer, spießte die Kinder, notzüchtigte die Weiber, um sie alsdann zu ermorden, plünderte alles aus und überlieferte die verwüsteten Wohnungen den Flammen» (MEW 5, 20). Immer wenn Marx und Engels auf die Lazzaroni zu sprechen kamen, geschah dies vor dem Hintergrund der unbändigen Furcht vor solch unkontrollierter Revolte und Gewalt (ebd., 455ff.; MEW 10, 475f.; 27, 342). Für die Zeitgenoss*innen von Marx und Engels waren diese Implikationen nur allzu aktuell und verständlich.

Als gegenwärtige Klasse wurde das Lumpenproletariat vor allem am Beispiel Frankreichs analysiert. In einer Periode der französischen Geschichte, in der weder das aufstrebende Proletariat noch die Bourgeoisie die politische Macht erlangen konnten, spielte das Lumpenproletariat eine besondere Rolle und führte dazu, dass Marx und Engels eine komplexere Vorstellung von Geschichte und Klassenkampf entwickelten.

Nachdem 1830 das reaktionäre Regime der Bourbonen gestürzt worden war, entfernte sich der neue «Bürger-König» Louis-Philippe immer weiter von seinen anfänglich liberalen Grundsätzen. Das französische Bürgertum war zusehends enttäuscht, doch auch in der Arbeiter*innenklasse gärte die Unzufriedenheit und aus der problematischen sozialen Lage, die durch eine Agrar- und Handelskrise 1846/47 noch verschärft worden war, entwickelte sich eine revolutionäre Stimmung. Im Februar 1848 kam es zu heftigen Straßen- und Barrikadenkämpfen in Paris. Louis-Philippe floh und die Republik wurde ausgerufen. Doch es rumorte weiter. Die Schließung der Nationalwerkstätten, einer massiven Arbeitsbeschaffungsmaßnahme, am 22. Juni brachte das Fass zum Überlaufen und so kam es vom 23. bis zum 26. Juni 1848 zu einem erneuten Aufstand der Arbeiter*innen, der «Juni-Insurrektion, dem kolossalsten Ereignis in der Geschichte der europäischen Bürgerkriege» (MEW 8, 121), wie Marx es kommentierte. Die Regierung ließ jedoch sofort den Belagerungszustand über Paris verhängen und beauftragte General Louis Cavaignac, der sich seine Sporen im Kolonialkrieg in Algerien verdient hatte, mit der Niederwerfung der Erhebung, was dann durch Einheiten der französischen Armee und der Nationalgarde blutig geschah.

In seiner Schrift «Die Klassenkämpfe in Frankreich 1848 bis 1850» von 1850 beschäftigte sich Marx mit den Ursachen, dem

Charakter und dem konkreten Verlauf dieser revolutionären Ereignisse. Der Text ist insbesondere daher interessant, da er über das dichotome Klassenmodell des «Manifests» hinausgeht. Marx reagierte selbstkritisch auf seine vorschnellen Prognosen aus dem Revolutionsjahr 1848, als er auf einen Sieg des Proletariats im Klassenkampf gesetzt hatte. Seine Korrektur lag in einer Komplexitätssteigerung der Theorie der Klassen.

Ging er ursprünglich von drei handelnden Klassen aus (Aristokratie, Bourgeoisie und Proletariat), erklärte er das Scheitern des Revolutionsversuchs nun durch vorher nicht berücksichtigte soziale Gruppen. Marx entwickelte seine Klassentheorie in zwei Richtungen weiter. Erstens lieferte er eine fundierte Analyse der Mittelklassen des Kleinbürgertums und zweitens beschäftigte er sich mit den unproduktiven und deklassierten Klassen, die er in der Finanzaristokratie und im Lumpenproletariat fand. Gemein sei diesen Klassen, dass sie sich gegen das revolutionäre Proletariat gestellt hatten. Den Juni-Aufstand konnten die bürgerlichen Kräfte noch als «Partei der Ordnung» (ebd., 123) niederringen. Um ihre ökonomische Macht jedoch nicht an die «Herrschaft des arbeitenden Proletariats» (ebd., 194) zu verlieren, musste sich die Bourgeoise nun mit der großen Schicht der Parzellenbäuer*innen, die als kleine voneinander isolierte Produzent*innen in Louis Napoleon, dem Neffen Napoleon Bonapartes, einen mächtigen Vertreter ihrer Interessen gefunden zu haben glaubten, dem Lumpenproletariat und der Finanzaristokratie verbinden und war somit zur politischen Selbstentmachtung gezwungen (ebd., 150f.). Marx nahm also hier bereits eine Differenzierung zwischen sozialer und politischer Herrschaft vor.[4]

4 Bäuer*innen und Landarbeiter*innen bildeten im 19. Jahrhundert immer noch die Bevölkerungsmehrheit, doch fielen sie bei Marx' Klassenanalyse kaum ins Gewicht. Theoretisch hat Marx den Bäuer*innen kein besonderes Interesse entgegengebracht. Kleine und mittlere Bäuer*innen, die Subsistenzwirtschaft betrieben, waren für Marx lediglich eine vorkapitalistische Klasse, die ähnlich dem Lumpenproletariat durch die kapitalistische Innovation verschwinden würde: Sie gehören «weder in die Kategorie der *produktiven* noch der *unproduktiven Arbeiter*, obgleich sie Produzenten von Waren sind. Aber ihre Produktion ist nicht unter die kapitalistische Produktionsweise subsumiert» (MEW 26.1, 382f.). Im Zuge der kapitalistischen Entwicklung werden sich die kleinen Handwerker*innen und Bäuer*innen «entweder nach und nach in einen kleinen Kapitalisten verwandeln, der auch fremde Arbeit exploitiert, oder er wird seiner Produktionsmittel verlustig gehn […] und in einen Lohnarbeiter verwandelt werden. Dies ist die Tendenz in

Der Ort des Lumpenproletariats ist dort, «wo Geld, Schmutz und Blut zusammenfließen» (MEW 7, 14f.). Hier wird bereits angedeutet, dass es sich beim Lumpenproletariat auf der einen Seite nicht nur um die Klasse der sozial Deklassierten handelt, sondern der Begriff – durch das Geld – auch auf die höchsten Schichten der Gesellschaft ausgedehnt wurde. Marx machte dies folgendermaßen deutlich: «Die Finanzaristokratie, in ihrer Erwerbsweise wie in ihren Genüssen, ist nichts als die *Wiedergeburt des Lumpenproletariats auf den Höhen der bürgerlichen Gesellschaft*» (ebd., 15). Vom Rest der Bourgeoisie getrennt, erheischt sie sich ihren Reichtum durch Spekulationen. Die Parallele zum Lumpenproletariat macht Marx daran deutlich, dass es ebenso wie jenes nicht an der Produktion beteiligt ist.

Marx' Urteile bewegen sich hier in ziemlich konventionellen moralischen Begriffen. Gruppen oder Individuen außerhalb des kapitalistischen Produktionsprozesses teilen bei ihm die gleichen Dispositionen (MEW 8, 154f.; s. a. 21, 450; 29, 82). Die Degeneration trennt das Lumpenproletariat vom Proletariat, ebenso wie die Korruption die Finanzaristokratie von der restlichen Bourgeoisie trennt, käuflich sind sie beide. Wie es bei Hegel den unsittlichen Pöbel sowohl an der Spitze als auch am Boden der Gesellschaft gibt (Vedder 2018), findet Marx das Lumpenproletariat nun auch an der Spitze der Gesellschaft und des Staates wieder. Das Lumpenproletariat hat damit mit Pauperisierung und Armut nichts mehr zu tun und wird eine völlig andere Kategorie.

---

der Gesellschaftsform, worin die kapitalistische Produktionsweise vorherrscht» (ebd., 384).

Politisch erwartete Marx nichts von ihnen. Sie seien konservativ, da sie nicht für die Abschaffung des Privateigentums an Produktionsmitteln eintreten, sondern «mit blinder Liebe an […] einem Stückchen Erde und […] einem bloß nominellen Besitzrecht» (MEW 17, 61) hängen und so in einen «höchst verhängnisvollen Gegensatz zur Industriearbeiterklasse» (ebd.) geraten sowie «zum entschiedensten Feind jeden gesellschaftlichen Fortschritts» (ebd.) würden. Marx polemische und gleichsam oberflächliche Darstellung der Bäuer*innen in seiner Schrift «Der achtzehnte Brumaire von Louis Napoleon» als ein «Sack von Kartoffeln» (MEW 8, 198), die zwar die gleichen Lebensbedienungen teilen, jedoch isoliert und ohne Kommunikation nur nebeneinander leben würden, gleicht der Beschreibung des Lumpenproletariats in dieser Schrift (s.u.). Beide seien politisch nicht handlungsfähig und könnten keine kollektiven Strukturen entwickeln. Widerlegt wurde diese These spätestens durch das Faktum, dass alle großen Revolutionen des 20. Jahrhunderts Bauernrevolutionen waren.

Louis Napoleon, der schon 1836 und 1840 Putschversuche gegen Louis-Philippe unternommen hatte, wurde am 10. Dezember 1848 zum neuen französischen Staatspräsidenten gewählt. Für Marx war er der «*Chef des Lumpenproletariats*» (MEW 8, 161). Dass Marx Louis Napoleon dieser Gruppe als Führer zuordnete, war nicht nur eine polemische Geste, sondern sollte den späteren Kaiser auch als ein nie wirklich anerkanntes Mitglied seiner eigenen Adelsklasse brandmarken. Das Lumpenproletariat diente bei Marx stets dazu, das Unerwünschte und Fremde zu markieren.

Das verarmte Lumpenproletariat auf der anderen Seite wurde als Außenseiter und Ausgestoßene (MEW 7, 15) beschrieben, die nicht in der Lage seien, ihre eigene Reproduktion zu sichern. Daher sei es insofern potenziell konterrevolutionär und jederzeit zu kriminellem und reaktionärem Verhalten bereit, da es finanziell von der Aristokratie und der Bourgeoisie abhängig war.

Was die Niederlage von 1848 betrifft, so konzentrierte Marx sich neben der Analyse der feindlichen politischen Kräfte auf den militärischen Aspekt der Repression: die National- und die Mobilgarde. Die Nationalgarde rekrutierte ihre Mitglieder aus der Bourgeoisie, dem Kleinbürgertum, dem Provinzadel und aus wohlhabenden ländlichen Gebieten und war somit eine reine Kraft der Reaktion. Schwieriger zu fassen war die Mobilgarde. Als polizeiähnliche Miliz wurde sie am 26. Februar gegründet und bestand vorwiegend aus jungen, meist unqualifizierten Arbeitern. Marx beschrieb sie folgendermaßen:

«Zu diesem Zwecke bildete die provisorische Regierung 24 Bataillone Mobilgarden*, jedes zu tausend Mann, aus jungen Leuten von 15 bis 20 Jahren. Sie gehörten großenteils dem* Lumpenproletariat *an, das in allen großen Städten eine vom industriellen Proletariat genau unterschiedene Masse bildet, ein Rekrutierplatz für Diebe und Verbrecher aller Art, von den Abfällen der Gesellschaft lebend, Leute ohne bestimmten Arbeitszweig, Herumtreiber, gens sans feu et sans aveu, verschieden nach dem Bildungsgrade der Nation, der sie angehören, nie den Lazzaronicharakter verleugnend» (ebd., 26).*

Sie waren maßgeblich an der Niederschlagung der Revolution beteiligt. Die Zahl der getöteten Arbeiter*innen wird auf 5.000 geschätzt; davon wurden etwa 1.500 ohne Prozess erschossen.

Anstelle dieser Gewalt und der Grausamkeit gegen die eigenen Klassengenoss*innen in den Barrikadenkämpfen in Paris hätte Marx von den jungen Arbeitern der Mobilgarden Klassensolidarität erwartet. Da sie ja «eigentlich» Proletarier waren, mussten sie jedoch auch etwas anderes sein, denn Marx schien nicht akzeptieren zu können, dass die Arbeiter*innenklasse bis zum Bürgerkrieg hin gespalten gewesen war. Mit der Abgrenzung des Lumpenproletariats schien genau hierfür eine Lösung gefunden worden zu sein.[5]

Diese eindeutige Trennung des Lumpenproletariats vom industriellen Proletariat ist eine bemerkenswerte Stelle, wenn man sie mit Engels' Aussage vergleicht, das Lumpenproletariat bestehe aus den «verkommenen Subjekte[n] aller Klassen» (MEW 7, 536) sowie der These des «Manifests», es stamme aus den «untersten Schichten der alten Gesellschaft» (MEW 4, 472). Doch wies auch Marx wenige Sätze nach seiner scharfen, kategorischen Trennung darauf hin, das Lumpenproletariat stamme doch aus dem Proletariat selbst:

«So stand dem Pariser Proletariat eine aus seiner eigenen Mitte gezogene Armee von 24.000 jugendlich kräftigen, tollkühnen Männern gegenüber. Es schrie der Mobilgarde auf ihren Zügen durch Paris Vivats! *zu. Es erkannte in ihr seine Vorkämpfer auf den Barrikaden. Es betrachtete sie als die* proletarische *Garde im Gegensatze zur bürgerlichen Nationalgarde» (MEW 7, 26).*

Aus diesen Stellen spricht eine große Unsicherheit und Uneindeutigkeit, wie das Lumpenproletariat klassentheoretisch einzuordnen und wie oder ob es als Kategorie der Sozialstrukturanalyse brauchbar ist. Vollkommen klar ist hingegen Marx' moralisches und politisches Urteil. Ob nun ein Teil des Proletariats oder nicht, es ist der Geist der Bestechlichkeit und des Verrats, der aus dem Lumpenproletariat spricht. Somit erscheint es ratsam, den Begriff eher als Attribut zu lesen, mit dem eine Reihe moralischer Merkmale bezeichnet wird, die in verschiedenen sozialen Kontexten (in diesem Fall die Mobilgarde) auftreten können und zu verstehen sind und weniger als eine klare sozioökonomische Klasse.

Ein weiterer Punkt wird von Marx zwar erwähnt, jedoch nicht weiter ausgeführt: das Alter der beteiligten Akteure. Es waren nahezu ausschließlich Jugendliche, die Marx dem Lum-

5 Die Grundlage seiner Bewertung, wonach die Mobilgarde aus «Dieben und Verbrechern jeder Art» bestand, scheint jedoch falsch zu sein. Moderne Forschung konnte dies anhand der Analyse der soziodemografischen Zusammensetzung der Mobilgarde nachweisen (Traugott 1980).

penproletariat zurechnete. Folgt man Engels, könnte die Gewalt ihrer konterrevolutionären Aktionen durch die Gewalt und Grausamkeit der brutalen Kolonialtaktik der Generäle in Algerien erklärt werden, denen viele der jugendlichen Soldaten ausgesetzt waren (vgl. MEGA² 1/7, 222–230). Für Marx überwogen hingegen der Korpsgeist, die Achtung und das Prestige der Uniformen sowie schließlich die Bezahlung als Gründe dafür, warum sich die Jugendlichen den Mobilgarden angeschlossen haben (MEW 8, 203).

Auf den weiteren historischen Verlauf sollte das Lumpenproletariat noch erheblichen Einfluss haben. Napoleon «als prinzlicher Lumpenproletarier [...] sah nun [...] den Augenblick gekommen, wo er aus der scheinbaren Defensive in die Offensive übergehn konnte» (ebd., 169). Nach der Niederlage des Proletariats war es zu einem Gleichgewicht der Klassenkräfte gekommen, das Napoleon und seine «Gesellschaft des 10. Dezember» ausnutzen konnten. Nach dem Staatsstreich vom 2. Dezember 1851 proklamierte er sich als Napoleon III. ein Jahr später selbst zum Kaiser. Damit hatte es nun das Lumpenproletariat endgültig «zur Herrschaft gebracht, an der Spitze den Chef der Gesellschaft vom 10. Dezember» (ebd., 194).

In seiner 1852 veröffentlichten Schrift «Der achtzehnte Brumaire des Louis Napoleon» versuchte Marx nicht nur die Niederschlagung der Revolution, sondern auch den Aufstieg Napoleons an die Spitze des Staates nachzuvollziehen. Dort erweiterte Marx seine Überlegungen zum Lumpenproletariat dahingehend, dass es nun als «Auswurf, Abfall, Abhub *aller* Klassen» (MEW 8, 161; eigene Hervorhebung) verstanden und der Begriff zu einem Ensemble von ganz unterschiedlichen gesellschaftlichen Typen wurde. Das berühmte Porträt des Lumpenproletariats im «Brumaire» nimmt dahingehend in seinem sozial-literarischen Verve Anleihen bei Zeitgenossen wie Dickens, Balzac oder Hugo:

«Neben zerrütteten Roués mit zweideutigen Subsistenzmitteln und von zweideutiger Herkunft, neben verkommenen und abenteuernden Ablegern der Bourgeoisie, Vagabunden, entlassene Soldaten, entlassene Zuchthaussträflinge, entlaufene Galeerensklaven, Gauner, Gaukler, Lazzaroni, Taschendiebe, Taschenspieler, Spieler, Maquereaus, Bordellhalter, Lastträger, Literaten, Orgeldreher, Lumpensammler, Scherenschleifer, Kesselflicker, Bettler, kurz, die ganze unbestimmte, aufgelöste, hin-

und hergeworfene Masse, die die Franzosen la bohème nennen» (MEW 8, 160f.).

In dieser merkwürdigen Aufzählung lassen sich drei Gruppen identifizieren: Nach den Roués, die ihren Lebensunterhalt auf undurchsichtige Weise verdienen, und denjenigen, die aus der Bourgeoisie gefallen sind, folgt als dritte Gruppe jene Sammelkategorie, die Straßenjobs, (halb-)illegale Tätigkeiten mit den Ausgestoßenen und Vagabunden zusammenbringt, die seit dem Mittelalter ständig als soziale Bedrohung angesehen wurden.

Während sich gerade Engels' frühe Beschreibung des Lumpenproletariats eher als eine nüchterne Bestandsaufnahme las, beschreibt Marx hier differenziert, aber auch pittoresk und romantisch die verschiedenen Abfallprodukte, die das gegenwärtige Lumpenproletariat bilden. Aus dieser theatralen und karnevalesken Auflistung dieser Vielzahl von Einzelfiguren scheint das Bedürfnis zu sprechen, das Lumpenproletariat komplett zu erfassen und seiner Identität vollumfänglich zu entsprechen. Dies gelingt Marx jedoch nicht, denn die scheinbar empirische Aufzählung definiert den Begriff nicht und erklärt nicht seinen Inhalt.

An dieser Darstellung gibt es viel zu problematisieren. Für Peter Stallybrass (1990) entsprang dieses «Spektakel der Heterogenität» viel eher der Fantasie Marx', als dass es auf einer ehrlichen Analyse begründet gewesen sei.[6] «Es bleibt noch» unklar, wie Marx begründet, dass Gaukler oder Bordellhalter, Orgeldreher oder Kesselflicker dem Lumpenproletariat angehören und nicht etwa dem Proletariat. Sie könnten ja sogar potenziell respektable Selbständige sein.

Die Zugehörigkeit zum Lumpenproletariat ergibt sich vielmehr auf Grundlage des Verhaltens und der Werte als aus der Stellung im Produktionsprozess. Die offensichtliche Freude, die Marx beim Beschreiben des Lumpenproletariats hatte, darf

6 Insbesondere wenn man einen Satz aus dem «Manifest» hinzuzieht, wird das hier gezeichnete Bild fragwürdig. Dort werden unmittelbar nach der Verurteilung des Lumpenproletariats die Lebensbedingungen und die Verarmung des Proletariats beschrieben: «Der Proletarier ist eigentumslos; sein Verhältnis zu Weib und Kindern hat nichts mehr gemein mit dem bürgerlichen Familienverhältnis [...]. Die Gesetze, die Moral, die Religion sind für ihn ebenso viele bürgerliche Vorurteile, hinter denen sich ebenso viele bürgerliche Interessen verstecken» (MEW 4, 472). Etwas später wird ergänzt: «Der moderne Arbeiter [...] sinkt immer tiefer unter die Bedingungen *seiner eigenen Klasse* herab (ebd., 473; eigene Hervorhebung).

nicht mit Sympathie verwechselt werden. Die Heterogenität soll den Mangel an Klassenbewusstsein erklären. Zum Lumpenproletariat gehören also nur jene, die sich als solche benehmen, also reaktionär, korrupt und ohne Klassenstandpunkt handeln – unabhängig von ihrer sozialen Herkunft. In zweiterem Fall würde jede*r erwerbslos gewordene Arbeiter*in automatisch Mitglied des Lumpenproletariats.

Lumpenproletarier*in wird man nicht nur durch die ökonomischen Bedingungen, sondern durch Entscheidung. Somit konnte die gleiche Klasse – je nach ihrem politischen Verhalten – als «Proletariat», als «Lumpenproletariat» oder auch als «Pöbel» definiert werden.

Neben dem objektiven Charakter der Klasse, der sich aus den Produktionsverhältnissen ergibt, ist es deshalb notwendig, auch die subjektiven Verarbeitungsformen in die Begriffsdefinition einzubeziehen. Es geht stets auch um die Orientierungen lebendiger Subjekte, um deren alltäglichen Umgang mit den gesellschaftlichen Verhältnissen. Die Arbeit und die Klasse werden zwar ökonomisch durch das Kapital vergesellschaftet, dies muss jedoch politisch zu Bewusstsein kommen.[7] Marx und Engels (und später der Marxismus) gingen davon aus, dass die Arbeiter*innen ein reformistisches oder revolutionäres Bewusstsein entwickeln würden, tatsächlich blieb (und bleibt) aber stets auch ein reaktionär-faschistischer Anteil möglich. Das Lumpenproletariat steht genau an der Schnittstelle zwischen diesen beiden Bereichen: ökonomisch zwischen Residuum, Resultat der Produktivkraftsteigerung und Surpluspopulation und politisch zwischen Klassenbewusstsein und Käuflichkeit durch die Reaktion. Die Möglichkeit so oder anders zu handeln, wird bei Marx nicht klassenspezifisch begründet, der Begriff des Lumpenproletariats changiert stets zwischen ökonomischer und politischer

---

7 Die *Kritik der politischen Ökonomie* lässt solch subjektive Einbruchstellen durchaus zu. «In die Dialektik von notwendiger und Mehrarbeit gehen die Kämpfe der Arbeiter gegen die Maschinerie, gegen die kapitalistische Arbeitsorganisation und die Kämpfe um den Normalarbeitstag ebenso ein, wie den verschiedenen Formen des Mehrwerts (absoluter und relativer Mehrwert) verschiedene historische Antworten und Stufen der Subsumtion der Arbeit unter das Kapital entsprechen. Die Lohntheorie kommt jedoch bei Marx über die von der klassischen politischen Ökonomie entwickelten Bestimmung der Reproduktionskosten der Arbeit nicht hinaus, und diese Bestimmung ist für sich genommen äußerst eng, insofern sie die Klassenreproduktion auf eine Warenmenge zum Unterhalt des Arbeiters beschränkt» (Meyer 1985, 119).

Bedeutung und bleibt deswegen soziologisch unscharf. Die bisweilen wutschnaubenden Aufzählungen von Marx, wenn er auf das Lumpenproletariat schimpft, lassen sich kaum ernsthaft als eine soziale Kategorisierung deuten.

Um jedoch an der im «Manifest» entwickelten historischen und revolutionären Mission des Proletariats festhalten zu können, unternahm Marx die Ausgrenzung des Lumpenproletariats. Als «Rekrutierplatz für Diebe und Verbrecher aller Art» war das Lumpenproletariat der «gemeinsten Banditenstreiche und der schmutzigsten Bestechlichkeit» (MEW 7, 26) fähig und schuldig. Folgt man hier Marx, muss man sich den Unterschied zwischen Proletariat und Lumpenproletariat so vorstellen, «dass die Lumpenproletarier/-innen tatsächlich freiwillige, aktive Verbrecher/-innen sind, den Arbeitern und Arbeiterinnen hingegen die Verlumpung passiv angetan wird» (Stephan 2018, 55). Die Verurteilung des Lumpenproletariats durch Marx und Engels betrifft somit vor allem den Ethos des Lumpenproletariats, das formal und konkret gegen die ethischen Voraussetzungen für eine Revolution verstößt. Das Lumpenproletariat war nicht nur ein ärgerliches Hindernis, es war für die Revolution zerstörerisch.

Mit der Abgrenzung des Lumpenproletariats vom Proletariat gelang es Marx und Engels, «die Niederlage der sozialen Revolution zu erklären, ohne die Perspektive auf die revolutionäre Überwindung der kapitalistischen Gesellschaft durch das Proletariat aufgeben zu müssen» (Bescherer 2018, 9). Für Marx und Engels war «nur das Proletariat eine wirklich revolutionäre Klasse» (MEW 4, 472). Es erscheint naheliegend, «dass Marx und Engels dem Lumpenproletariat genau deshalb mit so großer Aggressivität begegnen müssen, weil sich in ihm ein blinder Fleck in ihrer Theoriebildung, genauer: eine grundlegende Diskrepanz zwischen ihrer deskriptiven Analyse der modernen Gesellschaft, ihren moralischen Überzeugungen und ihren politischen Vorstellungen und Hoffnungen, symptomal verdichtet» (Stephan 2018, 60). Dominick LaCapra schlägt vor, Marx' Abneigung gegen das Lumpenproletariat als Ausdruck einer «verborgenen oder gar verdrängten Angst» zu verstehen, «dass das Proletariat gar nicht so revolutionär ist, wie Marx es sich wünscht» (LaCapra 1983, 284; eigene Übersetzung). Auch hier wird das Lumpenproletariat als das «Andere» des Proletariats definiert und aus diesem moralisch verbannt.

Trennung zwischen Proletariat und Lumpenproletariat

Die klare Trennlinie zwischen Proletariat und Lumpenproletariat tauchte nochmals in späten Äußerungen von Engels auf. Trotz oder wegen seiner Käuflichkeit und Spontanität findet sich das Lumpenproletariat beizeiten auch in revolutionären Bewegungen wieder und sei dort auch zu den «größten Heldentaten und der exaltiertesten Aufopferung fähig» (MEW 7, 26). Die Rolle des Lumpenproletariats in progressiven Bewegungen beschäftigte Engels noch in den 1880er-Jahren.

Am 8. Februar 1886 kam es in *Pall Mall* und *Piccadilly*, zwei Straßen im wohlhabenden und respektablen Londoner Westend nach einer Kundgebung der *Social Democratic Federation* von Henry Hyndman zu Plünderungen durch Arbeiter*innen und Erwerbslose. Für Engels war dies eine Revolte von «Scharen armer Teufel vom East End, die an der Grenze zwischen Arbeiterklasse und Lumpenproletariat dahinvegetieren, und dazu ein Gemisch von Rowdys und Straßenjungen, das genügt, um das ganze in eine brodelnde Menge zu verwandeln» (MEW 36, 441), wie er am 9. Februar an Laura Lafargue schrieb. Hyndman hätte die Kontrolle über die Situation verloren und so konnten die «Rowdys» «Weinhandlungen und Bäckerläden und dann auch einige Juwelierläden» (ebd.) plündern. Dies geschah ohne Führung und Organisation, wie Engels wenige Tage später an August Bebel schrieb (ebd., 445ff.). Daher konnte dieser Aufstand auch schnell und problemlos durch lediglich «vier Polizisten zersprengt» (ebd., 445) werden.[1]

Drei Jahre später kam es bei den Londoner Hafenstreiks wieder zu Aufständen, bei denen sich aber «Szenen, wie damals bei Hyndmans Zug durch Pall Mall und Piccadilly» (MEW 37, 261) nicht wiederholten. Der Streik

1 Auch Karl Kautsky bemühte sich schnell um Distanzierung. Am 19. Februar schrieb er im *Sozialdemokrat*, dass es sich um einen «anarchistischen» Aufstand gehandelt habe, der jedoch in der bürgerlichen Presse als Akt der Sozialdemokratie dargestellt worden sei «zu dem Zweck, dem Sozialistengesetz, welches in diesen Tagen vor den Reichstag kommen wird, die Wege zu ebnen» und die «deutschen Philister in die den Zwecken der herrschenden Reaktion so nützliche Gruselstimmung zu bringen».

der Londoner Dockarbeiter*innen im August und September 1889 war eines der größten Ereignisse der englischen Arbeiter*innenbewegung am Ende des Jahrhunderts. Zehntausende Arbeiter*innen, die meisten von ihnen ungelernt und *nicht* gewerkschaftlich organisiert, erreichten eine Erhöhung des Arbeitslohns und Verbesserung der Arbeitsbedingungen (Ballhatchet 1991). Für Engels war dieser Streik die «meistversprechende Bewegung, die wir seit Jahren gehabt haben» (MEW 21, 382).

Warum konnten nun «diese armen geknechteten Menschen, der Bodensatz des Proletariats, die Elendesten aus allen Berufen [...] sich zusammenschließen [...] und durch ihre Entschlossenheit die mächtigen Dockgesellschaften erschrecken» (ebd.)? Warum waren nun «die Verkommensten [...], die niedrigste Schicht vor dem Lumpenproletariat» (MEW 37, 266) handlungsfähig? Egal wie arm und elendig ihre Lebensbedienungen waren, Lumpenproletariat waren sie solange nicht, solange sie «durch Organisation zur Geltung» (ebd., 261) kommen und im Bewusstsein ihrer Klasse kämpfen können, wie er am 22. August 1889 an Eduard Bernsteins schrieb. Auch wenn sie sozioökonomisch ganz unten verortet sind, bleiben sie durch ihr Klassenbewusstsein und ihre Handlungsfähigkeit immer noch die letzte Schicht *vor* dem Lumpenproletariat. Zu diesem wird jedoch ein klarer Schnitt gezogen. Engels verkannte hier aber gerade die Tatsache der Selbst- und Basisorganisierung der Arbeiter*innen in diesem Arbeitskampf, die gerade ohne Gewerkschaften oder Parteien ablief.

3.2.3 Ökonomie: Die notwendige Reserve

Nach den Niederlagen der revolutionären Bewegungen Mitte des 19. Jahrhunderts wandte sich Marx verstärkt seiner Kritik der politischen Ökonomie zu. Bei Marx und Engels setzte sich die Überzeugung durch, dass eine erneute Revolution nicht so schnell kommen würde und dass «der Stand der ökonomischen Entwicklung auf dem Kontinent [...] noch bei weitem nicht reif war für die Beseitigung der kapitalistischen Produktion» (MEW 7, 516). Daher rückte das Verstehen der kapitalistischen Produktionsweise ins Zentrum der Arbeit, ohne dabei jedoch den Anspruch derer Überwindung durch das Proletariat aufzugeben. An die deutschen Arbeiter*innen gewendet erklärten Marx und Engels jedoch pessimistisch: «Ihr habt 15, 20, 50 Jahre Bürgerkrieg durchzumachen, um die Verhältnisse zu ändern, um euch selbst zur Herrschaft zu befähigen» (MEW 8, 598).

Auch das Lumpenproletariat nahm in den ökonomischen Studien noch eine entscheidende Rolle ein. Da die kapitalistische Produktionsweise auf Ausbeutung menschlicher Arbeitskraft beruht und das Lumpenproletariat nicht an formell organisierter Lohnarbeit teilnimmt, ist es nicht von vornherein offensichtlich, «wo Marx das Lumpenproletariat im Feld der Produktionsbeziehungen» (Bescherer 2013, 33) verortete. Hier wird argumentiert, dass das Lumpenproletariat auch in der ökonomischen Theorie das «Andere» darstellt, eine ausgeschlossene Kategorie des Rests, die aber für das Gesamtsystem eine notwendige ökonomische und symbolische Bedingung darstellt.

Bereits im «Brumaire» brachte Marx das Lumpenproletariat mit den oben erwähnten Nationalwerkstätten in Zusammenhang.

«Hunderttausend durch die Krise und die Revolution auf das Pflaster geworfene Arbeiter einrollierte der Minister Marie in sogenannte Nationalateliers. Unter diesem prunkenden Namen versteckte sich nichts anderes als die Verwendung der Arbeiter zu langweiligen, eintönigen, unproduktiven Erdarbeiten für einen Arbeitslohn von 23 Sous. Englische workhouses im Freien – weiter waren diese Nationalateliers nichts» (MEW 7, 26).

Bereits hier erkannte Marx den Zusammenhang zwischen Krise und Erwerbslosigkeit und einer Surplusbevölkerung, die sich das Kapital nutzbar machen konnte.

In seinem Manuskript «Grundrisse der Kritik der politischen Ökonomie» von 1857/58 tauchte das Lumpenproletariat bei seiner Diskussion der produktiven und unproduktiven Arbeit wieder auf. In der kapitalistischen Produktionsweise ist nur solche Arbeit produktiv, die sich unmittelbar gegen Kapital austauschen lässt. Arbeit, die sich gegen die Revenue, also bereits getätigte Erlöse, tauscht, ist danach unproduktiv, weil sie weder

Wert noch Mehrwert schafft, sondern der individuellen Konsumtion der Kapitalist*innen dient.[8]

Die Frage nach der Unterscheidung von produktiver und unproduktiver Arbeit hat Marxist*innen immer wieder beschäftigt. Gerade für Klassenanalysen war es entscheidend, bestimmen zu können, wer somit zur «produktiven Klasse» gehört und wer nicht. Marx selbst war davon überzeugt, dass «eine Masse solchen Gesindels» (MEW 42, 198) «von der Hure bis zum Papst» (ebd.) nur unproduktive Arbeit ausführen könne. Noch am 5. Juni 1882 schrieb er Engels aus Cannes, wo er zur Kur verweilte, dass es dort «keine plebejische ‹Masse› [gebe], außer dem Lumpenproletariat zugehörigen garcons d´hôtels, de cafe etc. und domestiques» (MEW 35, 68). In dieser Vorstellung lebt dieser Teil des Lumpenproletariats von Dienstleistungen in der Sphäre der Zirkulation und ist von der Produktionssphäre abhängig, die es erhalten muss. Dies geschehe jedoch «nicht aus dem Arbeitsfonds, sondern aus der Revenu aller Klassen. Es geschieht nicht durch die Arbeit des Arbeitsvermögens selbst – nicht mehr durch die normale Reproduktion als Arbeiter, sondern als Lebendiger wird er aus Gnade von andren erhalten; wird daher Lump und Pauper» (MEW 42, 510). Während das Proletariat sich in der Aktivität der produktiven Arbeit bildet und erhält, erreicht dies das Lumpenproletariat durch unproduktive Tätigkeiten.

Zwar gelten für produktive und unproduktive Lohnarbeiter*innen im Wesentlichen die gleichen Merkmale, sie können aber sogar in Konkurrenz zueinander treten, was Marx später im «Kapital» ausführte. Das allgemeine Gesetz der kapitalistischen Akkumulation besagt, dass das Wachstum des Kapitals Wachstum überschüssiger Arbeitskräfte mit sich bringt. «Die Überarbeit des beschäftigten Teils der Arbeiterklasse schwellt die Reihen ihrer Reserve, während umgekehrt der vermehrte Druck,

8 Marx veranschaulicht dies am Beispiel eines Clowns: «Ein Schauspieler, selbst ein Clown, ist hiernach ein produktiver Arbeiter, wenn er im Dienst eines Kapitalisten arbeitet [...], dem er mehr Arbeit zurückgibt, als er in der Form des Salärs von ihm erhält, während ein Flickenschneider, der zu dem Kapitalisten ins Haus kommt, ihm einen bloßen Gebrauchswert schafft, ein unproduktiver Arbeiter ist. Die Arbeit des ersteren tauscht sich gegen Kapital aus, die des zweiten gegen Revenue. Die erste schafft einen Mehrwert, in der zweiten verzehrt sich eine Revenue» (MEW 26.1, 127). Dienstleistungsarbeit ist für Marx dann produktiv, wenn sie als Lohnarbeit Mehrwert erschafft.

den die letztere durch ihre Konkurrenz auf die erstere ausübt, diese zur Überarbeit und Unterwerfung unter die Diktate des Kapitals zwingt» (MEW 23, 665). Es entsteht eine «industrielle Reservearmee» (ebd., 657), die nicht oder nur teilweise Beschäftigung finden kann. Durch ihre schiere Masse und Austauschbarkeit stärkt sie systematisch die Marktmacht der herrschenden Klasse und fördert den Ausbeutungsdruck zwischen denjenigen, die, um zu überleben, auf Lohnarbeit angewiesen sind. Was Engels in seiner ethnografischen Arbeit in der «Lage der arbeitenden Klassen in England» anhand der irischen Arbeiter*innen bereits angedeutet hat, kann Marx hier ökonomisch begründen. Die Überflussbevölkerung bietet einen doppelten Vorteil für das Kapital: Sie drückt den Lohn und stellt die Reserve für plötzliche Kapitalakkumulation und -vermehrung dar.
«Der tiefste Niederschlag der relativen Übervölkerung endlich behaust die Sphäre des Pauperismus» (ebd., 673). Dieser *«bildet das Invalidenhaus der aktiven Arbeiterarmee und das tote Gewicht der industriellen Reservearmee. […] Je größer aber diese Reservearmee im Verhältnis zur aktiven Arbeiterarmee, desto massenhafter die konsolidierte Übervölkerung, deren Elend im umgekehrten Verhältnis zu ihrer Arbeitsqual steht»* (ebd.). Im «Kapital» scheidet Marx von den *«Vagabunden, Verbrechern, Prostituierten, kurz dem eigentlichen Lumpenproletariat»* den Rest *«des tiefste[n] Niederschlag[s] der relativen Surpluspopulation»* wie *«Arbeitsfähige […], Waisen- und Pauperkinder […], Verkommene, Verlumpte, Arbeitsunfähige» (ebd.).*

Was nun die Differenz zwischen diesen Gruppen sein könnte, verrät implizit folgende Stelle des «Kapitals»: Während der «ursprünglichen Akkumulation» verwandelten sich die leibeigenen Bäuer*innen «massenhaft in Bettler, Räuber, Vagabunden, zum Teil aus Neigung, in den meisten Fällen durch den Zwang der Umstände» (ebd., 762). Lumpenproletarier*innen im engsten Sinne wären – auch noch auf dem Reflexionsniveau des «Kapitals» – somit nur diejenigen, die aus Neigung in die Kriminalität abgedriftet seien, nicht diejenigen, die nur widerwillig und aus Not heraus wieder einer regulären Tätigkeit nachgehen, sobald es die materiellen Umstände erlauben. Zwar hat die Surplusbevölkerung ebenso wenig wie das Lumpenproletariat Eigentum an Produktionsmitteln, hat aber im Gegensatz zu ihm ein Interesse, am Produktionsprozess teilzunehmen. Die Unproduktivität der Surplusbevölkerung ist unfreiwillig, die des

Lumpenproletariats freiwillig. Gegenüber den Produktivkräften spielte das Lumpenproletariat nur eine negative Rolle. Während das Proletariat eng mit den Produktivkräften verbunden war, konnte das Lumpenproletariat, im Wesentlichen wurzellos und käuflich, kein klares historisches Schicksal haben. Da das Lumpenproletariat außerhalb des Produktionsprozesses stand, war es keine Klasse in dem Sinne, in dem Marx und Engels den Begriff gewöhnlich verwendeten.

3.2.4 Rudiment: Literaten und politische Gegner

In einer vierten Art der Verwendung dienten das Lumpenproletariat bzw. die Lumpen Marx und Engels als reine Beschimpfung. Dies zieht sich durch ihr gesamtes Werk. Insbesondere Literaten, Journalisten und politische Gegner wurden sowohl in Veröffentlichungen als auch in der privaten Korrespondenz als solche beleidigt. Bereits Max Stirner war in der «Deutschen Ideologie» wiederholt als «Lump» bezeichnet worden, worunter Marx und Engels einen Egoisten verstanden, der keine auf ehrlicher Arbeit fußende Existenz führe, einen «Mensch von nur idealem Reichtum» (MEW 3, 213). Da der «Lump» bei Stirner ein wichtiger Begriff war, kann hier noch davon ausgegangen werden, dass Marx und Engels hier – sprichwörtlich – den Ball nur zurückspielen. Später wurde dann aber dezidiert das «*literarische Lumpenproletariat* des Herrn Dumont» (MEW 6, 145) beschrieben. Joseph Dumont war Verleger und erreichte mit seiner *Kölnischen Zeitung* zeitweilig eine Monopolstellung unter den Presseerzeugnissen im Rheinland und zeichnete sich, so Marx und Engels, dadurch aus, die Konkurrenz bei der Polizei zu denunzieren (ebd., 145) und Kolleg*innen zu verraten, um «ansehnliche Posten zu erhaschen» (ebd., 195). Die Charakterisierung deckt sich mit der obigen Beschreibung des Lumpenproletariats. Für Journalisten (vgl. MEW 16, 333; 28, 57; 33, 306), die nur vorgeben, auf der Seite des Proletariats zu stehen, hatte Engels bereits 1847 diesen unmissverständlichen Hinweis:

«Wenn es einmal dazu kommt, daß die deutschen Proletarier mit der Bourgeoisie und den übrigen besitzenden Klassen die Bilanz abschließen, so werden sie es den Herren Literaten, dieser lumpigsten aller käuflichen Klassen, vermittelst der Laterne beweisen, inwiefern auch sie Proletarier sind» (MEW 4, 281).

Neben den Literaten sind es noch die politischen Gegner innerhalb der sozialistischen Bewegung, die Marx und Engels häufig mit beißendem Spott überzogen haben. Abweichler dudelten Marx und Engels nicht und überwarfen sich daher auch mit Freunden. Georg Herwegh, den Marx als Mitarbeiter der *Jahrbücher* und Freund der Familie als Genie bezeichnet hatte, gründete mit Adalbert von Bornstedt, Herausgeber der *Deutschen-Brüsseler-Zeitung,* nach der Februarrevolution 1848 die *Deutsche Demokratische Gesellschaft*. Als deutsche Emigranten in Paris wollten sie die Revolution nach Deutschland tragen. Marx und Engels, organisiert im *Bund der Kommunisten*, lehnten diesen Plan rundweg ab. Trocken und eindeutig schrieb Marx am 16. März 1848 an Engels: «Bornstedt und Herwegh benehmen sich als Lumpen. Sie haben hier einen schwarz-rotgoldnen Verein contre nous gestiftet. Erstrer wird heut aus dem Bund ausgestoßen» (MEW 27, 119).

Neben dem «versoffne[n] Lumpenproletarier *Herweg* aus Neuß» (MEW 28, 107) – ein weiterer kleinbürgerlicher Sozialist – und ehemaligen blanquistischen Mitgliedern der *Internationale* (MEW 27, 119; 32, 130) waren es vor allem die Anhänger Ferdinand Lassalles, die von Marx und Engels als Lumpen bezeichnet wurden. Lassalle nahm an der Revolution 1848 teil und stand bis 1862 im Briefkontakt mit Marx und Engels. Mit dem *Allgemeinen Deutschen Arbeiterverein* gründete er im Mai 1863 die erste eigenständige Organisation der Arbeiter*innen in Deutschland, lehnte jedoch eine revolutionäre Perspektive ab und stand für die Herstellung der staatlichen Einheit unter Hegemonie Preußens. Hier kommt es zu einem Widerspruch mit der These der angeblichen fehlenden Organisiertheit der Lumpen. Die Lassalianer sind zwar organisiert, aber – in den Augen von Marx und Engels *falsch organisiert* und daher seien ihre Führer auch «Lumpen oder Esel» (MEW 38, 90), wie Engels 1891 an Bebel schrieb (s.a. MEW 31, 159; 32, 252). So wurden am Ende alle zu Lumpen erklärt, die sich gegen die Linie von Marx und Engels stellten.

3.3 Der Bürger Marx: moralische Bewertungen

Eine abschließende und umfassende Definition des Begriffs Lumpenproletariat bei Marx und Engels bleibt schwierig. Diese haben sie auch selbst nicht gegeben, sondern versucht, sich dem Lumpenproletariat über dessen Eigenschaften, Verhalten und Bewusstsein zu nähern. Über alle Veränderungen, Verschiebungen und Widersprüchlichkeiten des Begriffs hinweg kann ein Kern herausgeschält werden, der das Lumpenproletariat auszumachen scheint: Das Lumpenproletariat geht im Gegensatz zum Proletariat keiner produktiven Arbeit nach und wird nicht ausgebeutet (Thoburn 2002, 443). Seine Tätigkeiten bewegen sich am Rande der Legalität (ebd., 435), die Bourgeoisie kann es als Polizei, Armee oder Agenten einsetzen. Das Verhältnis zum Proletariat und der gesamten Gesellschaft ist parasitär, da es von den produktiven Erträgen erhalten wird.

Die Mitglieder des Lumpenproletariats können aus allen Klassen stammen. Aus diesen sind sie ausgeschieden, weil sie nicht mehr dasselbe Verhältnis zu den Produktionsmitteln und keine Loyalität mehr zu ihrer Ausgangsklasse haben. Diese objektive und subjektive Bedingung sowie ihre unterschiedliche soziale Herkunft führen dazu, dass es vielfältigere Formen des Bewusstseins ausbilden kann als andere Klassen in der Gesellschaft. Die unterschiedlichen bisherigen Erfahrungen der Mitglieder des Lumpenproletariats treffen sich jedoch in der gemeinsamen Erfahrung der Deklassierung, der Prekarität der Existenz und der Entwürdigung durch den herrschenden Diskurs.

Die Reaktion darauf und damit zusammenhängend die gesellschaftliche Rolle des Lumpenproletariats sind also unvorhersehbar und nicht steuerbar – sowohl strategisch für den langfristigen Klassenkampf als auch in konkreten historischen Momenten. Marx und Engels gehen allerdings davon aus, dass es bestechlich ist und zu reaktionärem und kriminellen Verhalten neigt. Der Begriff wurde für jene reserviert, die nicht in der Lage sind, über die revolutionäre Bewegung des Proletariats nachzudenken. Deshalb nehmen sie, wenn sie in Klassenkämpfe hineingeworfen werden, dort höchstens als Außenseiter teil, feindselig und immer schädlich: Im Bauernkrieg stellte das Lumpenproletariat die Hilfstruppen der Fürsten (MEW 7, 338) oder machte, nachdem es sich den Bäuer*innen angeschlossen hatte, dort seinen «demoralisierenden Einfluß» (ebd.) auf diese geltend. In der Revolution von 1848 stand es in ganz Europa gegen das kämpfende Proletariat und gelangte 1851 in Person Louis Napoleons sogar an die Macht.

Die Argumente, die Marx benutzte, um das Lumpenproletariat zu diskreditieren, waren in aller Regel moralischer Natur (Thoburn 2002, 439). Die Abwertungen, die sich an bürgerlichen Wertvorstellungen orientierten, durchzogen sein gesamtes Schaffen. Dafür spricht auch, dass Marx bei seiner Beschreibung des Lumpenproletariats stets den Bezug zur Kriminalität herstellte, dabei auch das herrschende Vokabular des Staates und der Polizei übernahm und seine Vorstellung damit in großen Teilen mit dem bürgerlichen Bild der kriminellen Armen übereinstimmte (Cowling 2008, 149–161). Für Marx verkörperte das Lumpenproletariat seine Angst vor der Kriminalität und der Gefahr ihrer Unkontrollierbarkeit und Spontanität. Es blieb die «gefährliche Klasse», jederzeit bereit, mit reaktionären Kräften zusammenzuarbeiten.[9] Es ist sehr schwierig in seiner Verachtung des Lumpenproletariats nicht auch Anklänge an die Angst und Verachtung der herrschenden Klassen zu erkennen (Bussard 1987; Hayes 1993).

Das Lumpenproletariat war eine Hilfskonstruktion gegen die Behauptung des Bürgertums, das gesamte Proletariat sei gefährlich und pöbelhaft. Es war der Versuch, durch diesen Ausschluss das Proletariat vor dem herrschenden Diskurs als ehrbar und handlungsfähig darzustellen.

Die Bedeutung des Lumpenproletariats erschließt sich nur vor dem Hintergrund dieser Reinigung des Proletariats. Das Lumpenproletariat wurde abgespalten, um den destruktiven und reaktionären Anteil zu symbolisieren und zum «Anderen» und «Außen» zu erklären, zum negativen Spiegelbild des Pro-

9 Spannend ist in diesem Zusammenhang auch die Geschichte der Übersetzung des Begriffs. In der ersten von Kelen Macfarlane besorgten englischen Fassung des «Manifests» wurde der Begriff 1850 mit dem Begriff «mob» übersetzt. Die 1888 von Engels beaufsichtigte Neuübersetzung von Samuel Moore brauchte fünf Wörter für den Begriff: «dangerous class, the social scum». In der englischen Übersetzung des «Kapital» (*Capital*) wurde von «the dangerous classes» gesprochen. In *Le Capital*, der französischen Übersetzung von 1875 wurde das Lumpenproletariat mit «de tout ce monde qu'on appelle les classes dangereuses» übersetzt, also mit «von aller Welt sogenannten gefährlichen Klassen». Die gewisse Distanzierung, die daraus sprechen könnte, geht mit der Abnahme der Frequenz der Verwendung des Begriffes durch Marx einher.

letariats. Marx wollte die historische Mission des Proletariats durch die Abspaltung des Lumpenproletariats retten. Es blieb stets Marx' und Engels' Schreckgespenst, ein Störenfried der Revolution und Emanzipation. Dieser neue, von ihnen geprägte Begriff blieb voll von Anschuldigungen, von Urteilen und Bewertungen. Engels fasste es noch 1875 in seiner «Vorbemerkung zu Der deutsche Bauernkrieg» in aller Eindrücklichkeit und Boshaftigkeit zusammen: Das Lumpenproletariat sei «von allen möglichen Bundesgenossen der schlimmste» (MEW 7, 536). Für diese Gauner und Diebe sei nur ein Mittel Recht: «Wenn die französischen Arbeiter bei jeder Revolution an die Häuser schrieben: Mort aux voleurs! Tod den Dieben! Und auch manche erschossen, so geschah das nicht aus Begeisterung für das Eigentum, sondern in der richtigen Erkenntnis, daß man vor allem sich diese Bande vom Hals halten müsse. Jeder Arbeiterführer, der diese Lumpen als Garde verwendet oder sich auf sie stützt, beweist sich schon dadurch als Verräter an der Bewegung (ebd.).

Wie bereits erwähnt, nahm die Verwendung des Begriffs Lumpenproletariat bei Marx und Engels in ihrem Schaffen kontinuierlich ab. Für die Erklärung der Niederlage der Pariser Kommune von 1871 spielte es beispielsweise keine Rolle mehr. Ein letztes Mal in einem gemeinsamen Werk von Marx und Engels tauchte das Lumpenproletariat im Juli 1873 auf. Hier wurden die «Deklassierten» (MEW 18, 331) von den klassenkämpferischen Mitgliedern der *Internationale* abgegrenzt. Man habe es bei ihnen «mit einer Gesellschaft zu tun, welche unter der Maske des extremsten Anarchismus ihre Angriffe nicht gegen die bestehenden Regierungen richtet, sondern gegen die Revolutionäre, welche sich nicht ihrer Orthodoxie und ihrer Leitung unterwerfen» (ebd., 333) wollen. Offensichtlich konnten sich Marx und Engels trotz ihrer sich entwickelnden ökonomischen Kenntnisse nicht dazu durchringen, den Begriff mitsamt den Urteilen komplett aufzugeben und verwendeten ihn weiterhin.

Doch verweist die seltener werdende Verwendung auch auf eine Weiterentwicklung des Denkens bei Marx. Die eigentliche Funktion des Lumpenproletariats scheint darin zu bestehen, das Proletariat als revolutionären und homogenen Akteur zu konstituieren. Die Hilfskonstruktion des Lumpenproletariats wurde jedoch in dem Moment unwichtiger, als Marx sich in seinem Spätwerk mehr und mehr von der Glorifizierung des Industrieproletariats distanzierte und unterschiedliche Wege in den Kommunismus sah. Den Vorrang des Industrieproletariats im Klassenkampf in Frage zu stellen, ging mit einer Aufwertung anderer Klassen und Subjekte als potenziell revolutionär einher. Marx bezieht sich in seinem Spätwerk vermehrt auf russischen Sklav*innen, indischen Bäuer*innen oder Schwarze in den USA (vgl. MEW 30, 6f.; s.a. Wimmer 2020a) und denkt die Revolution von den Rändern des Weltsystems her (Anderson 2016). Dabei wird die zentrale Stellung der Arbeiter*innen des Westens in Frage gestellt. Auch kritisierte Marx in der «Kritik des Gothaer Programms» von 1875 Lassalles Gerede von der Reaktionärität der nicht-proletarischen Klassen: Diese «bilden also nicht *zusammen mit der Bourgeoisie* nur eine reaktionäre Masse» (MEW 19, 23). Mit der schleichenden Revision des Revolutionsmodells des «Manifests» sowie der Abnahme der Proletariatsidealisierung nahm auch die Relevanz des Lumpenproletariats als die Reinheit des Proletariats gefährdendes und die Revolution sabotierendes Element ab, verschwand jedoch nie ganz und sollte nach Marx weiter Karriere machen.

4 Das Lumpenproletariat als reaktionäre Klasse

Die politische Handlungsmacht des Lumpenproletariats wurde bei Marx sehr eindeutig beschrieben: organisierte, klassenbewusste Auflehnung sei von ihm nicht zu erwarten. Es sei «unfähig zur Ausbildung von Klassenbewusstsein und korrumpiert durch die Kräfte der Reaktion» (Bescherer 2013, 63). Armut und Elend hätten daher «keine entscheidende Rolle bei bisherigen Arbeiterprotesten in kapitalistischen Gesellschaften» (Thien 2018, 79) gespielt. Diese führen «eher zu Ohnmacht und Apathie als zu kollektivem Handeln und sozialen Bewegungen» (Kocka 2015, 84). Dem Lumpenproletariat «per se fehlt es an Gemeinsamkeit und Binnenkommunikation, an Widerstandskraft und Handlungsfähigkeit» (ebd., 139).[10]

Diese negative Beurteilung findet sich in der gesamten Geschichte der organisierten Arbeiter*innenbewegung wieder. Marx' Erben haben seine Vorstellungen vielfach übernommen. Um ein klassenkämpferisches, handlungsfähiges Proletariat konstruieren zu können, brauchte es stets das bestechliche und passive Außen des Lumpenproletariats. Diese Dichotomie und Ausgrenzung finden sich vom parteiförmigen Marxismus über Maos China bis zu aktueller kritischer Soziologie immer wieder.

4.1 Marx' Erben: Die deutsche Sozialdemokratie

Das Proletariat, wie es im 19. Jahrhundert entstanden war, hatte sich in seiner kulturellen Identität und seinen sozialen Praktiken in einer Art «gesellschaftlichen Zweifrontenkrieg» (Schwartz 1994, 538) herausgebildet: auf der einen Seite im Klassenkampf gegen die Bourgeoisie, auf der anderen Seite in Auseinandersetzung – sprich Abwertung – mit dem Lumpenproletariat. Da, wie wir von Engels wissen, gerade im Frühkapitalismus durch

10 Auch für Hannah Arendt ist der Glaube widerlegt, dass «die Erwerbslosen und Deklassierten» die Träger der Erhebung sein könnten und «der Aufstand seine städtische Vorhut im Lumpenproletariat» habe (Arendt 1995, 23).

die räumliche und soziale Nähe der verschiedenen arbeitenden und armen Gruppen eine eindeutige Trennung nahezu unmöglich war, «fiel das Bemühen um deutliche Abgrenzung umso aggressiver aus» (ebd., 542). Diese wurde wirksam, indem die eigenen Qualifikationen, Fähigkeiten sowie die als respektabel geltende proletarische Mentalität gegen die subproletarischen Gruppen gestellt wurden, denen «Zügellosigkeit, unkontrollierte Leidenschaft, niederer Instinkt, Sinnlosigkeit und Sittenlosigkeit» (Lindenberger 1995, 398) vorgeworfen wurde und die damit ein Außen der proletarischen Welt definierten und eine Diskussion um die Zugehörigkeit zu ihr auslösten. «Der sozialdemokratische Klassendiskurs teilte diese Prämisse und grenzte Klassenhandeln daher als ordentliches, respektables Verhalten von dem des ‹Lumpenproletariats› ab» (ebd.). Die Parteien und Gewerkschaften als Organisationen waren an dieser Grenzziehung selbst aktiv beteiligt. Diese hatten ihre Basis nicht bei den Ärmsten der Armen, sondern in der aufstiegsorientierten und gut ausgebildeten Facharbeiterschaft, die ein eigenständiges sozialistisches Milieu ausbildete.

Die ersten Gewerkschaften hatten ihre Ursprünge in den Handwerkervereinigungen der frühen Neuzeit und entstanden im Umfeld der ersten Bildungsvereine für Arbeiter*innen. Sie gründeten sich Mitte des Jahrhunderts, um die ökonomischen Interessen der Arbeiter*innen zu vertreten. Ab den 1860er-Jahren gab es eine Vielfalt von Gewerkschaften – bis 1933 blieb jedoch die freie, sozialistische und sozialdemokratische Gewerkschaftsbewegung im Einklang mit der Parteientwicklung bestimmend.

Auf der Ebene der Parteien wurde 1863 der bereits erwähnte *Allgemeine Deutsche Arbeiterverein* (ADAV) gegründet. 1869 gründeten Wilhelm Liebknecht und August Bebel, zwei führende Mitglieder des *Vereinstags Deutscher Arbeitervereine*, einen zum ADAV in Konkurrenz stehenden Dachverband von Arbeiter*innenvereinen: die *Sozialdemokratische Arbeiterpartei*. Diese orientierte sich stärker an der marxistischen Theorie und fusionierte bereits 1875 mit dem ADAV zur *Sozialistischen Arbeiterpartei Deutschlands*, aus der sich die SPD entwickeln sollte.

Das sozialistische Facharbeitermilieu in Gewerkschaften und Parteien verband dabei «Klassenlage und politische Orientierung, Werthaltung, Weltbild und Lebensstil» (Mallmann 1995, 6) miteinander. Das Ideal des organisierten Proletariats sah kontinuierliche Selbstverbesserung und Tugenden wie Zuversicht, Zuverlässigkeit, Solidarität und Aufopferungswillen vor (Emig 1980). Arbeit haben, Arbeiter*in sein sowie organisiert sein wurde mit «anständig sein» gleichgesetzt.[11]

Die Mitglieder des Lumpenproletariats waren vom Standpunkt des proletarischen Ethos stets der negative *counterpart*. Dies zeigte sich nicht nur in der Arbeiter*innenliteratur zu Beginn des 20. Jahrhunderts (Wietschorke 2010) oder in Filmen wie *Streik* von Sergej Eisenstein, die das Lumpenproletariat stets als verbrecherisch und käuflich darstellten, sondern auch in Äußerungen sozialdemokratischer Politiker*innen. Die Unterscheidung zwischen *deserving* und *undeserving poor* vereinte sozialdemokratisches Herrschaftswissen mit dem Alltagsbewusstsein der sozialdemokratischen Massenbasis (Schwartz 1994, 544).

Beginnen wir mit dem Publizisten und SPD-Politiker Franz Mehring (1846–1919), wohl dem bedeutendsten marxistischen Historiker seiner Zeit. In einem Artikel in der *Neuen Zeit* von 1894 grenzte Mehring das «allezeit käufliche» (MGS 14, 107) Lumpenproletariat gegen das «arbeitende und schaffende Volk» (ebd., 248) bzw. gegen das «arbeitende und kämpfende Proletariat» (ebd., 249) ab. Die Assoziation des «guten Volkes» mit dem Proletariat erscheint als später Widerhall der Angst vor dem unsittlichen Pöbel. Verstärkt wurde diese noch durch die Beschreibung des Auftretens der Lumpenproletarier «in Ballonmützen wie in Seidenhüten» (ebd., 248). Diese Accessoires galten im Kaiserreich als Symbole für Zuhälter und Kleinkriminelle und sollten zusätzlich die moralische Verwerflichkeit symbolisieren. Mehring definierte das Proletariat durch die Verbindung von Arbeit, Ehrlichkeit und Klassenkampf. Bei ihm verschmelzen diese Begriffe gar zu einer Einheit.

Darüber hinaus betonte Mehring ebenso die Friedfertigkeit und Gesetzestreue des deutschen Proletariats. Es gäbe «kein Land der Welt, in dem sich die moderne Arbeiterbewegung so

---

11 Somit ging es der Arbeiter*innenbewegung auch keineswegs darum, die Arbeit zu verweigern oder Lohnarbeit prinzipiell in Frage zu stellen, sondern darum, die konkreten Bedingungen zu verbessern. Die Debatten um Paul Lafargues Schrift «Das Recht auf Faulheit» von 1880 machten deutlich, wie tief der Arbeitsethos in der Sozialdemokratie verankert war. «Die alte protestantische Werkmoral feierte in säkularisierter Gestalt bei den deutschen Arbeitern ihre Auferstehung», kommentierte Walter Benjamin ein halbes Jahrhundert nach Lafargue in seinen Thesen *Über den Begriff der Geschichte*.

friedlich und gesetzlich, so frei von allen Exzessen entwickelt hat und entwickelt wie in Deutschland» (ebd., 110). Ihr gegenüber standen die Rowdys des Lumpenproletariats, deren sinnlose Krawalle nur öffentlichen Ärger erregen würden, ohne der proletarischen Sache im Geringsten zu nutzen. Dies bekräftigte Mehring im Kontext seiner Betrachtungen der Revolution von 1848 in Berlin. Aufgrund der «Zerfahrenheit der Berliner Bewegung» gab es dort, so Mehring im Jahr 1901, unter den Revolutionären «unsichere Kantonisten [...], langfingeriges Lumpenproletariat von der Sorte, die in revolutionären Tagen Thron und Altar unter ihre schützenden Fittiche zu nehmen pflegt» (MGS 7, 13). Anschließend an Marx' Analysen findet sich auch hier die Vorstellung, die Revolution von 1848 sei nur aufgrund der Deklassierten gescheitert.

Während Mehring seine Zeilen schrieb, verhandelte die Partei das Lumpenproletariat vielfältig. Rebekka Habermas hat dargestellt, wie der Parteitag in Gotha 1890 über die Darstellung der Unterklassen in der parteinahen Literatur diskutierte (Habermas 2008). Die Delegierten des Parteitages ereiferten sich, dass in der Arbeiterliteratur nicht Fragen von Heroismus und Ausbeutung behandelt, sondern Schmutz, Triebhaftigkeit und Sexualität eine zu große Rolle spielen würden. Von diesen Aspekten, die dem Lumpenproletariat zugeschrieben wurden, wollten sich die Sozialdemokrat*innen (sogar in der Literatur) deutlich abgrenzen. Ein Jahr später beschloss der Erfurter Parteitag ein neues Programm für die Partei. Dieses ging zwar von einer Zuspitzung des Klassenkampfes aus und forderte die Vergesellschaftung der Produktionsmittel, jedoch überwogen realpolitische Forderungen gegenüber marxistischen Vorstellungen. In Erfurt wurde nicht nur der neue Name SPD festgeschrieben, sondern auch der spannungsreiche Kurs zwischen revolutionär anmutender Theorie und sozialreformerisch-demokratischer Praxis eingeschlagen.[12]

Von besonderer Bedeutung ist ein Kommentar, den Karl Kautsky (1854–1938), nach Engels' Tod der wichtigste und einflussreichste Theoretiker der Sozialdemokratie, zum Par-

12 Ebenso kam es auf dem Parteitag zum Eklat mit der Oppositionsgruppe *Die Jungen*, die eine kritische Haltung gegenüber dem Parlamentarismus vermisste und den Reformismus der Partei kritisierte. Viele Oppositionelle schlossen sich nach dem Parteitag im Verein *Unabhängiger Sozialisten* zusammen und wurden Anarchist*innen.

teitag verfasste (Kautsky 1964). Dort widmete Kautsky dem Lumpenproletariat ein Kapitel, in dem er explizit auf die Unterscheidung zwischen *deserving* und *undeserving poor* zurückgreift. Auf der einen Seite stehen die «besitzlosen *Arbeitsunfähigen* – Kinder, Greise, Kranke, Krüppel», die der Unterstützung der Gesellschaft bedürfen. Auf der anderen Seite findet sich jene Klasse, die «der Ausbeutung noch nie aus eigenem Antrieb entgegengetreten» ist, die «[f]eig und gesinnungslos» nur zum eigenen Vorteil handelt und dabei allen «herrschenden Begriffen von Scham, Ehre und Würde zuwider» von Betteln, Stehlen oder Prostitution lebt. Ebenso betont Kautsky den fehlenden Beitrag, den das Lumpenproletariat zur Gesellschaft leisten würde. «Es muß aber eine jede Klasse verkommen, die überflüssig ist, die in der Gesellschaft keine notwendigen Funktionen zu vollziehen hat.» Das Lumpenproletariat sei eine rein käufliche und opportunistische Masse, die nie eine «Opposition gegen die bestehende Gesellschaftsordnung» bilden könne. Zwar sei sie «bei allen Unruhen sofort bei der Hand, um im trüben zu fischen», habe jedoch «nie im Vorkampf einer revolutionären Bewegung gestanden».[13] Kautsky und auch Mehring folgen hier vollkommen Marx' Vorstellung der Un-Organisiertheit und Un-Organisierbarkeit des Lumpenproletariats.

Dem Lumpenproletariat um die Jahrhundertwende wurden häufig Gewalttätigkeiten zugeschrieben. Davon berichtet auch der Historiker Michael Schwartz (1994, 547f.). Auf dem Parteitag 1892 in Berlin versuchte eine Gruppe junger Oppositioneller, die als diffamierend empfundene Bezeichnung Lumpenproletarier für Teilnehmer*innen eines Aufstandes von Berliner Erwerbslosen vom 25. bis 27. Februar 1892 zurückzunehmen.

Individualismus und Anarchismus

In der gesamten sozialdemokratischen Tradition wurde das Lumpenproletariat mit dem Individualismus und dem Anarchismus in Verbindung gebracht. Für Parteien und Gewerkschaften war der Klassenkampf eine Angelegenheit des Kollektivsubjekts Proletariat, das gegen liberale Vorstellungen des Individuums und der Bürgerlichkeit abgegrenzt wurde. Die Befreiung des proletarischen Kollektivs konnte nur eine

Aufgabe des Kollektivs selbst sein, individuelle Lösungsansätze wurden zurückgewiesen. Der Anarchismus war für die Sozialdemokratie ein politisch falscher Ausdruck dieses Individualismus. Grundlage für den Vorwurf des Anarchismus war Marx' Diktum, die Mitglieder des Lumpenproletariats seien nicht in der Lage, ein Klassenbewusstsein zu entwickeln, da sie die Welt vom Standpunkt des «vereinzelten Einzelnen» (MEW 3, 384) aus betrachten würden. Sie bildeten keine handlungsfähige Einheit im Sinne des Kollektivsubjekts Proletariat, sondern lediglich einen «‹Haufen› ohne Zusammenhalt, in dem jeder das Glück auf eigene Faust sucht» (Thomä 2016, 291).

Anarchismusvorwürfe gegen politische Gegner*innen durchziehen, beginnend bei Engels (MEW 7, 536), die gesamte Geschichte der organisierten Arbeiter*innenbewegung. Auch der unerbittliche Streit in der ersten *Internationalen* zwischen den Anhängern Marx' und der sozialrevolutionären und anarchistischen Fraktion um Bakunin drehte sich um diese Frage (MEW 18, 331) und führte schließlich zum Ausschluss der zweiten Gruppe – darunter viele Geflüchtete der Pariser Kommune (Eckhardt 2012).

In eine ähnliche Richtung argumentierte später Rosa Luxemburg. Sie schrieb: «Der Anarchismus ist [...] nicht die Theorie des kämpfenden Proletariats, sondern das ideologische Aushängeschild des konterrevolutionären Lumpenproletariats geworden, das wie ein Rudel Haifische hinter dem Schlachtschiff der Revolution wimmelt» (Luxemburg 1951, 161). Ähnlich äußerte sich der italienische Kommunist Antonio Gramsci. Die «wilden Reden der anarchistischen Agitatoren» seien zwar gut beim Lumpenproletariat angekommen, nur schaffe deren «pseudorevolutionäre Phraseologie [...] nichts Tiefgehendes und Bleibendes». Es seien daher nicht «die ‹Halbstarken›, das ist nicht das Lumpenproletariat, das ist nicht die Bohemiens, die Dilettanten, die langhaarigen und frenetischen Romantiker, sondern die großen Massen der klassenbewußten Arbeiter, die stählernen Bataillone des bewußten und disziplinierten Proletariats» (Gramsci 1980, 72), die den Kommunismus erkämpfen können. Bei Gramsci rücken die Mitglieder des Lumpenproletariats ebenfalls in unmittelbare Nähe zur «professionelle[n] Verbrecherwelt»

(Gramsci 1991, 188), die Mafia und die Camorra wurden als dessen Organisationen benannt (ebd.). Dass bei Gramsci der Begriff Lumpenproletariat im Original auf Deutsch zu finden ist, deutet eine gewisse Eigenartigkeit und Fremdheit mit dem Begriff an. Gramsci übernahm einfach die Zuschreibungen und Implikationen des Begriffs, ohne sich weiter damit auseinanderzusetzen. Insbesondere Gramscis Fragen zur Politik der Subalternen sowie zu Spontaneität und Führung (vgl. Becker et al. 2017, 210ff.) zeigen dies deutlich.

Die Aufständischen seien doch «auch Proletarier» gewesen.[14] Wilhelm Liebknecht (1826–1900), damals Chefredakteur des *Vorwärts*, ergriff das Wort. Er entgegnete, die Aufständischen würden Tätigkeiten nachgehen, die «nach den herrschenden Moralbegriffen zum großen Teil nicht für ehrliche gelten» können. Liebknecht grenzte sich hier im Namen der Partei deutlich von den Aufständischen ab. «Jedenfalls haben unsere Parteigenossen […] weder Fenster eingeworfen noch Läden geplündert: wer das getan hat, verdient den Namen Lumpenproletarier, und zwar in noch schlimmerem Sinne, als Marx ihn gebraucht hat.» Die Abgrenzung betraf hier vor allem die Frage der Gewalt im Klassenkampf (vgl. Evans 1982, 42f.).

Aufgrund seiner Militanz sei dieser Aufstand nicht sozialdemokratisch gewesen und somit seien die Aufständischen «objektive Gegner im Klassenkampf». «Ehrliche Arbeiter», so Liebknecht, «sind keine Lumpen» (in: Schwartz 1994, 548). Auch Engels konstatierte zufrieden in einem Brief an Bebel: «Ich bin froh, daß die Berliner Krawalle vorüber sind und dass unsere Leute sich so stramm davon zurückgehalten haben» (MEW 38, 292).

An anderer Stelle grenzte sich Wilhelm Bracke, maßgeblich an der Gründung der *Sozialdemokratischen Arbeiterpar-*

14 Während des Aufstandes wurden Fensterscheiben von Lebensmittel- und Luxusläden eingeworfen und es kam zu Plünderungen. «Dies war», so ein Augenzeuge, «der Ausdruck der Verzweiflung. Bei der Plünderung hörte man verschiedentlich die Rufe: ‹Gebt uns Arbeit!› – ‹Wir wollen Brot.› Wir sahen, wie die Menge, nachdem sie einem Bäcker am Grünen Weg die Scheiben zertrümmert hatte, den Laden ausräumte und die Waren sofort aß» (Fröba/Nitsche 1983, 73).

tei Deutschlands beteiligt, von den Bierkrawallen (s.u.) der 1870er-Jahre ab, 1871 sagte der dazu in Braunschweig: «Wir haben mit Putschen nichts zu thun. [...] Es ist unser Stolz, die geschichtliche Bewegung zu begreifen und einzusehen, was sich vollziehen muß» (in: Eckert 1965, 151). In Frankfurt kam es 1873 ebenfalls zu Bierkrawallen. Die militanten und unorganisierten Unruhen aufgrund einer Bierpreiserhöhung mussten vom preußischen Militär niedergeschlagen werden und kosteten zwanzig Menschen das Leben. Lothar Machtan und René Ott beschreiben das Verhalten der Sozialdemokratie zu diesem Aufstand folgendermaßen: «Da, wo der sozialdemokratische Emanzipationsbegriff in Widerspruch zu elementaren Bewegungen geriet, die sich ihre Artikulationsform nicht vorschreiben lassen wollten, vollzog sich [...] auf Seiten der Sozialdemokraten eine Adaption herrschender Normen und Kriterien in der Beurteilung derartiger ‹Excesse›, sie mündete dann auch meist in erzieherische Ansprüche gegenüber dem ‹Unverstand der Massen›» (Machtan/Ott 1984, 165). Durch solche Abgrenzungen habe, so argumentiert der Historiker Richard Evans, die Partei den Kontakt zu militanten Arbeiter*innen verloren, deren Militanz sich häufig in solchen Ausbrüchen spontaner kollektiver Proteste ausdrückte und von denen sich die SPD stets distanzierte.[15]

Für die sozialdemokratische Prominenz waren solche Subsistenz- und Hungerproteste, die in einer *moral economy*,

15 Richard Evans beleuchtete hierfür das Beispiel eines Streiks in Hamburg am 17. Januar 1906 (vgl. Evans 1979; 1997, 303–355). Aufgrund einer Wahlrechtsreform rief an diesem Tag die SPD in Hamburg selbst zum ersten politischen Generalstreik in Deutschland auf. Rund 80.000 Hamburger Arbeiter*innen in den Fabriken, den Werften und Baustellen folgten dem Aufruf zum friedlichen Protest. «Wir wollen zeigen, daß wir gut diszipliniert sind. Und daß wir den gewaltsamen Kampf nicht wollen», so der SPD-Abgeordnete Adolf Bartels (in: Evans 1997, 316). Doch die Menge selbst wollte sich nicht mit einer einfachen Demonstration zufriedengeben und marschierte am Abend – gegen den Willen der Parteiführung – aufs Rathaus, wo gerade über das neue Wahlgesetz diskutiert wurde. Dabei kam es zu militanten Auseinandersetzungen mit der Polizei, die mit Pferden und gezogenem Säbeln gegen die Demonstrierenden vorging. Die Straßenkämpfe verlagerten sich daraufhin in das nahe Gängeviertel. Barrikaden wurden errichtet, Polizisten angegriffen und Läden geplündert. Die SPD hatte währenddessen die Kontrolle über die Lage völlig verloren. Nun ging die Polizei mit äußerster Brutalität vor und wütete auch gegen Unbeteiligte, zahlreiche Verletzte und Tote waren die Folge.

gründeten, völlig unverständlich (Nonn 1996). Insbesondere die hohe Anzahl an Frauen und Jugendlichen bei diesen Protesten sowie deren rebellische und interventionistische Praktiken «machten sie den Parteien suspekt, die auf die Mobilisierung der Arbeiterklasse und die Vorbereitung einer *zukünftigen* Revolution setzten» (Haupt 2013, 182; eigene Hervorhebung). Den gegenwärtigen Rebell*innen müsse man mit Disziplin und Disziplinierung begegnen. So formulierte etwa der sozialistische Pädagoge Siegfried Bernfeld, dass die «kriminellen und verwahrlosten [Jugendlichen] darum noch lange nicht Klassenkämpfer sind, weil sie ‹asozial›, weil sie Rebellen, Verbrecher sind, weil sie sich bürgerlicher Erziehung widersetzen. Sie widersetzen sich jeder Gesellschaft.» Sie seien zwar für «eine bewaffnete Aktion zu gebrauchen», aber ohne «eine tiefgreifende Erziehung» seien sie für den proletarischen Klassenkampf ungeeignet (Bernfeld 1974, 90–103).

Für die Sozialdemokratie waren solch unorganisierten und ungeplanten Aufstände vielmehr ein Schock. Gerade nach dem Fall des Sozialistengesetzes 1890 bemühte sich die Partei um parlamentarische und staatsbürgerliche Verantwortung. Diese Einstellung der Sozialdemokratie sah die Übernahme der Regierungsgewalt voraus – und damit auch den staatlichen Interessensausgleich, der nicht durch Militanz oder unkoordinierte Streiks gefährdet werden sollte. Es ging den Köpfen der SPD darum,

«alle ‹rauen› und ‹wilden› Seiten der proletarischen Kultur wie Diebstahl, Krawall, Trunkenheit und nicht legitimierte Sexualität von der SPD und den Gewerkschaften fernzuhalten, um sie als Organisationen der ‹ehrlichen Arbeit› präsentieren zu können» (Frings 2019, 442).

Auch in der sozialdemokratischen Presse der Zeit findet man eine dauerhafte Abgrenzung von den «Verelendeten und Verkommenen, Vebrecher[n], Raufbolde[n], Zuhälter[n], die abwechselnd von Zuchthauskost und Armenkost ihr tägliches Dasein» fristen, wie es im *Vorwärts* vom 27. Februar 1892 zu lesen war. Die Parteizeitung erwähnte den Begriff zwischen 1876 und 1933 über zweihundert Mal und auch in der übrigen sozialdemokratischen Presse tauchte er mehrere Dutzend Mal auf; immer voller Abneigung, manchmal zynisch und häufig sogar hasserfüllt.

Zweimal machte der *Vorwärts* mit einer Titelgeschichte über das Lumpenproletariat auf. Am 4. Juli 1877 wurde es als «Schmarotzerwürmer der Gesellschaft» bezeichnet. Die «Verbrecher jeder Branche» seien «arbeitsscheu» und daher seien sie eines der «größten Krebsschäden am Volksleben». Die Assoziation mit einer Krebserkrankung ist uns bereits aus dem «Brief an die Arbeiter» von Friedrich Harkort bekannt (vgl. Kap. 2.2.1) und eindeutig: Häufig lange unentdeckt bilde er sich im gesunden Körper (des Proletariats) aus, sei aggressiv, meist nicht behandelbar und tödlich. Gleichzeitig sei der Krebs ein aktiver Gegner – wenn auch ohne eigenes Bewusstsein und positives Ziel – und nicht nur eine passive «Verfaulung», wie es noch bei Marx der Fall war.

Am 13. März 1892 konnte man lesen, dass nicht die völlige Armut Proletarier*innen zu Lumpenproletarier*innen mache, sondern ihre «verlumpte Gesinnung», welche «das charakteristische Merkzeichen für den Lumpenproletarier» sei. «Jene Gesinnung, die sich für Geld verkauft und zu jedem Schurkenstreich bereit ist, besonders auch gegen die eigenen Klassengenossen». Im *Sozialdemokrat* vom 1. Mai 1881 bewies die Redaktion ihre Marx-Kenntnis und schrieb vom «Abhub der verkommenen Subjekte aller Stände, eine käufliche, schmutzige, verächtliche und vielfach verbrecherische Bande». Hier finden sich in bündiger Form noch einmal die sozialdemokratischen Urteile zusammengefasst: Käuflichkeit, fehlender Arbeitsethos sowie die schlechte Gesinnung machen das Lumpenproletariat aus – mehr als die Stellung in der Klassengesellschaft.

Die Köpfe der Arbeiter*innenbewegung blickten immer mit Verachtung auf das Lumpenproletariat. Dieses wurde stets in der Nähe der Unterwelt, der Kriminalität und der Käuflichkeit verortet. «Diese reaktionäre Funktion des Lumpenproletariats schien sich seither immer wieder zu bestätigen, sie konnte beinahe als eine Art Naturgesetz gelten» (Schwartz 1994, 439). Somit war der Blick der Sozialdemokratie eher vom Ressentiment als vom Argument geprägt. Mit Marx und Engels hatte sie hierfür Gewährsmänner. Der *Vorwärts* vom 5. Januar 1900 schrieb zusammenfassend:

«*Unter* Lumpenproletariat *verstand Marx die* verlumpten Existenzen, *welche zwar auch Opfer der bürgerlichen Gesellschaft sind, ihr aber nicht feindlich gegenüberstehen, wie das revolutionäre*

Proletariat, sondern von der socialen Fäulnis eben, wie Zuhälter, große und kleinen Spitzbuben, harmlose und nicht harmlose Spieler, die meist sehr reaktionär sind, und sich, wie weiland die Mobilgarde in der Junischlacht von Paris 1848, von der Reaktion gegen das wirkliche Proletariat gebrauchen lassen.»

Mit dem Begriff sollte alles Unangepasste, Leistungsunfähige, Prostituierte oder Bettler*innen aus der Arbeiter*innenklasse herausdefiniert werden. Ziel der Partei war es, die sozialisti-

Das Lumpenproletariat und Prostitution

Ebenso auffällig wie die Verbindung zur Käuflichkeit und Gewalt ist die stete Verbindung des Lumpenproletariats mit der Prostitution. Sie findet sich insbesondere bei Marx, durchzieht aber die gesamten Debatten um das Lumpenproletariat von Erich Mühsam (1978, 30f.) über Frantz Fanon (2008, 101) bis hin zu Michael Hardt und Antonio Negri (2004, 150).

Nun könnte man dies gerade bei Marx mit der Prüderie und den sexuellen Moralvorstellungen seiner Zeit erklären. Auch blieb Prostitution bei ihm immer ein Randthema, ebenso wie er nie eine Theorie der Geschlechterverhältnisse entwickelte. Doch scheint es so einfach nicht zu sein, da er, beginnend mit den Frühschriften, in zahlreichen Ausführungen zeigte, dass ihm die Bedeutung der Prostitution wohl bewusst war. In den «Ökonomisch-philosophischen Manuskripten» von 1844 schien er noch nach seiner Position zu suchen (MEW 40, 533ff.). Später verfestigte sich seine Haltung: sowohl im «Brumaire», in den «Klassenkämpfen» als auch im ersten Band des «Kapitals» stellte Marx die Prostitution systematisch neben das Lumpenproletariat. Marx schloss Prostituierte als Teil des Lumpenproletariats aus dem Bereich der produktiven Arbeit aus. Sie galten ihm nicht unmittelbar oder jedenfalls nicht erkennbar als produktive Arbeiter*innen, sondern verkörperten durch ihre Tätigkeit die gesellschaftliche Erniedrigung der Frau und gehörten daher zum «tiefste[n] Niederschlag der relativen Überbevölkerung» (MEW 23, 673). Da sie sich als ganze Person verkaufen, sinken sie in die Lage «des ruinierten Proletariats, [das] die letzte Stufe ist, auf die der gegen den Druck der Bourgeoisie widerstandslos gewordene Proletarier» (MEW 3, 183) sich wiederfindet. Marx positionierte Prostituierte jenseits des Produktionsprozesses. Da sie keine «wirkliche Arbeit» verrichten würden, haben sie auch keine Wertschätzung verdient. Auch sei von ihnen kein Bewusstsein und kein Widerstand zu erwarten, da sie nicht «die harte, aber stählende Schule der Arbeit» (MEW 2, 38) besucht hätten.[1] Für Marx kann es somit keine emanzipatorische Perspektive auf die Prostitution geben. Zwar war er der Gewalt der Herrschaftsverhältnisse, die über prostituierte Frauen ausgeübt wird, durchaus bewusst (MEW 40, 538), jedoch sollte die (Zwangs-)Emanzipation der Frauen insbesondere durch die Abschaffung der Prostitution herbeigeführt werden. Ihre volle Anerkennung sollten Frauen dadurch erlangen, produktive Arbeiterinnen zu werden. Diese Sichtweise hat in der Arbeiter*innenbewegung zur Einschränkung von Frauenpolitik auf die Probleme lohnabhängiger Frauen geführt.

Marx begriff Prostituierte nicht als produktive Arbeiter*innen. Damit einher ging – analog zum Lumpenproletariat – eine moralische Abwertung. Im «Brumaire» versteht er unter Prostitution nicht nur mehr körperliche Dienstleistungen, sondern betont den Aspekt der allgemeinen Käuflichkeit (vgl. MEW 7, 14). Die Prostitution wird dort in Verbindung mit Korruption gebracht. Die Sucht, sich zu bereichern, wird aufgrund des allgemeinen «Sittenverfalls» nicht durch die Produktion gestillt, sondern durch Diebstahl und Betrug. Diese Sucht ist sowohl Ausdruck der Finanzaristokratie als auch des Lumpenproletariats. Der Verweis auf die Prostitution soll deren Verbindung mit dem kriminellen Milieu und den antibürgerlichen Werten darstellen. Die «zumeist seelenlose[n]» Zuhälter, von denen das sozialdemo-

1 Marx war sich wohl bewusst, dass die Arbeitskraft nicht einfach gegeben war. Sie musste erst hergestellt werden. Realisiert wurde dies bei Marx durch den Warenkonsum. Durch ihren Lohn können die Arbeiter*innen Lebensmittel und Dienstleistungen erwerben, die von anderen Arbeiter*innen zur Verfügung gestellt wurden. Dass die Arbeitskraft auch auf Hausarbeit, die meist unbezahlt und von Frauen ausgeführt wird, beruht und einen notwendigen Bestandteil zur Reproduktion der Arbeitskraft leistet, spielte bei Marx keine Rolle: Kochen, Kinder erziehen, Pflege und Körperlichkeit wurden bei ihm nicht als Arbeit verstanden.

kratische *Berliner Volksblatt* am 16. Oktober 1885 schrieb und von denen oben auch Mehring sprach, seien die vollkommene Verkörperung des Lumpenproletariats, da sie als Feinde der Gesellschaft «eine gemeingefährliche Menschenklasse sind», so der *Vorwärts* vom 4. Januar 1891.

Marx' Überlegungen zur Prostitution hatten auch in der sozialdemokratischen Frauenbewegung Bedeutung. Auch dort wurde der Zusammenhang zwischen Lumpenproletariat und Prostitution ausführlich diskutiert. Die proletarisch-feministische Zeitschrift *Die Gleichheit* vom 11. Juli 1894 argumentierte ganz so wie Marx: Prostituierte würden durch ihre Tätigkeit ins Lumpenproletariat herabsinken und wer «in das Lumpenproletariat versinkt, der geht in der Regel für den Befreiungskampf des Proletariats verloren». Clara Zetkin (1857–1933), damals SPD-Politikerin, die später zur KPD wechseln sollte, nahm diesen Gedanken ebenfalls auf. In ihrer Rede auf dem SPD-Parteitag 1896 erweiterte sie ihn noch dahingehend, dass prostituierte Frauen aus dem Proletariat doppelt ausgebeutet seien. Zum einen müssten sie ihre Arbeitskraft verkaufen, was zum anderen durch den schlechten Lohn die «Prostitution in den verschiedenen Formen» (in: Bauer 1984, 264) fördern würde – «von der Versorgungsehe an bis zum nackten Verkauf des weiblichen Körpers bei geschlechtlicher ‹Akkordarbeit›» (ebd.). Dies führe dazu, proletarische Frauen «ihren Pflichten als Mutter und Gattin zu entfremden» (Zetkin 1957, 95). Mit diesen an bürgerlichen Werten orientierten Vorstellungen ist es nicht verwunderlich, dass auch für Zetkin Prostituierte zum Lumpenproletariat gehören, die es gelte, in einer sozialistischen Gesellschaft «wieder in die Gemeinschaft der Arbeitenden zurückzuführen» (in: Bauer 1984, 255). In einem Gespräch mit Zetkin, die erwähnt hatte, dass in Deutschland Kommunist*innen auch unter Prostituierten agitiert hätten, reagierte Lenin zornig: «Gibt es in Deutschland wirklich keine Industriearbeiterinnen mehr, die zu organisieren sind, für die es ein Blatt geben sollte, die zu euren Kämpfen herangezogen werden müssen? Hier handelt es sich um einen krankhaften Auswuchs» (in: Zetkin 1957a, 64).

In eine ähnliche Richtung argumentierte die russische Revolutionärin Alexandra Kollontai (1872–1852). Kollontai war als Volkskommissarin für Soziale Fürsorge 1917 die erste Ministerin der Welt geworden. Als überzeugte Feministin hatte sie sich bereits ab 1905 für autonome Frauenabteilungen innerhalb der Kommunistischen Partei eingesetzt. In der Sowjetunion setzte sie durch, das Eherecht zu lockern und den Mutterschutz zu verbessern. Sie erkämpfte das Recht auf Schwangerschaftsabbruch und schlug kollektive Kindererziehung vor. Doch in der Frage der Prostitution stand sie fest auf orthodox-marxistischem Boden und teilte damit auch dessen Beschränkungen. Prostitution war auch für sie keine produktive Arbeit. Vielmehr noch: sie verletze die «allgemeine Arbeitspflicht» (Kollontai 1977, 228). Prostituierte sollten daher wie alle, die dieser Pflicht nicht nachkommen würden, «zu Zwangsarbeit» (ebd.) verurteilt werden.

Aus solchen Abwertungen und der Missachtung von Prostituierten spricht neben dem Versuch, sich selbst als respektabel von ihnen abzugrenzen, sicherlich häufig auch einfache Unkenntnis – und fehlende Motivation, diese zu überwinden – des Alltags und der Tätigkeiten von Prostituierten. Eine rühmliche Ausnahme davon bildete die Anarchistin Emma Goldman (1869–1940). Als eine der Ersten verband sie anarchistische Agitation mit frauenspezifischen Themen und kämpfte innerhalb der anarchistischen Bewegung für die Befreiung der Frau. In aller Deutlichkeit formulierte sie:

«Nirgends wird die Frau eingeschätzt nach dem Wert ihrer Arbeit, sondern immer nur als Sexualobjekt. Es ist daher beinahe unvermeidlich, daß sie für ihr Existenzrecht und das Recht, eine bestimmte Stellung einzunehmen, mit ihrer Gunst bezahlt. Deshalb ist es nur eine Frage der Nuancierung, ob sie sich nun einem Mann, inner- oder außerhalb der Ehe, verkauft oder aber vielen Männern. Ob es unsere Reformer zugeben wollen oder nicht, die wirtschaftliche und gesellschaftliche Benachteiligung der Frau trägt die Verantwortung für ihre Prostitution» (Goldman 1977, 48f.).

Goldmans Beurteilung der Lage der Prostituierten beruht teilweise auf eigener Anschauung. Im Jahr 1892 bewohnte sie für mehrere Monate ein Zimmer in einem Bordell, freundete sich mit den Prostituierten an und arbeitete für sie als Schneiderin.

Dass die Prostitution in meist abwertender Weise in der Arbeiter*innenbewegung mit dem Lumpenproletariat in Zusammenhang geführt wurde, mag daran liegen, dass sich an ihr geradezu paradigmatisch die Verbindung zwischen sexuellen und ökonomischen Geschlechtskonstruktionen verkörpert. Auf der einen Seite finden wir das Weibliche, das mit Körperlichkeit, der Natur und der Sexualität in Verbindung gebracht wird. Das Männliche steht komplementär für den Geist und die Kultur und wird in der Prostitution durch das Geld auch mit der Ökonomie in Verbindung gebracht. Indem nun das Lumpenproletariat beginnend bei Marx in der Arbeiter*innenbewegung zumindest immer implizit mit dem Weiblichen assoziiert wurde, wurden ihm diese «negativen Attribute» zugeschrieben und es aus dem klassenbewussten Proletariat ausgeschlossen. Antje Schrupp hat in ihrer Studie über Frauen in der *Internationale* auf die Parallelen der Exklusion des Lumpenproletariats und der Frauen aus der Arbeiter*innenbewegung hingewiesen (Schrupp 1999, insb. 88ff.).

schen Arbeiter*innen zu proletarischer Disziplin und Leistung zu erziehen und die Organisationsmacht der Parteimitglieder zu stärken. Durch diese Grenzziehung versuchte man diejenigen, für die man glaubte zu sprechen, zu positionieren und zu definieren und erschuf über das Reden von «Abweichungen von gemeinsamen Normen» (Greenblatt 1991, 34) eine eigene «gesellschaftliche und persönliche Identität» (ebd.).

Die Arbeiter*innenbewegung – implizit orientiert an bürgerlichen Normen und Wertvorstellungen – wurde in Abgrenzung und Abwertung vom Lumpenproletariat dazu diszipliniert, im Sinne des Wohlstands der Nationen (also von Staat und Kapital) zu handeln. Dies konnte nur durch ein Klassenbewusstsein geschehen, dass sich dem Produktivismus und der Meritokratie unterwarf – beides Ausdrücke gesellschaftlicher Machtstrukturen und zugleich Legitimationen sozialer Ungleichheit im Kapitalismus. Für die sozialdemokratische Partei, angetreten als bewusste Vertretung der Arbeiter*innenklasse, hatte diese Unterwerfung unter die bürgerliche Ideologie nachhaltige Folgen. Auf der einen Seite gab es den revolutionären Marxismus als Parteiprogramm, was in Reden und Publikationen auch häufig genug wiederholt wurde. Auf der anderen Seite war dieser revolutionäre Bruch von der Mehrheit der Partei nie ernst gemeint. Bekannt ist Karl Kautskys Wort, die Sozialdemokratie sei eine revolutionäre, nicht aber eine Revolution machende Partei.

Dies zeigte sich spätestens 1918/19. Die Vorbedingungen für einen radikalen gesellschaftlichen Umbruch hätten günstiger kaum sein können. Der Kaiser war gestürzt, die herrschenden Klassen demoralisiert, Heer und Polizei orientierungslos und eine große Gruppe von Matrosen, Soldaten und Arbeiter*innen stand bereit, die politische Macht zu übernehmen. Doch die Führung der SPD setzte sich nicht an die Spitze dieser revolutionären Bewegung. Die Angst vor der Revolution und dem Aufstand, vor der Unordnung und der Spontanität der Massen war zu groß. Die SPD stand für die Ordnung; die Loyalität gegenüber dem Staat siegte über den Sozialismus.

4.2 Marx' Erben: Die Köpfe der kommunistischen Bewegung

Was über die deutsche Sozialdemokratie gesagt wurde, gilt zu großen Teilen auch für den Marxismus-Leninismus. Dort wurde das Proletariat als eine ontologisierte, produktive Einheit verstanden, die verschmolzen mit der Arbeit selbst die Zukunft gestalten sollte. Dieser positiven Fassung der Klasse als schaffende, aufbauende Kraft wurde das Lumpenproletariat als Residuum und Gegensatz gegenübergestellt. Für Nikolai Bucharin war es durch «Disziplinlosigkeit, Hass auf das Alte, aber die Ohnmacht, etwas Neues zu konstruieren» charakterisiert. Die Mitglieder der Klasse hätten eine «individualistische deklassierte ‹Persönlichkeit›, deren Handlungen nur auf törichten Launen beruhen» (in: Welshman 2013, 21). In seiner Broschüre «Was nun?» von 1932 beschrieb Leo Trotzki die «Banden deklassierter, demoralisierter Lumpenproletarier und all die zahllosen Menschenexistenzen, die das Finanzkapital in Verzweiflung und Elend gestürzt hat» (Trotzki 1971, 195) als Rammbock gegen des Proletariat mit dem Ziel, sich des Staats zu bemächtigen.

4.2.1 *Erziehungsobjekt bei Lenin*

Insbesondere Wladimir Iljitsch Lenin (1870–1924) hat sich aus praktisch-politischem Interesse mit dem Lumpenproletariat intensiver auseinandergesetzt. Für ihn tauchte das Lumpenproletariat vor allem in Beziehung mit revolutionären Bewegungen in Russland auf. Dabei entwickelte er sich von einer klassischen Marxinterpretation zu einer strategischen Öffnung gegenüber dem Lumpenproletariat weiter, die er aber im Jahr 1917 wieder aufgeben sollte.

Lenins Arbeiten aus den 1890er-Jahren waren vor allem der Untersuchung der Entwicklung des Kapitalismus in Russland und den Problemen der Reproduktion des Kapitals gewidmet. Der Klärung der Frage nach dem Schicksal des Kapitalismus in Russland kam damals größte Bedeutung zu, da von ihr maßgeblich die Ausarbeitung der programmatischen Grundsätze der russischen Arbeiter*innenbewegung abhing. In seinem Werk «Die Entwicklung des Kapitalismus in Russland» tauchte der Begriff zum ersten Mal auf. Wie Marx ordnete Lenin die Lumpenproletarier*innen der «unproduktive[n] Bevölkerung» (LW 3, 518) zu. Sie tauchten dort direkt neben den «unteren Chargen der Armee, der Flotte, der Gendarmerie, der Polizei» (ebd.) auf, darüber finden sich Kleineigentümer, Angestellte und Verwaltungspersonal. In dieser Reihung bleibt das Lumpenproletariat noch eine deskriptive Kategorie der Sozialstrukturanalyse.

Doch auch bei Lenin durchlief der Begriff Wandlungen. 1899 schrieb er in der sibirischen Verbannung den «Entwurf eines Programms unserer Partei». Dort stellt er die Frage, ob die Bäuer*innen gegen ihre Grundeigentümer revoltieren können. Diejenigen Bäuer*innen, bei denen sich «bereits das Gefühl menschlicher Würde» (LW 4, 237) entwickelt habe, würden sich gegen die «Bande wohlgeborenen Lumpenpacks» (ebd., 238) stellen. Hier sind die Gutsbesitzer die Lumpen, die es im Namen der menschlichen Würde zu bekämpfen gelte. Lenin nimmt hier zweifellos Marx' Bild von der «Wiedergeburt des Lumpenproletariats» nun auf den Höhen der bäuerlichen Gesellschaft auf.

Für Lenin war das Scheitern der Revolution von 1905 Grund genug, sich intensiv mit Fragen der Taktik des bewaffneten Kampfs und des Aufstands zu beschäftigen. In diesem Kontext tauchte auch das Lumpenproletariat wieder auf. 1905 brach in

Russland die Revolution aus, während sich das Land im Krieg mit Japan befand. In den ersten Januartagen erfasste ein Generalstreik zuerst die Putilow-Werke in Petersburg und kurz darauf das gesamte Land – allein im Januar streikten in Russland über 400.000 Arbeiter*innen (Figes 2014, 194). Am 9. Januar marschierten etwa 150.000 Menschen zum Winterpalast, um friedlich für menschenwürdigere Arbeitsbedingungen, eine Agrarreform und die Abschaffung der Zensur zu demonstrieren. Doch wurde die Menschenmenge brutal von zaristischen Soldaten angegriffen, wobei mehrere Hundert Demonstrant*innen getötet wurden. Die Trauer über diesen unerwartet brutalen Angriff der Staatsmacht schlug bei den Protestierenden schnell in Wut um. «Banden zogen herum und plünderten Schnaps- und Waffenläden. Die Straßen waren zeitweise in der Hand des Mobs, und die ersten roten Fahnen tauchten auf. Aber diese Revolutionäre hatten keine Führer» (ebd., 192) – neben Lenin waren auch Trotzki oder Plechanow im Exil. Doch war der Aufstand nicht vorbei. Am 4. Februar fiel Großfürst Sergei Romanow, der Bruder des Zaren, einem Attentat zum Opfer und es wurde weiter gestreikt. Die Bauern organisierten Pachtstreiks, die in den folgenden Monaten jedoch blutig niedergeschlagen wurden (Hartmann 2019, 122f.), Meutereien in der Flotte schlossen sich an. «Die Militanz und Organisiertheit der Arbeiterbewegung nahm ebenso zu wie die allgemeine Gewalt wie Raub oder Vandalismus oder Selbstjustiz» (Figes 2014, 203).

In dieser Zeit lebte Lenin im Genfer Exil. Am 8. November traf er in Petersburg ein, wo die Revolution schon fast vorbei war – in Moskau tobte der Aufstand noch bis zum 16. November. Der Niederschlagung der Revolten folgte eine mehrmonatige Terrorkampagne, der Zehntausende zum Opfer fielen.

In seiner Schrift «Der Partisanenkrieg» von 1906 fragte Lenin nach der Klassenbasis der Revolution in Russland. Der bewaffnete Kampf, der Partisanenkrieg, sei die «hauptsächliche und sogar *ausschließliche* Form des sozialen Kampfes» (LW 11, 205) der «deklassierten Elemente der Bevölkerung, von Lumpenproletariern und anarchistischen Gruppen» (ebd., 205f.). Doch kam es in der Revolution dabei zur Verbindung zwischen Mitgliedern des Proletariats und des Lumpenproletariats. «Man sagt, der Partisanenkrieg bringt das klassenbewußte Proletariat den heruntergekommenen Trunkenbolden und Lumpenproletariern nahe. Das ist richtig» (ebd., 211).

Lenin verweigerte sich aber zum einen dagegen, in «stolze[r] Selbstzufriedenheit» (ebd., 210) auf diese Formen des Kampfes lediglich herabzublicken und sich darüber zu erheben. *«Wenn ich Sozialdemokraten sehe, die stolz und selbstzufrieden erklären: Wir sind keine Anarchisten, keine Diebe, keine Räuber, wir sind darüber erhaben, wir lehnen den Partisanenkrieg ab, dann frage ich mich: Begreifen diese Leute, was sie reden? Im ganzen Lande finden bewaffnete Zusammenstöße und Kämpfe […] statt. Auf der gegebenen Entwicklungsstufe der Revolution ist diese Erscheinung durchaus unvermeidlich» (ebd.).*

Für Lenin war es eindeutig, dass «der Partisanenkampf in der Regel von Arbeitern aus den Kampfgruppen oder einfach von erwerbslosen Arbeitern geführt [wird]. Auf den Gedanken, dies wäre […] Anarchismus, verfallen leicht Leute, die zur Schablonenhaftigkeit neigen» (ebd., 207). Somit verurteilte Lenin die lumpenproletarischen Aufstände nicht vorab, sondern gestand ihnen durchaus eine eigene Berechtigung zu. Bereits kurz davor hatte er in «Die Lehren des Moskauer Aufstands» geschrieben, dass die Sozialdemokratie den Bürgerkrieg und Massenaktionen «billigen und zum Bestandteil ihrer Taktik machen» (ebd., 163) müsse.

Zum anderen war es für ihn jedoch auch zweifelsfrei klar, dass die Spontanität solcher Aufstände in den organisierten Klassenkampf übertragen werden muss. Zwar seien die Mitglieder des Lumpenproletariats aktiv im Kampf, doch ohne Führung ziel- und inhaltslos. Die Unklarheit ihrer Position sei ja «gerade dadurch gekennzeichnet, daß sie *zuweilen* zu heftigen Auseinandersetzungen neigen, *zuweilen* auch eine frappierende Wankelmütigkeit und Unfähigkeit zu kämpfen an den Tag legen» (LW 15, 384). Ihr Problem sei «die *Unorganisiertheit*, die Systemlosigkeit der Partisanenaktionen, der Umstand, daß sie nicht von der Partei geleitet werden» (LW 11, 209).[16]

16 Die Frage der Partei und ihrer Funktion als Avantgarde des Proletariats nahm innerhalb des Marxismus-Leninismus eine zentrale Stellung ein. Lenin hatte dies bereits 1902 in «Was tun?» ausgearbeitet. Dort betonte er, dass «die Arbeiterklasse […] aus eigener Kraft nur ein trade-unionistisches Bewusstsein hervorzubringen vermag, d.h. die Überzeugung von der Notwendigkeit, sich in Verbänden zusammenzuschließen» (LW 5, 386). Für den weiteren Kampf sei eine Partei von Berufsrevolutionär*innen notwendig. «Das sozialistische Bewußtsein ist also etwas in den Klassenkampf des Proletariats von außen Hineingetragenes und nicht etwas aus ihm urwüchsig Entstandenes.» (ebd., 395)

Paul Mattick: Kritik aus den eigenen Reihen

Der 1904 geborene Ökonom und Rätekommunist Paul Mattick lieferte eine (noch verhaltene) Kritik an dieser vorherrschenden Meinung – aus der kommunistischen Bewegung selbst. Mattick trat 1920 der Kommunistischen Arbeiterpartei Deutschlands (KAPD) bei und emigrierte 1926 in die USA. In seinem Aufsatz «Lumpenproletariat» von 1935 kritisiert er, dass die sozialistischen Organisationen gar nicht in der Lage seien, das Lumpenproletariat zu unterstützen und sie sogar «in ihrem individuellen Kampf um die nackte Existenz» (Mattick 1935, 335) behindern würden. Er teilt mit seinen Genoss*innen der KAPD die Einschätzung, dass das Lumpenproletariat «sehr schlecht organisiert» sei und sein Bewusstsein «nicht revolutionärer als das der arbeitenden Schichten [ist]. Obwohl sie von der verstumpfenden Arbeit befreit sind, sind sie doch nicht imstande, ein sozialistisches Bewußtsein zu entwickeln.» (ebd., 336) Ganz ähnlich zu den Ergebnissen von Marie Jahoda und ihrem Team im österreichischen Marienthal (vgl. Kap. 4.3.1) kommt Mattick zu dem Ergebnis, dass die Mitglieder des Lumpenproletariats nicht in der Lage seien, sich für ihre Ziele – sofern sie noch welche hatten – einzusetzen, da ihnen die Strukturierung der Zeit und die Kommunikation durch den Wegfall der Lohnarbeit abhandengekommen seien.

Mattick teilt aber nicht die sozialdemokratische oder orthodox-kommunistische Vorstellung, das Lumpenproletariat zu verdammen und sich von ihm abzuwenden. Im Gegenteil nähert er sich ihm nahezu pädagogisch und verständnisvoll, da er die «verbrecherischen Neigungen und Handlungen» (Mattick 1935, 338) des Lumpenproletariats in den gesellschaftlichen Kontext einbettet. Zwar bringt auch er das Lumpenproletariat mit Kriminalität und Verbrechen in Verbindung, verurteilt aber nicht die Menschen selbst dafür, sondern klagt die kapitalistische Gesellschaft als Schuldigen an. Das «Wachstum des Lumpenproletariats ist auch wieder nur ein Ausdruck des Verfalls des heutigen Systems» (ebd., 340). Bei Mattick kommt neben dem ökonomischen Aspekt der Notwendigkeit einer industriellen Reservearmee noch der symbolische Aspekt der Abschreckung und

Disziplinierung (der Mehrheitsgesellschaft) hinzu. Die kriminellen Lumpenproletarier*innen, die in die Gefängnisse gesteckt werden, bringen nur neues Elend und am Ende neue Gefangene hervor. Somit wird es leichter, die Menschen selbst für ihre Lage verantwortlich zu machen und sie zu disziplinieren und auszugrenzen. Hier nimmt Mattick bereits Gedanken vorweg, die Michel Foucault (2016) in «Überwachen und Strafen» so trefflich ausformulieren wird.

Die Bolschewiki müssten diese spontanen Aktionen organisieren und sie durch den «aufklärenden und organisierenden Einfluß des Sozialismus veredel[n]» (ebd., 211). Es sei Aufgabe der Avantgarde der Partei, die Spontanität für den Klassenkampf nutzbar zu machen und zu transformieren. Lenin glaubte aber durchaus daran, dass dies ohne Abgrenzung vom Lumpenproletariat *per se* gelingen könne.

Im Laufe der Entwicklung glich Lenin den Begriff allerdings immer weiter den Vorstellungen von Marx und Engels an und so finden sich bei Lenin auch Äußerungen, in denen er das Lumpenproletariat scharf von den «echten Arbeitsleute[n]» (LW 5, 153) des modernen Proletariats unterscheidet. Wollte Lenin den Anarchismus als politischen Ausdruck des Lumpenproletariats in seiner Schrift über den Partisanenkrieg noch nicht vorschnell verurteilen, so warf er den Anarchist*innen in seiner Schrift «Sozialismus und Anarchismus» vor, kein Verständnis von Ausbeutung, Geschichte oder Entwicklung des Klassenkampfs zu haben (ebd., 334).

«Der Anarchismus ist ein Produkt der Verzweiflung. Die Mentalität des aus dem Geleise geworfenen Intellektuellen oder des Lumpenproletariers, aber nicht des Proletariers.» (ebd., 335ff.)

Auch bei Lenin zeigte sich die konzeptionelle Unterbestimmung des Lumpenproletariats und die mangelhafte Möglichkeit der Einordnung in die Klassengesellschaft, die zu widersprüchlichen Aussagen führte. Auch wenn er mehr als Marx die Idee eines strategischen Bündnisses mit dem Lumpenproletariat betonte, blieb seine Sorge vor dessen Spontanität und Unkenntnis im Klassenkampf doch bestehen.

Darauf verweist auch, dass der Marx'sche Aspekt der Käuflichkeit bei Lenin wieder auftaucht. Am Beispiel eines Streiks in Hamburg 1912 machte Lenin deutlich, dass sich die Streikbrecher aus gekauften Lumpenproletariern rekurrieren (LW 18, 149ff.). Mit bezahlten Waffen verteilte sich die «frech gewordene Bande» auf «die Wirtshäuser im Arbeiterviertel» und benahm sich «unerhört rowdyhaft» (ebd., 150). Auf diese Provokationen reagierte das Proletariat geordnet mit «einem *vierundzwanzigstündigen* Generalstreik» (ebd.). Dem organisierten Proletariat stellt Lenin hier das Verbrechen, die Gewalt und die Ausschreitung gegenüber.

Ebenso eindeutig war für Lenin die Rolle des Lumpenproletariats in der Russischen Revolution von 1917. «Seine» erfolgreiche sozialistische Revolution wollte Lenin als gereinigt von allen subversiven, käuflichen und lumpenproletarischen Elementen verstanden wissen und so tauchte es in Bezug auf die Revolution von 1917 lediglich als eine gekaufte und gegenrevolutionäre Gruppe auf. Nach der Februarrevolution 1917 und dem gescheiterten Aufstandsversuch vom Juli übernahm Alexander Kerenski die Regierungsgewalt. Lenin und die Bolschewiki bekämpften die Regierung und wollten die Revolution fortführen. Jedoch würde die provisorische Regierung, so Lenin, alles tun um an der Macht zu bleiben, sie würde «Millionen ausgeben, um Lumpenproletarier und Beamte zu kaufen» (LW 26, 460), die jedoch aufgrund ihrer fehlenden eigenen Handlungsmotivation mit Geld und Vorteilen bestochen werden (ebd., 516; s.a. 28, 264) müssten. Der «Macht der Werktätigen» (LW 26, 460) seien sie jedoch nicht gewachsen. Im Oktober 1917 eroberten die Bolschewiki die Macht, Kerenski floh nach England. Als die russischen Arbeiter*innen dabei darum kämpften, die Produktion durch die chaotischen Bedingungen des Krieges und der Revolution wieder zu organisieren, warnte Lenin:

«Kein Zweifel, der Krieg demoralisiert die Menschen im Hinterland wie an der Front: […] durch die Heranziehung aller, die sich vor dem Krieg drücken, lumpenproletarischer oder halb lumpenproletarischer Elemente, die nur den Wunsch haben, etwas ‹einzustecken›, um dann zu verschwinden. Aber diese Elemente, das Schlimmste, was uns von der alten kapitalistischen Ordnung geblieben ist, die alle alten Laster dieser Ordnung mitschleppen, müssen wir davonjagen, entfernen, wir müssen in die Betriebe die besten proletarischen Elemente hineinbringen und aus ihnen Zellen des künftigen sozialistischen Rußlands machen» (ebd., 469).

Lumpen und Literaten reloaded

Ähnlich wie bei Marx und Engels findet sich auch bei den Köpfen der Arbeiter*innenbewegung die Verwendung des Begriffs als reines Schimpfwort insbesondere für Journalisten, Literaten und politische Gegner*innen innerhalb der Bewegung. Franz Mehring sprach dem expressionistischen Milieu zwischen Bohême und Literatur eine Affinität zu «Lumpenproletariat, Diebe[n] und Huren» (MGS 11, 303) zu. Die Schriftsteller seiner Zeit «sahen nur die alte, vergehende, aber nicht neu entstehende Welt; sie fanden das Lumpenproletariat im Bordell und in der Schnapskneipe, aber sie wußten nicht, wo das klassenbewußte Proletariat arbeitet und kämpft» (ebd., 447).

Für Lenin waren sowohl Journalisten «Gesinnungslumpen» (LW 9, 315, s.a. 10, 515) als auch politische Gegner innerhalb der Arbeiter*innenbewegung (LW 29, 497) wie die Eliten «der II. Internationale […] nach der Art von Kautsky, Otto Bauer und Co.» (LW 28, 91), die «Herren Legien, Lensch und ähnliche als ‹Sozialdemokraten› geltende Lumpen» (LW 22, 318), die «Scheidemannschen Lumpen und Henkersknechte» (LW 30, 15) oder Karl Radek, der als «Lumpengesindel und Pack» (LW 35, 238) bezeichnet wurde. Für sie alle kennzeichnend sei ihr hinterhältiges Verhalten, das den offenen Konflikt scheuen würde (ebd.).

Der Vorsitzende der KPD, Ernst Thälmann, beschimpfte politischen Gegner innerhalb der Partei (Thälmann 1956 Bd. 2, 47) und einen Zeitungsredakteur (ebd. Bd. 1, 16) als Lumpen. An anderer Stelle verbat er sich «ganz energisch, dass die sozialdemokratisch[en] Führer, wie nach der letzten Reichstagswahl, unsere Millionen kommunistischer Wähler als Lumpenproletarier bezeichnen» (ebd. Bd. 4, 123). Es wird hieraus ersichtlich, dass mit dem Schimpfwort immer die anderen bezeichnet werden, die im Gegensatz zu einem selbst konstruiert werden.

In zwei Reden von 1927 und 1937 bezeichnete Stalin die zum linken KPD-Flügel gehörenden Kommunist*innen Arkadi Maslow und Ruth Fischer (SW 10, 85) sowie den US-amerikanischen, trotzkistischen Schriftsteller Max Forrester Eastman (SW 14, 73) als Lumpen. Hier werden zwar die Abwertungen der Schriftsteller*innen, die schon bei Marx und Engels zu finden waren, wiedergefunden, das Lumpenproletariat als Klasse tauchte jedoch bei Stalin nicht mehr auf.

Das Lumpenproletariat wurde hier mit dem untergehenden Kapitalismus assoziiert, doch war sich Lenin auch bewusst, dass es nicht sofort nach der Revolution verschwinden würde. Auch im sich entwickelnden Sozialismus würde «das Lumpenproletariat, eine Schicht von käuflichen Menschen, die vom Kapitalismus vollkommen zertreten sind, die nicht imstande sind, sich zur Idee des proletarischen Kampfes emporzuschwingen» (ebd., 461, s.a. 443), bestehen bleiben. Wie bei Marx und Engels würde das Lumpenproletariat durch den Fortschritt der Produktivkräfte im Sozialismus verschwinden. Der selbst dort noch marginal verbleibende Rest würde dann als Kategorie des Ethos und der Moral und nicht mehr als Kategorie der Klassenstruktur verstanden. Noch 1928 wurde dahingehend im Programm der *Kommunistischen Internationale* von einer lumpenproletarischen Schicht innerhalb der internationalen Arbeiter*innenbewegung gewarnt, die sich durch «äußerste politische Unbeständigkeit» auszeichne und somit zu den «gefährlichsten Desorganisationen der proletarischen Reihen und damit zu Hemmnissen der revolutionären Bewegung des Proletariats» (in: Weber 1966, 232f.) gehöre.

4.2.2 Mao Tse-tung und der Kontext Chinas

Auch in der chinesischen Revolution spielte das Lumpenproletariat eine beachtenswerte Rolle, wobei der Begriff dort eine andere Konnotation erhielt und bei Mao Tse-tung (1983–1976) in den bäuerlich und landwirtschaftlichen Kontext Chinas eingebettet wurde. Zwar unterschied sich die Geschichte und Sozialstruktur Chinas deutlich von denen der Staaten des Westens, Mao hielt trotz unterschiedlicher Bedingungen an den Inhalten des Begriffs fest.

Seit Mitte des 19. Jahrhunderts hatte sich China nahezu ununterbrochen im Bürgerkriegs- bzw. Kriegszustand befunden. Formell war das Land seit 1912 eine Republik, doch gab es weder eine Regierung noch hatte sich an den halbfeudalen Zuständen und an der kolonialen Abhängigkeit von Ländern wie Deutschland, England, den USA und insbesondere Japan etwas geändert. In China gab es nur ein sehr kleines Segment von städtischen Fabrikarbeiter*innen, die meisten Bewohner*innen waren Bäuer*innen oder halb-proletarisierte Bauern-Arbeiter*innen, die zwischen Stadt und Land pendelten. Sie waren es auch, die im Land revoltierten. Einen ersten Höhepunkt dieser Revolten bildete der Taiping-Aufstand von 1851–1864. Dessen «Leitvorstellungen waren: Antiimperialismus, Kommunismus der Bäuer*innen [...], Gleichheit von Männern und Frauen [...], Abschaffung des Privateigentums und -handels, Verteilung der Felder nur zur Nutzung bei gemeinsamem Getreidevorrat und Kassen auf der Grundlage der Familienökonomie» (Hartmann 2019, 38). Solche Revolten der Bäuer*innen sollten in den nächsten Jahren in China zunehmen. Bereits Marx hatte im «Brumaire» erklärt, dass «*die proletarische Revolution das Chor*» (MEW 8, 204) durch die verarmten Bäuer*innen erhalten müsse, da ohne sie «*ihr Sologesang in allen Bauernnationen zum Sterbelied wird*» (ebd.). Ohne revolutionäre Reaktion der Bäuer*innen bleibe jegliche proletarische Revolution in landwirtschaftlich geprägten Gesellschaften am Ende erfolglos, so Marx. Mit diesem Wissen versuchten Marxist*innen in den halb- oder ganz kolonialen Ländern Arbeiter*innen und Bäuer*innen in einem gemeinsamen Klassenkampf zu vereinen. Dies war auch der Ausgangspunkt für die 1921 gegründete Kommunistische Partei Chinas (KPCh) unter Mao. Obwohl zu Beginn eine klandestine Avantgardepartei, entwickelte sie sich zu einer Organisation der Massen – und die Massen waren Bäuer*innen (vgl. Böke 2007, 20).

Mao Tse-tung selbst galt innerhalb der Partei als «ausgewiesener Experte der Bauernbewegung» (Pantsov/Levine 2014, 224). Insbesondere in der Provinz Hunan konnte Mao als dortiger Parteisekretär konkrete Erfahrungen mit den Bäuer*innen und ihren Kämpfen sammeln. Spätestens seit seinem «Untersuchungsbericht über die Bauernbewegung in Hunan» (MAW 1, 21–63) vom März 1927 ging er aufgrund der Sozialstruktur Chinas von der führenden Rolle der Bäuer*innen aus. Diese hatten das Proletariat als entscheidende revolutionäre Klasse ersetzt.

Das bäuerliche Leben in China war deutlich antagonistischer gestaltet als die westliche Trennung zwischen Adel und Bauernschaft. «Im chinesischen Pachtsystem hatte nur ein Teil der Bauern eigenes Land» (Böke 2007, 23). Den Landbesitzer*innen – alle die von ihrem Land leben konnten – stand somit eine riesige Menge von Landlosen gegenüber. In seinem Artikel «Analyse verschiedener Klassen der chinesischen Bauernschaft und ihr Verhältnis zur Revolution» von 1926 unterschied Mao verschiedene Gruppen der ländlichen Bevölkerung: große und kleine Grundbesitzer, Bauern mit Grundbesitz, Halbbesitzer sowie arme Bäuer*innen ohne Besitz, Landarbeiter*innen und Landstreicher*innen. Besonders positiv beschrieb Mao die Landstreicher*innen. Sie müssten sich zwar aufgrund fehlender Lohnarbeit dem Staat andienen oder seien zur Kriminalität gezwungen, aber Mao machte keinen Hehl aus ihrer Bedeutung für die Revolution: «Was die Landstreicher angeht», schrieb er, «sollten wir sie ermahnen, sich an die Seite der Bauernvereinigungen zu stellen und der großen revolutionären Bewegung beizutreten, um eine Lösung für das Problem der Arbeitslosigkeit zu finden. Wir dürfen sie niemals zwingen, zum Feind überzulaufen und eine Kraft im Dienste der Konterrevolution zu werden» (in: Pantsov/Levine 2014, 225). Zwar spricht hier aus Mao eine Sorge vor der Gefahr der fehlenden Organisiertheit der Landstreicher*innen, aber doch auch die Notwendigkeit, sie aufgrund ihrer schieren Menge und ähnlichen Klassenlage organisieren zu müssen. Kurze Zeit später betonte er nochmals die Wichtigkeit der Zusammenarbeit der verschiedenen bäuerlichen Gruppen gegen die «Grundbesitzer», wobei er nun die Landstreicher*innen dem Proletariat zuordnete (ebd.).

Währenddessen hielt die Partei ein befreites Territorium und führte anderswo einen Guerillakrieg (Worsley 1972, 202f.). Vom Juli 1926 bis Ende 1928 fand in China der Nordfeldzug statt, mit dem Ziel, einen zentralisierten chinesischen Staat zu schaffen. Die nationalistische Volkspartei «Kuomintang» wurde zu dieser Zeit noch in einer Einheitsfront von KPCh und der Sowjetunion unterstützt, die hofften, die Volkspartei kommunistisch unterwandern zu können. Die verbindende Theorie der Einheitsfront geriet jedoch nach und nach mit Maos radikalen Thesen gegen die Grundbesitzer in Konflikt. Stalin wollte die Zusammenarbeit der verschiedenen nationalistischen Kräfte nicht durch eine einseitige kommunistische Radikalisierung der Bäuer*innen gefährdet wissen, da diese rigorosere Forderungen aufstellen würden. Wenn auch im Widerspruch zu seiner eigentlichen Überzeugung, taktierte Mao und verlegte den Fokus vom direkten Kampf gegen die Grundeigentümer hin zur weniger konfrontativen und radikalen Organisierung der Bäuer*innen.

Doch folgten dieser Organisierung keine klassenkämpferischen Aktionen der Bäuer*innen, sondern Aufstände und spontane «Unruhen im ländlichen Lumpenproletariat, also dem Teil der Landbevölkerung, den die Bauern selbst seit unvordenklichen Zeiten für das zerstörerische Element der Gesellschaft hielten» (Pantsov/Levine 2014, 237). Häuser von Grundbesitzern wurden von erwerbslosen Bäuer*innen überfallen, ganze Dörfer verwüstet (vgl. ebd., 242).

Für Mao bestand das Lumpenproletariat aus den «ziemlich zahlreichen vagierenden Proletariern, die ihr Land verloren haben, sowie Handwerkern, die der Möglichkeit beraubt sind, ihrem Beruf nachzugehen» (MAW 1, 16). Mao selbst hatte den Begriff des Lumpenproletariats nicht verwendet, fasst aber mit der marxistischen Orthodoxie übereinstimmend zusammen: Die Existenz der landlosen Bäuer*innen «ist unter allen menschlichen Lebensverhältnissen die unsicherste» (ebd.).

Die Frage nach Landbesitz war im damaligen China die Frage nach den Bedingungen der Möglichkeit der eigenen Reproduktion und so war die Kluft zwischen landbesitzenden «arbeitenden Bauern und ländlichem Lumpenproletariat [...] riesig, hundertmal größer als die zwischen reichen und armen Bauern» (Pantsov/Levine 2014, 238).

Um (ohne Land) überleben zu können und sich zu unterstützen, gründeten die landlosen Bäuer*innen Organisationen der gegenseitigen sozialen und ökonomischen Hilfe, die sich aber stark von Parteien und Gewerkschaften unterschieden. Vor allem von traditionellen und patriarchalen Dorf- und Clansstrukturen geprägt, hatten diese «Geheimorganisationen» (MAW 1, 16), wie Mao sie nannte, teilweise bewaffnete Milizen, die sogenannten *mintuan*, die in Raub- oder Plünderzügen sowohl gegen die großen Grundeigentümer als auch teilweise gegen landbesitzende Bäuer*innen vorgingen. Diese Geheimbünde vermischten sich bei Bauernunruhen mit Sozialbanditentum und gründeten sich analog zu den Lazzaroni auf Vorstellungen der *moral economy.* Diese angebliche «Kriminalität und Gewalt des Lumpenproletariats [wurde] zu einer

Bedrohung für alle Bauern, weshalb auch die landlosen Pächter sich gewöhnlich auf die Seite der Landbesitzer stellten» (Pantsov/Levine 2014, 238), die die bäuerliche Ordnung – also den Besitz – erhalten und gegenüber der mit dem Chaos assoziierten drohenden proletarischen Revolution verteidigt wissen wollten.

Dies führte zu einer tiefen Kluft selbst zwischen den landlosen Armen, den deklassierten Bäuer*innen und dem Lumpenproletariat. Erstere konnten sich mit der kommunistischen Vorstellung der Umverteilung des Landes identifizieren, das «ländliche Lumpenproletariat interessierte sich schlechtweg nicht für die Produktionsmittel» (ebd., 240), da es von ihnen ohnehin ausgeschlossen war. Seine Versuche, Gerechtigkeit herzustellen, bestanden aus kurzfristigen Aktionen gegen Reiche, um an Geld oder Nahrung zu kommen. Doch diese Kluft war für Mao von entscheidender Bedeutung für die Revolution in China.

«Die Behandlung dieser Menschen [des Lumpenproletariats; C.W.] ist eins der schweren Probleme, vor denen China steht. Zum mutigsten Kampfe fähig, aber zu Zerstörungsaktionen neigend, können sie, wenn man sie richtig leitet, zu einer revolutionären Kraft werden» (MAW 1, 16).

Hier treffen bei Mao Bewunderung für die Tapferkeit im bewaffneten Kampf auf Kritik an ihrem Bewusstsein. Die Solidarität innerhalb der eigenen Organisationen sei zu stark und würde daher ein Klassenbewusstsein verunmöglichen. Aus eigenem Antrieb blieben die Aktionen und Organisationen des Lumpenproletariats lediglich spontan, destruktiv und rückwärtsgewandt. Bereits früh, 1919, vertrat Mao diese Ansicht: «Spontane Protestaktionen gefielen ihm nicht. Er glaubte an die Notwendigkeit, Spontanität zu kanalisieren. Es bedurfte unbedingt einer Organisation, einer Avantgarde, die durch den Willen eines großen Führers zusammengeschweißt wurde» (Pantsov/Levine 2014, 111).

Doch glaubte Mao, Lenins Gedanken folgend, das Lumpenproletariat könne unter richtiger Führung und Anleitung für die sozialistische Revolution nutzbar gemacht werden. Dabei bleibt es allerdings bloße Verfügungsmasse unter der Führung der KPCh und kein eigenständiger Akteur. Dass Mao dabei die «aktive Rolle der untersten, ärmsten Schichten nachdrücklich positiv» (Böke 2007, 26) hervorhebt, ist nicht zu erkennen.

Die Einheitsfront zwischen der KPCh und der nationalistischen «Kuomintang» zerbrach, nachdem diese Demonstrationen von Arbeiter*innen in Shanghai sowie aufständische Bäuer*innen in den Provinzen blutig niedergeschlagen und damit jegliche Hoffnung auf eine Zusammenarbeit und soziale Reformen zunichtegemacht hatte. Die KPCh wurde verboten, ihre Mitglieder gefangengenommen und hingerichtet. Von Sommer 1927 an organisierte die Partei den Aufbau eigener bewaffneter Einheiten, die Geburtsstunde der roten Armee. Der Bürgerkrieg sollte bis zur Gründung der Volksrepublik China 1949 fortdauern.

Das Lumpenproletariat tauchte bei Mao im Dezember 1939 in seiner Schrift «Die chinesische Revolution und die Kommunistische Partei Chinas» nochmals auf. Mao ging nach wie vor von der These aus, dass China eine koloniale und halbkoloniale Gesellschaft sei. Daher sei der direkte Weg in den Sozialismus unmöglich, der antifeudale Kampf habe Priorität. Mao appellierte daher auch weiterhin an den Nationalismus der Bevölkerung, um soziale, demokratische Reformen zu ermöglichen, die gleichwohl unter Führung der KPCh erfolgen sollten. Diese sei nicht länger Partei der Arbeiter*innenklasse, sondern Organ der gesamten revolutionären Bevölkerung. Anstelle der Diktatur des Proletariats trete eine «gemeinsame Diktatur mehrerer revolutionärer Klassen» (MAW 2, 411). Für diese seien lumpenproletarische Segmente nach wie vor eine Gefahr. Mao fasste es so zusammen:

«Die koloniale und halbkoloniale Lage Chinas hat in den Dörfern und Städten eine gewaltige Menge von Arbeitslosen hervorgebracht. Darunter sind viele, die der Möglichkeit, sich die Existenzmittel auf ehrlichem Weg zu erwerben, beraubt wurden und nun eben ihren Unterhalt auf unehrliche Weise erwerben müssen. Aus diesen Reihen stammen die Banditen, Landstreicher, Bettler, Prostituierten und die vielen berufsmäßigen Nutznießer des Aberglaubens. Diese Gesellschaftsschicht ist unbeständig. Ein Teil dieser Menschen läßt sich leicht durch die reaktionären Kräfte kaufen, während sich ein anderer Teil an der Revolution beteiligen kann. Mehr zur Zerstörung als zum Aufbau neigend, für den ihnen der Sinn fehlt, werden diese Menschen, sobald sie sich an der Revolution beteiligen, zur Quelle der Mentalität umherschweifender Rebellenhaufen und des Anarchismus. Folglich muß man sie umzuerziehen verste-

hen und vor ihrem Zerstörungsdrang auf der Hut sein. Das ist unsere Analyse der Triebkräfte der chinesischen Revolution» (ebd., 378f.).

Dieses Zitat muss vor dem Hintergrund der berühmten Aufzählung von Marx im «Brumaire» gelesen werden. Mao verbindet in diesen wenigen Sätzen nochmal die gesamte Theoretisierung des Lumpenproletariats im Marxismus, jedoch fallen in seine Beschreibung deutlich größere Teile der Bevölkerung als bei Marx. Zuerst beschreibt Mao die Kriminalität als bestimmenden Faktor. Ähnlich wie Marx scheint er auch zu keiner Definition dieser Gruppe fähig zu sein und muss daher auf die Auflistung von einzelnen Charakteren zurückgreifen. Zwar tapfer im Kampf sei ihr politischer Ausdruck der Anarchismus und sie seien damit weit entfernt vom sozialistischen Klassenkampf. Ein Bewusstsein für ihn sei dem Lumpenproletariat von alleine nicht möglich und so müsse es von der Partei gesteuert werden. Das Problem des Lumpenproletariats bleibt auch bei Mao ein Problem des Ethos und des Verhaltens.

4.3 Die deklassierten Klassen in der Soziologie

Auf den reaktionären Charakter des Lumpenproletariats wurde auch im deutschsprachigen Raum jener Zeit verstärkt hingewiesen und im Zusammenhang mit dem entstehenden Nationalsozialismus diskutiert. In diesem Kontext entstand als empirisch ausgerichteter Zweig der frühen Kritischen Theorie eine Erwerbslosen- und Armutsforschung, die seither in zahlreichen Varianten fortgeführt wird. Beispielhaft hierfür ist die Studie «Die Arbeitslosen von Marienthal» (Jahoda et al. 1975). Doch auch die moderne Prekarisierungsforschung führt diesen Strang weiter. Wenn es in der Sozialforschung um die politische Handlungsfähigkeit deklassierter Klassen geht, finden sich meist ähnliche Sichtweisen: Entweder wird ihnen Handlungsmacht komplett abgesprochen oder diese als irrational, spontan und ineffektiv abgetan. Die negativen Dispositionen der beteiligten Akteur*innen – Destruktion, Defätismus und Bestechlichkeit – würden dazu führen, dass diese politisch nichts bewirken können.

4.3.1 Marienthal und der Nationalsozialismus

In der Studie «Die Arbeitslosen von Marienthal» wird ein von völliger Erwerbslosigkeit betroffenes österreichisches Dorf beschrieben. Nach der Schließung der örtlichen Textilfabrik, von der nahezu das gesamte Dorf abhängig war, wurden rund drei Viertel der Bewohner*innen erwerbslos (ebd., 33f.). Diese Situation der Massenerwerbslosigkeit nahmen 1931/32 Marie Jahoda (1907–2001) und ihr Team zum Anlass, die Folgen der Erwerbslosigkeit zu erforschen. Ziel war es, «ein Bild von der psychologischen Situation eines arbeitslosen Ortes zu geben» (ebd., 9).

Die Erwerbslosigkeit führte nicht nur zur Freisetzung von Beschäftigung, sondern zum Zusammenbruch einer gesamten Lebensweise. Das Team um Jahoda beschrieb verschiedene Verarbeitungsformen von Unsicherheit durch Erwerbslosigkeit. Dabei entstand ein Bild, das vom Zerfall der Zeitstruktur, Apathie und dem Verlust der politischen Öffentlichkeit geprägt war. Zwar fanden die Forscher*innen «verschiedene Haltungstypen […]: eine aktivere, zuversichtlichere als die charakteristische Gruppe der Resignierten, zwei andere darüber hinaus gebrochen und hoffnungslos. Aber zum Schluß haben wir erkannt, daß hier vermutlich nur verschiedene Stadien eines psychischen Abgleitens vorliegen […]. Am Ende dieser Reihe stehen Verzweiflung und Verfall» (ebd., 101f.).

Ohne das Lumpenproletariat zu erwähnen, werden aber dessen wesentliche Zuschreibungen des Verhaltens genannt: Resignation, Passivität und fehlende Organisierung zeichnen die Erwerbslosen in Marienthal ebenso aus wie unvernünftiges Handeln. In einem Protokoll eines Hausbesuchs heißt es in der Studie: «Eine schon seit einem Jahr ausgesteuerte Familie, die in ihrem Haushalt aus Ersparungsrücksichten nur mehr Sacharin verwendet, deren Kinder völlig verwahrlost sind, kauft eines Tages bei einem Hausierer für 30 G[ulden] ein Pappendeckelbild von Venedig» (ebd., 72). Hier kommt es implizit zur Bewertung des Kaufs von bunten Bildchen und Nippes als irrational. Darüber hinaus werden die Erwerbslosen der Stadt als reine Opfer des Systems dargestellt, die keinen aktiven Beitrag zur Veränderung der Gesellschaft mehr leisten konnten. Sie wurden als unfähig, politisch handeln zu können, abgestempelt.

In diesem Humus einer «müden Gesellschaft» (ebd., 55) gedeihe der Faschismus besonders gut. Diese These vertrat insbesondere der Faschismusforscher August Thalheimer und konnte sich dabei auf namhafte marxistische Theoretiker*innen beziehen. So sprach etwa Rosa Luxemburg von der Möglichkeit der «systematischen Aufstachelung des Lumpenproletariats» (Luxemburg 2000, 619), das dabei zur «gedungene[n] Ordnungsstütze des Absolutismus» (ebd., 622) würde. Ihre Genossin Clara Zetkin warnte vor einer «Bewegung von Hungrigen, Notleidenden, Existenzlosen und Enttäuschten, die Mannschaft für die Gegenrevolution» und die soziale Basis für den «Faszismus» (in: Nolte, 1972, 91f.).

In seiner Schrift «Über den Faschismus» von 1928 weist Thalheimer darüber hinaus auf die Ähnlichkeiten des italienischen Faschismus und der Machtübertragung auf die Nazis mit Marx' Analysen aus dem «Brumaire» hin. Nach den Niederlagen des Proletariats versprechen Bonapartismus und Faschismus als Vermittler zwischen den paralysierten Klassen der bürgerlichen Gesellschaft Ruhe, Sicherheit und Ordnung.

Relativ unabhängig vom Bürgertum konnten die faschistischen Bewegungen in Deutschland und Italien die politische Exekutive erobern. Diese «Verselbständigung der Exekutivgewalt» (Thalheimer 1973, 39) habe zur politischen Unterwerfung aller gesellschaftlichen Gruppen einschließlich der Bourgeoisie unter die Staatsmacht geführt. Der Faschismus habe zwar den Anspruch, alle Klassen zu vertreten, handele aber im Interesse des Kapitals. Ebenso wie der Bonapartismus rekurriere sich der moderne Faschismus sowohl aus dem Adel, der Bourgeoisie und Kleinbürger*innen als auch aus den «Deklassierten aller Klassen» und dem Proletariat. Dies treffe ebenso für die faschistische Miliz wie für die bonapartistische Mobilgarde zu, welche beide als «Existenzquelle für deklassierte Elemente» (ebd.) fungierten. Die Deklassierten seien, ohne eigenes Klassenbewusstsein und steuerbar, maßgeblich für die Entstehung und das Wachstum der faschistischen und nationalsozialistischen Bewegung verantwortlich. Das Lumpenproletariat war bereits bei Marx eine Art Proto-SA (vgl. MEW 7, 126ff.).

Während die Deklassierten nach dieser Analyse die Grundlage des Faschismus stellten – und zweifellos rekurrierten sich in Deutschland maßgebliche Teile der SA aus deklassierten Gruppen – waren es gerade die lumpenproletarischen Teile der Gesellschaft, die der Nationalsozialismus bekämpfte. Unter der Sammelkategorie «Asoziale» (Ayass 1995; Allex/Kalkan 2009) wurde ihnen mit offenem Terror begegnet. Anders als die Begriffe Vagabund, Pöbel oder Lumpenproletarier*innen, die einer sozialen Kategorie entsprechen, wurden die «Asozialen» mittels völkischer, sozialrassischer und biologistischer Klassifikationen bewertet und dienten als konstitutives Gegenstück zur Konstruktion des «Volkes». Eine rechtlich feststehende Definition für «Asoziale» gab es im Dritten Reich jedoch nicht. Der Begriff wurde für all jene verwendet, die durch ihr unangepasstes Verhalten die «Volksgemeinschaft» gefährdeten. Darunter fielen Gelegenheitsverbrecher*innen, Zuhälter oder auch Frauen, denen man Prostitution vorwarf, ebenso Wanderarbeiter*innen, Sinti und Roma und Erwerbslose, die man als «arbeitsscheu» bezeichnete und die aus der nationalsozialistischen Ordnung entfernt werden mussten.

Für die Verfolgung «Asozialer» gab es kein festes Gesetz, sie erfolgte im Rahmen von Verfügungen und Verordnungen, die lokal ganz unterschiedlich umgesetzt wurden. Federführend waren dabei die Wohlfahrtsämter und die Polizei, die die Verfolgung praktisch übernahm. Bereits ab 1933 setzte die Verfolgung von

Bettler*innen ein. Menschen ohne festen Wohnsitz wurden nun als «asoziale Volksschädlinge» verfolgt und in geschlossene «Beschäftigungs- und Bewahrungsanstalten» gebracht. Solche Arbeitshäuser existierten in der BRD bis in die 1950er-Jahre weiter. Ab 1937 konnten «Asoziale» in Vorbeugungshaft genommen werden. «Asozialität» stand ab sofort offiziell in Zusammenhang mit Verbrechen. 1938 folgte die landesweite Aktion «Arbeitsscheu Reich» von Gestapo und Kripo, bei der knapp 12.000 Menschen verhaftet wurden, vor allem Bettler*innen, Prostituierte, «Arbeitsscheue», Sinti und Roma und Alkoholkranke. Wer sich diesem Zugriff verweigerte oder nicht mehr arbeiten konnte, wurde nun jedoch nicht mehr in die Arbeitshäuser eingewiesen, sondern kam – gekennzeichnet mit dem Schwarzen Winkel für «Asoziale» – in die Konzentrationslager.

4.3.2 Debatten in der Bundesrepublik

Nach den Verwüstungen, die der Nationalsozialismus über die Welt gebracht hatte, überwog in der Prosperitätsphase der Nachkriegszeit in der BRD der Glaube an die «klassenlose Gesellschaft». Deren prominentester Vertreter, Helmut Schelsky – als junger Wissenschaftler überzeugter Nationalsozialist –, formulierte bereits 1956 eine «Anti-Klassentheorie» (Schelsky 1979, 337–351). Das wirtschaftliche Wachstum führe dazu, dass der Konflikt zwischen den sozialen Gruppen abnehmen und alle harmonisch einer finanzkräftigen Mittelschicht zuströmen würden. Aufgrund dieser Entwicklung würden sich Klassenanalysen erübrigen, da früher oder später die «Nivellierte Mittelstandsgesellschaft» (ebd.) entstehe würde. Das wirtschaftliche Wachstum würde im nationalen Rahmen Fragen der Ausgrenzung erübrigen. Und zweifellos hatte sich in einigen kontinentaleuropäischen Ländern, darunter Westdeutschland, erstmals ein Kapitalismus ohne sichtbare nationale Reservearmee herausgebildet.

Klassenspezifische Ungleichheiten, die asymmetrische Integration der Geschlechter in den Arbeitsmarkt sowie rassistische Spaltungen waren jedoch selbstverständlich nicht verschwunden. Ebenso konnte der Historiker Christoph Lorke zeigen, dass es sowohl in der Bundesrepublik als auch in der DDR weiterhin zu spezifischen De- und Rethematisierungen von «unwürdiger» Armut kam (Lorke 2015). So war in den 1960er-Jahren vor allem vom «Stigma der Armut» die Rede, wovon insbesondere «Trinker*innen», «Taugenichtse», «Drückeberger» und «Arbeitsscheue» betroffen waren (vgl. Strang 1970, 176–195). Daran anschließend formulierte Friedrich Fürstenberg das Randgruppenkonzept. Randgruppen wurden definiert als

«lose oder fester organisierte Zusammenschlüsse von Personen», die durch ihre *«relative Ferne zur ‹Kerngesellschaft› und die damit verbundene Haltung [...] durch ein niedriges Niveau der Anerkennung allgemeinverbindlicher sozio-kultureller Werte und Normen und der Teilhabe an ihren Verwirklichungen sowie am Sozialleben überhaupt gekennzeichnet sind» (Fürstenberg 1965, 237).*

Hierbei wurden weniger ökonomische Kategorien angesprochen, sondern moralische Bewertungen vorgenommen. Die Randgruppen würden sich durch ihre (aktive) Haltung gegen die herrschenden Normen auszeichnen.

Die seit Mitte der 1970er-Jahre sichtbarer werdenden Folgen des kapitalistischen Strukturwandels im Zusammenhang mit steigender Massenerwerbslosigkeit machen deutlich, dass die Phase der relativen Vollbeschäftigung eher eine Ausnahme, denn einen Dauerzustand darstellt. Diese neue soziale Frage (Geißler 1976) ging mit dem (angeblichen) Bedeutungsverlust älterer Formationen wie Klassenkulturen und Verbänden einher. Mit dem Begriff der neuen sozialen Frage wurde das neu entstandene Phänomen der stabil hohen Erwerbslosigkeit sowie die Situation von Rentner*innen oder Frauen, die in keinem Arbeitsverhältnis (mehr) standen und ihre Interessen nicht unmittelbar vertreten können, beschrieben. Auf der einen Seite wurde deren Armut als Ausdruck der individuellen Lebenssituation verstanden. Armut habe seinen Klassencharakter verloren und könne je nach Situation nahezu alle treffen (vgl. Wiese 1953, 42–46). In der soziologischen Bewusstseinsforschung kam es aber auf der anderen Seite auch wieder verstärkt zu Debatten über ein Klassenbewusstsein. Besondere Bedeutung hatte dabei die Arbeiterbewusstseinsforschung (Popitz et al. 1957; Kern/Schumann 1977). Deren Fokus lag auf den Bewusstseinsprägungen durch die Lohnarbeit und es ist schon beachtlich, wie wenig Aufmerksamkeit anderen (Lebens-)Bereichen geschenkt wurde (Heinemann 1978; Bahnmüller 1981). Die Norm der Arbeiter*innenbewegung, produktives Mitglied der Gesellschaft zu sein, spiegelte sich in dieser Forschung wider. Wer keine Arbeit hatte, spielte für die soziologische Bewusstseinsforschung keine Rolle, Widerstand oder Handlungsfähigkeit wurden nur bei den Arbeiter*innen vermutet. So sprach der Soziologe Claus Offe beispielsweise den Erwerbslosen die Konfliktfähigkeit (vgl. Offe 1975, 146) ab. Sie könnten ihre Forderungen nicht politisch durchsetzen, da sie «am Rande oder außerhalb des Leistungsverwertungsprozesses stehen und ihnen daher das Sanktionsmittel einer [...] Leistungsverweigerung nicht zur Verfügung steht» (ebd., 147). Für Offe folgt aus diesem Defizit kollektiver Handlungsmacht, das aus der Unmöglichkeit des Streiks resultiert, dass sich die Erwerbslosen der bestehenden Gewerkschaftsbewegung anschließen müssen. Nur diese könne politisch handeln (vgl. ebd.).

Parallel dazu entwickelte sich verstärkt ab den 1980er-Jahren das Narrativ der Individualisierung und der Selbstverschuldung gesellschaftlicher Ausschlüsse. Ein freier Markt und weniger oder kein Sozialstaat sollten dafür sorgen, dass die Armen, die man sich nur noch als «Sozialschmarotzer» vorstellen konnte, aus ihrer Notlage selbst herauskommen sollten. Die Idee der Eigenverantwortung wurde verabsolutiert. Für «unproduktive» Teile wie ältere Arbeiter*innen, Kranke, Migrant*innen oder Obdachlose sei in der Leistungsgesellschaft kein Platz (vgl. Lorke 2015, 174). Seit 2004 wird verstärkt von einer Verfestigung einer neuen Unterklasse gesprochen (Nolte 2004), die im Zuge des neoliberalen Umbaus des bundesdeutschen Sozialstaats nunmehr noch mehr «moralisch, geistig und emotional unzulänglich stigmatisiert» (Neckel/Sutterlüty 2005, 418f.) wurde. Eine solche Moralisierung sozialer Ungleichheit durch die herrschenden Klassen wurde auch im Alltagsverstand der Menschen produziert. Somit wurde sie Teil des gesellschaftlichen Wissens über Armut und Ausgrenzung und diente als Legitimation der bestehenden Herrschaft und gründete sich aus bekannten Abwertungen der Entwürdigung.

«Durch eine Reihe von diskursiven Verschiebungen der 1990er und 2000er Jahre erfuhr der dichotomisierende, moralisierende Blick auf Armut und Arbeitslosigkeit sogar einen neuen Schub: Ausgerechnet die sozialpolitischen Reformpakete führender sozialdemokratischer Parteien in Europa sorgten dafür, dass nochmals verstärkt in den Kategorien von deserving *und* undeserving *gedacht wurde» (Wietschorke 2019, 37).*

4.3.3 Ausschlüsse in der Prekarisierungsforschung

Diese angeblich selbstverschuldeten Armen wurden in der Bundesrepublik verstärkt als «Neue Unterschicht» (Chassé 2010; Dörre/Happ/Matuschek 2013) oder als Prekariat (Marchart 2014) bezeichnet. Im Zuge der Arbeitsmarktreformen unter der rot-grünen Bundesregierung trat diese «modern version of the idea of the lumpenproletariat» (Cowling 2002, 233) wieder verstärkt ins öffentliche Bewusstsein. Die «Unsicherheit der Existenz» (MEW 22, 231), von der Engels 1891 als bestimmendes Merkmal der proletarischen Lage sprach, kehrte ein Jahrhundert später wieder zurück in Gestalt des Prekariats.

Die zeitgenössische Prekarisierungsforschung beschäftigt sich nicht mehr nur mit absoluter Verelendung oder Pauperisierung, sondern auch mit der Beziehung des Prekariats zur «Mehrheitsgesellschaft». Auch wenn der Begriff der Prekarität heute «allgegenwärtig» (Bourdieu 2004, 107) ist, besteht in sozialwissenschaftlichen Debatten keine einheitliche Definition. Phänomene, die in der Debatte allerdings immer wieder auftauchen, sind erstens der Abbau von Rechtssicherheit und kollektiver Schutzmacht wie in Form von Gewerkschaften sowie zweitens die Durchsetzung von geringen Löhnen, nahe oder unter dem Existenzminimum. Prekär Beschäftigte sind somit kaum sozialversicherungsrechtlich angebunden, individuell der Macht des Kapitals ausgeliefert und müssen als *working poor* oft mehrere Jobs gleichzeitig ausüben. Prekarität ist insofern eine relationale Kategorie, die im Zuge der Freisetzung aus wohlfahrtsstaatlichen Sicherungen auf einem völlig anderen gesellschaftlichen Reichtums- und Sicherheitsniveau entstanden ist. Insbesondere Robert Castel (1933–2013) und Pierre Bourdieu (1930–2002) entwickelten eine Vorstellung von Prekarität als Phänomen mit gesamtgesellschaftlicher Relevanz vor dem Hintergrund des Wandels der Erwerbsarbeit. Auch wenn diese Forschung zu Prekarisierung in einer Tradition kritischer und eingreifender Wissenschaft steht, finden sich auch dort Anklänge an die Abwertungen des «devianten» (Dörre 2017, 20) Lumpenproletariats.

«Die Überzähligen von heute [...] sind atomisiert, können keine andere Hoffnung hegen, als ein bisschen weniger schlecht in der Gegenwartsgesellschaft gestellt zu sein, und sie sind gesellschaftlich nutzlos» (Castel 2000, 384), so formulierte es Castel und sprach den Deklassierten dabei gar den Akteursstatus ab (ebd., 19). Sofern sie noch einer Lohnarbeit nachgehen, «kennen [sie] nur die Sorge um den Erhalt ihres Arbeitsplatzes, so widerwärtig er auch sein mag» (Bourdieu 2000, 72). Sind sie in keinem Lohnarbeitsverhältnis mehr, bedroht die Erwerbslosigkeit «vor allem das psychologische und insbesondere affektive Gleichgewicht, das zu einer authentischen Eingliederung in die Gesellschaft gehört» (Bourdieu 2010, 294). So oder so sind sie gesellschaftlich nutzlos und überflüssig, was sie «auch im öffentlichen und politischen Leben» (Castel 2000, 359) disqualifiziert.

Die daraus resultierende Chancenlosigkeit führt dazu, das eigene Leben nicht mehr als gestaltbar wahrzunehmen. Das moderne Lumpenproletariat hat «keinen Einfluss auf den Lauf der Dinge» (Castel 2000, 359) und sein prekäres Dasein verwehrt ihm – im bekannten Wort Bourdieus – «gleichzeitig jede rationale Vorwegnahme der Zukunft und vor allen Dingen jenes Mindestmaß an Hoffnung und Glaube an die Zukunft, das für eine vor allem kollektive Auflehnung gegen eine noch so unerträgliche Gegenwart notwendig ist» (Bourdieu 2004, 108).

In seiner Studie «Die zwei Gesichter der Arbeit» in der sich Bourdieu mit dem Übergang der (post-kolonialen) Gesellschaft Algeriens in die kapitalistische Produktionsweise beschäftigte, grenzte er das Subproletariat von der Arbeiter*innenklasse vor allem durch dessen Einstellungen zur Zukunft voneinander ab. Ökonomisch vernünftiges Handeln in kapitalistischen Marktwirtschaften setzt voraus, dass «sich die gesamte Lebensführung auf einen imaginären Fluchtpunkt ausrichtet» (Bourdieu 2000, 31). Diese kapitalistische Zukunftsorientierung muss verinnerlicht und zu einem organischen Bestandteil der Lebensführung werden. Das algerische Subproletariat, diese «Masse der Arbeitslosen oder befristet Beschäftigten, Tagelöhner, Hilfsarbeiter, Kleinhändler, all jener gegeneinander austauschbaren Bedingungen der Existenz, die sich ein- und demselben Individuum oft sukzessive aufdrängen» (ebd., 104), war dazu nicht in der Lage. Es hatte keinen «Bestand, nichts Sicheres, nichts Dauerhaftes» (ebd., 107) und stand komplett «unter dem Stern des Zufälligen und Willkürlichen» (ebd., 67).

Daher lassen sich bei ihnen auch keine «Anhaltspunkte für ein Kollektiv- oder gar ein Klassenbewusstsein» (Dörre et al. 2013, 171) finden. «Arbeitslose und Arbeitnehmer, die sich in einer prekären Lage befinden, lassen sich kaum mobilisieren, da sie in ihrer Fähigkeit, Zukunftsprojekte zu entwerfen, beeinträchtigt sind» (Bourdieu 2004, 109) und man «wenigstens ein Minimum an Gestaltungsmacht über die Gegenwart [braucht], um ein revolutionäres Projekt entwerfen zu können» (ebd.). Auch wenn sie die Zukunftsorientierung und die impliziten Grundlagen des Kapitalismus nicht teilen und damit in Opposition zu ihm treten (Bourdieu 2000, 10), geschieht dies jedoch nicht bewusst oder geplant. Ihre «unterschwellige Revolte gegen die Ausbeutung» (ebd., 108) ist nur als Reaktion zu verstehen und wird den Unterklassen förmlich *angetan*.

Diese «Anomie löst Gewalt aus» (Castel 2000, 189), die jedoch nicht als bewusste oder zielgerichtete Aktion verstanden werden kann, sondern, so Castel, «meist ohne Projekt, verheerend und selbstzerstörerisch zugleich ist, und umso schwerer unter Kontrolle gebracht werden kann, als es ja nichts zu verhandeln gibt» (ebd.). Dieser heimatlose Antikapitalismus kennt keine Revolution, höchstens anarchistische Revolte, die sich «hauptsächlich gegen individuelle Personen und Situationen, niemals gegen ein System, welches es systematisch zu verändern gälte» (Bourdieu 2000, 97) richtet. Die Rebellion der Unterklasse sei von den hegemonialen Strukturierungen wie dem Arbeitsmarkt oder dem politischen System so weit entfernt, dass es ihr gar nicht möglich sei, diese zu adressieren. Sie ist damit keine revolutionäre Kraft im eigentlichen Sinne (ebd., 103). Bourdieu spricht hier dem Subproletariat die Fähigkeit ab, auf bestehende Verhältnisse bewusst einwirken zu können und diese zu verändern. Politik in diesem Sinne sei von ihm nicht zu erwarten, nur Protest und Revolte.

Auch wenn es sich bei alledem um eine soziologische Analyse handelt, steht die Prekarisierungsforschung hier doch implizit den Ausschlüssen des Lumpenproletariatsbegriffs sehr nahe. Die Behauptungen der sozialdemokratischen und kommunistischen Gesellschaftsanalyse scheinen nun die Weihen der Forschung bekommen zu haben, wenn Bourdieu die Mitglieder des Subproletariats als «zu desorientiert und hilflos [ansieht], um noch ein systematisches Bewußtsein ihrer Lage entwickeln und in einer einzigen aktiven Intention die erlittene Gegenwart und die gewollte Zukunft umklammern zu können» (ebd., 112). Bordieus Aussagen erinnern dabei nicht von ungefähr an Wilhelm Liebknecht. Es ist daher Peter Bescherer zuzustimmen, dass die «Prekarisierungsforschung das Erbe der klassischen Lumpenproletariat-These» (Bescherer 2013, 167) angetreten hat. Bezeichnend hierfür ist auch, dass Bourdieu die Erwerbslosenbewegung, die am Ende des 20. Jahrhunderts in Frankreich entstanden war und mit der er durchweg sympathisierte, nur als ein «gesellschaftliches Wunder» (Bourdieu 2004, 114) verstehen konnte.

Dass die Abwertungen und Ausgrenzungen nicht nur von den herrschenden Klassen befeuert werden, sondern sich auch – wie beim Lumpenproletariat – weiterhin in der Arbeiter*innenklasse finden, hat der Soziologe Michael Vester nachgewiesen. Die proletarischen Volksmilieus grenzen sich «durch eine respektable Lebensführung und eine sichere und geachtete Berufsstellung nach unten» (Vester 2006, 12) vom Subproletariat ab. Dessen geringes Bildungsstreben sowie die unstrukturierten und unsicheren Lebenslagen werden individualisiert und als persönlicher Charaktermangel interpretiert (Vester et al. 2015, 27ff.). Ein geschlossener Komplex von Denk-, Wahrnehmungs-, und Verhaltensweisen, der durch Passivität und Apathie gekennzeichnet ist, mache das moderne Lumpenproletariat nur für unwürdige und unehrenhafte soziale Funktionen «brauchbar», da ihm ohne Schulabschluss und Berufsausbildung, mit Vorstrafen und Mangel an Disziplin die respektablen Funktionen innerhalb der Arbeitsteilung verschlossen bleiben. «Die Angst, auf einen Status unterhalb der Schwelle gesellschaftlicher Respektabilität abzurutschen, diszipliniert» die übrigen Arbeiter*innen, die «im wahrsten Sinne des Wortes bereit sind, (fast) alles zu tun, um die Festanstellung zu erhalten, die sie zunehmend als Privileg betrachten» (Dörre 2017, 17). Die Subproletarier*innen seien für ihre Lage selbst verantwortlich, da ihre Probleme vor allem auf ihrem Charakter sowie ihrer Lebensführung oder -einstellung gründen würden. Man müsse ihnen mit Pädagogisierung der Lebensführung durch Kontrollen, Strafen, pflichtgemäßen Unterweisungen und zweckgebundenen Gutscheinen begegnen. Die Mitglieder der Unterschicht werden somit implizit entmündigt und entwürdigt. Ohne Selbstwertgefühl würden diese Menschen zu einer passiven Verfügungsmasse, deren Status, Prestige, Anerkennung, Ehre und Würde fehlen und die damit unter die Schwelle der Respektabilität fällt (vgl. Sennett 2010).[17]

17 Auch die gegenwärtige soziologische Forschung kommt zu ähnlichen Ergebnissen. Die «respektablen» Armen und Arbeiter*innen versu-

Durch die Zusammenführung von Arbeitslosen- und Sozialhilfe im Jahr 2003 wurde diese Trennlinie in der Bundesrepublik gewissermaßen staatlich fixiert: Wer Arbeitslosengeld II bezieht, muss sich neben der materiellen Not noch mit Stigmatisierung und Ausgrenzung auseinandersetzen. Somit bringt die sogenannte aktivierende Arbeitsmarktpolitik ihr genaues Gegenteil hervor und schwächt aufgrund der Abhängigkeit vom System «die Fähigkeit zur Selbstsorge und erzeugt gerade dadurch Lähmung und Passivität» (Dörre 2014, 41) der betroffenen Personen. Ob «eine Person weiterhin respektiertes Mitglied der Gesellschaft ist» (ebd.), hänge davon ab, ob sie durch das Arbeitslosengeld II in die Nähe der Fürsorge gerückt wird oder nicht.

Zwar werden die Begriffe der Prekarisierungsforschung in gesellschaftskritischer Absicht verwendet, sie verfestigen jedoch gesellschaftliche Klassifikationen und Zuschreibungen, insbesondere das «in hohem Maße common-sense gesättigte Stereotyp des lethargischen, seine Misere selbst verschuldet habenden *declassé*» (Hark/Völker 2010, 39) und betreiben damit eine vorschnelle Etikettierung.

---

chen, «ihren Alltag in den Griff zu bekommen und dabei Vorstellungen von Ordnung und Disziplin» (Reckwitz 2017, 354f.) aufrechtzuerhalten. Doch «jene, die komplett ins soziale Abseits geraten» sind, werden «häufig abschätzig» betrachtet oder gar zu «‹Störenfrieden› oder Kriminellen» (ebd.) erklärt, da sie nicht in der Lage oder nicht willens sind, ein würdevolles Leben zu führen. Diese subproletarische Unterklasse erscheint als neue gefährliche Klasse, die nur «ein negatives Klassenbewusstsein» (ebd., 361) ausbilden kann; eine (aktive) Form der Aneignung findet nicht statt (Sachweh 2012).

4.4 Nutzlosigkeit und Gefahr der deklassierten Klassen

Auch wenn sich innerhalb der sozialdemokratischen und kommunistischen Bewegung sowie der soziologischen Forschung verschiedene Begriffe finden lassen, gründen sie doch alle – mal mehr und mal weniger explizit – auf der «Lumpenproletariat-These» (Bodemann/Spohn 1986, 18), die auf Marx und Engels zurückgeht. Überall dient das Lumpenproletariat als Konstruktion eines Raums, der sich außerhalb der Gesellschaft befindet und der durch seine Nutzlosigkeit, Käuflichkeit und Spontanität eine Gefahr für die herrschenden Normen darstellte. Selbst da, wo es eine solche Gefahr konkret nicht darstellt, diente das Lumpenproletariat stets auch dazu, ein symbolisches Außen zu konstruieren und damit die Mehrheitsgesellschaft zu Normalität und Ordnung zu disziplinieren.

Die entscheidende Norm in kapitalistischen Gesellschaften stellt die Lohnarbeit dar. Beim Lumpenproletariat sei eine «Verankerung des Subjekts im Sinne vermittelnder Strukturen» (Castel 2000, 363) wie der Lohnarbeit, aber auch von Netzwerken oder Organisationen nicht mehr vorhanden. Aufgrund dieser Strukturlosigkeit forderten Marx und die Sozialdemokratie die Eingliederung in die produktive Arbeit, die Köpfe der kommunistischen Bewegung wie Lenin oder Mao die Führung durch die Partei und auch für Soziologen wie Castel oder Bourdieu war die Entkopplung und die soziale und politische Desintegration eine Folge der fehlenden «Identität durch Arbeit». Sie alle teilen die Annahme, dass nur wer einer geregelten Arbeit nachgehe und ein regelmäßiges Einkommen habe, überhaupt in der Lage sei, politisch handeln und somit ein selbstverantwortliches Dasein entwickeln oder sich gar eigene Vorstellungen über den Sinn und den Zweck der gesellschaftlichen Produktion machen könne. Dieser Diskurs wurde von den herrschenden Teilen der organisierten Arbeiter*innenbewegung bis hin zu Teilen der Prekarisierungsforschung kultiviert und geht von der «Gegenüberstellung von arbeitsaffinen, sozial integrierten und politisch mobilisierbaren sozialen Gruppen auf der einen und nicht-arbeiterlichen und zur politischen Artikulation unfähigen sozialen Gruppen auf der anderen Seite» (Bescherer 2013, 199) aus. Für die Organisationen des Proletariats seien sie nicht zu gebrauchen – und dazu auch gar nicht willens oder fähig.

Das Lumpenproletariat erscheint in dieser Perspektive als passiv, allenfalls fähig, sich irgendwie durchzuschlagen, oder lediglich zu verzweifelten und spontanen Aktionen bereit, die allerdings nicht als politisch verstanden werden können. Die Skepsis gegenüber spontanen Aufständen findet sich von Kautsky (vgl. Nettl 1968, 416ff.) über Lenin bis zu Mao. Immer wieder wurde ihnen schlicht Irrationalität vorgeworfen, (bestenfalls) sind sie konterrevolutionär, schlimmstenfalls einfach nur (selbst-)zerstörerisch.

Damit rückt das Verhalten, die «eigene Schuld» des Lumpenproletariats in den Fokus. Von den vorkapitalistischen Debatten um die Vagabund*innen an wurden die Gründe für Ausschlüsse häufig bei den Armen und Ausgeschlossenen selbst gesucht. Dies gilt bis heute und somit reihen sich auch «die Hartz-Gesetze in eine Geschichte der Moralisierung und Disziplinierung ein, die stets – ob explizit oder implizit – mit den Zuschreibungen von deserving und undeserving operiert. In der gleichen dichotomischen Logik, in der schon ‹Volk› von ‹Pöbel› und ‹Proletariat› von ‹Lumpenproletariat› unterschieden wurden, stehen sich nun tendenziell wieder ein arbeitendes und ein abgehängtes Prekariat gegenüber» (Wietschorke 2019, 38f.).

Das Lumpenproletariat – ob so direkt benannt oder nicht – war und ist stets das negative Abziehbild der jeweils herrschenden gesellschaftlichen Vorstellungen. Ein Blick auf die Selbstorganisierung von unten blieb damit natürlich verstellt bzw. wurde diese vorab als unmöglich abgetan.

5 Das Lumpenproletariat als revolutionäres Subjekt

Seit Beginn der Industrialisierung sind Deklassierte vielfältig politisch aktiv. Dies wurde jedoch vielfach sowohl in der herrschenden als auch der sozialistischen Geschichtsschreibung entweder vergessen oder lediglich als devianter Bestandteil der Arbeiter*innenbewegung angesehen. Sobald dort über Protest, Widerstand und Bewegung gesprochen wurde, spielten die Deklassierten meist keine Rolle, die Eigenständigkeit ihrer Kämpfe wurde ihnen häufig abgesprochen. Dies lag daran, dass die Deklassierten andere Formen des Protests wählen mussten. Parteien, Gewerkschaften oder weitere Institutionen repräsentierten sie nicht. Dort fanden sie kein Gehör und blieben suspekt, weil nicht die (Verbesserung der) Lohnarbeit den zentralen Bezugsrahmen ihrer Aktivitäten darstellte, sondern diese entweder keine bedeutende Rolle spielte oder gar ihre Abschaffung gefordert wurde. Die Arbeitervereine, Gewerkschaften und Parteien – insbesondere die Funktionäre – wollten mit solch «spontaner Auflehnung unorganisierter, wohl überwiegend lumpenproletarischer Schichten» (Bartnik/Bordon 1978, 74f.) nichts zu tun haben und schlugen meist einen versöhnlichen Kurs gegenüber dem Staat ein, um ihre Organisationen nicht durch übermäßige Repression zu gefährden. Beispiele für soziale Kämpfe, die sich jenseits der Organisationen der Arbeiter*innenbewegung abspielten, waren die Kartoffelrevolte von 1847, die Kämpfe der «Rehberger» 1848 in Berlin sowie die Teuerungs- und Subsistenzunruhen bis zum Beginn des 20. Jahrhunderts (vgl. Lindenberger 1995; Evans 1997), an denen sich auch verstärkt Frauen beteiligten (vgl. Haupt 2013, 174–177). All diese

«Proteste blieben in der Regel nicht auf den Versorgungsbereich begrenzt, sondern politisierten sich zunehmend [...]. Eine Verständigung über die Ursachen der Mangelsituation konnte umso leichter stattfinden, als Frauen, Kinder und Alte in Städten oft stundenlang Schlange standen, um begrenzt verfügbare Waren auf Marken zu erwerben. Dies war eine international verbreitete Praxis, die Kommunikationsmöglichkeiten schuf.» (Haupt 2013, 172)

So widerlegen sowohl «theoretische Überlegungen als auch die Tatsache, dass es in der Vergangenheit relativ bedeutsame und erfolgreiche Arbeitslosenbewegungen gegeben hat, [...] eindeutig die These» (Gallas 1996, 185), dass die Deklassierten nicht politisch handlungs- und konfliktfähig seien.

In seiner Studie «Die andere Arbeiterbewegung» hat Karl Heinz Roth (1977) dahingehend gezeigt, dass es einer erweiterten Geschichtsschreibung der Arbeiter*innenbewegung jenseits von bürgerlichen, sozialdemokratischen und leninistischen Vorstellungen bedarf. Es geht bei Roth um die Schichten der Klasse, die nicht den Kern der Arbeiter*innenbewegung ausmachten und sich in sozialdemokratischen oder kommunistischen Parteien organisierten.

Während in der Arbeiter*innenbewegung für «Widerborstigkeiten, überhaupt für ‹Eigensinn› [...] weder Platz noch Recht» (Lüdtke 2015, 19) war, agitierten Andere genau in jenen von der Sozialdemokratie als Lumpenproletariat verfemten Subgruppen. Diese Revolutionäre begaben sich dort auf die Suche nach dem revolutionären Subjekt und fanden widerständiges Handeln, das vielfach den herrschenden Kategorien widersprach, ein politisches Verhalten, «das die ‹Herrschenden› keineswegs direkt herausfordert und Ungleichheiten nicht frontal attackiert, sie vielmehr für Augenblicke auf Abstand rückt» (ebd.).

Nicht alle Theoretiker*innen oder Praktiker*innen der Revolution übernahmen daher die Polemik und die negativen Bewertungen von Marx und seiner Erben, denn «[v]on den Rändern läßt sich ein Neuansatz entfalten» (ebd.). Dieser findet sich in der anarchistischen Weltsicht von Michail Bakunin und Erich Mühsam ebenso wie im Plädoyer für das revolutionäre Potential des Lumpenproletariats in den Entwicklungsländern in den Schriften von Frantz Fanon, die heute als Gründungstexte postkolonialer Theorien gelten. Dort konvergieren die vielfältigen Ausdrucksformen des Lumpenproletariats mit dessen krimineller Energie, um so zu einer Kraft des revolutionären Umbruchs zu werden. Weitere Auffassungen vom revolutionären Potential der Ausgestoßenen und Ausgeschlossenen finden sich bei Herbert Marcuse und in der Theorieströmung des Operaismus. Der geteilte Ansatz dieser theoretischen und praktischen Strömungen war es, die allgegenwärtige Konformität der Gesellschaft zu durchbrechen und zu stören. In ihrem Bezug zum Lumpenproletariat ergibt sich eine völlige Umdeutung des Begriffs. Nun stehen Handlungsmacht, Selbstorganisierung und Politikfähigkeit im Zentrum (Rein 2013; 2017).

Bereits an den Aufständen in Lyon 1831 und 1834, dem Aufstand der schlesischen Weber 1844 und an der Kommunebewegung von 1870/71 (Hartmann/Wimmer 2021) waren Angehörige der Unterklassen beteiligt. Dabei bauten sie nicht auf Parteien oder formelle Organisationen, sondern auf eine «institutionelle Erschütterung» (Piven/Cloward 1986, 47). Ihre *disruptive power* war eine Handlungsmacht in Form direkter Selbsorganisierung, die nicht zu einer neuen klaren Organisation führen musste.

In den Jahren nach der Reichsgründung gab es in Deutschland eine große Streikwelle. Die Reparationszahlungen von fünf Milliarden Reichsmark, die Frankreich nach dem verlorenen Krieg 1870/71 an Deutschland zahlen musste, flossen in die Industrie und hatten zahlreiche Unternehmensgründungen und Spekulationsgeschäfte zur Folge, die zum Börsenkrach 1873 führten. In diesem Zusammenhang kam es auch zu zahlreichen emanzipatorischen und selbstorganisierten Erhebungen der Deklassierten (Fröba/Nitsche 1983, 44ff.) wie den schon erwähnten Bierprotesten in Süddeutschland 1873, gegen die die ordnungssichernde Sozialdemokratie mit einer «elitäre[n] Haltung» (Machtan/Ott 1984, 161) reagierte und sich in aller Schärfe von diesen Aufständen abgrenzte. Anfang des Jahres 1892 kam es zu einer Demonstration von tausenden Erwerbslosen in Berlin, bei der es zu Sachbeschädigungen und Plünderungen kam und deren Forderung nach besserer Versorgung damit nicht ungehört blieb: «Die Demonstrationen der Arbeitslosen in Berlin haben ihre Wirkung nicht verfehlt», schrieb die Zeitschrift *Der Sozialist* am 3. April 1892, die damals noch das Organ der sozialdemokratischen jungen Opposition war. «Der Magistrat hat schleunigst eine Anzahl städtischer Arbeiten […] in Angriff genommen, um dem Notstande wenigstens teilweise zu steuern.» Die Erwerbslosen waren also politik- und konfliktfähig; Personen, die aktiv, bewusst und autonom ihre Interessen vertreten konnten.[18] Auch in den

18 Solche Proteste wiederholten sich und wirkten auch auf die bestehenden Institutionen. 1879 wurde die erste (gewerkschaftliche) Arbeitslosenunterstützungskasse gegründet (vgl. Herbig 1978, 146). Hintergrund war das Fehlen eines staatlichen Unterstützungssystems. Auch wenn dadurch die Attraktivität der Gewerkschaften bei den Erwerbslosen wuchs, verhielten sich die Gewerkschaften und viele ihre Mitglieder «[u]norganisierten Arbeitslosen gegenüber […] ablehnend» (Wolski-Pren-

frühen 1920er-Jahren kam es in Deutschland noch einmal zu zahlreichen Lebensmittelunruhen und Protesten gegen Teuerungen. An ihnen beteilgten sich vor allem Frauen und Jugendliche. Dabei wurden Läden geplündert oder Gruppen erzwangen auf Märkten die Senkung von Preisen. Die Polizei eröffnete immer wieder das Feuer. Nach Unruhen in Ulm im Juni 1920 wurden beispielsweise 14 Menschen verletzt.

5.1 «Die Blume des Proletariats» von Michail Bakunin

Ein bedeutender Stichwortgeber innerhalb der Arbeiter*innenbewegung für die Handlungsmacht des Lumpenproletariats war der russische Revolutionär und Anarchist Michail Bakunin (1814–1876). Er begründete eine libertäre Sozialismusvorstellung, die sich nicht auf die Eroberung einer parlamentarischen Mehrheit fokussierte. Vielmehr zeichnete sich Bakunins Konzeption durch Massenproteste und eine Revolutionierung des Alltags aus. In einem vitalen Aufbruch von Streiks, Aufständen und Militanz im Alltag solle die kämpfende Bevölkerung ihre Kluft zur herrschenden Klasse erkennen. Dies bilde den Auftakt zur sozialen Revolution. An die Stelle des Staates sollte bei Bakunin eine Föderation autonomer Produktionskommunen treten. Er entwickelte «die Vision einer internationalen Revolution, die weltweit mit allen staatlichen Institutionen und sozialen Zwangsverhältnissen Schluß machen soll» (Bakunin 2000, 9). In der Beseitigung der Zentralstaaten sah Bakunin die Voraussetzung dafür, dass sich die «ideale Gesellschaft, die freie Vereinigung aller freien Einheiten, die von unten nach oben organisiert seien, entwickeln» (in: Brupbacher 1976, 52) könne. Somit betreffen wesentliche Unterschiede zu Marx den Staat und die Autorität.

Aber auch das Lumpenproletariat wurde bei Bakunin anders konzipiert. Für seinen sozialrevolutionären Anarchismus stützte er sich nicht mehr ausschließlich auf das Proletariat, sondern ebenso auf die städtischen Unterschichten, die landlosen Bäuer*innen und das Lumpenproletariat. Bakunins Bezugspunkte waren – im Gegensatz zu Marx, der sich in erster Linie für England interessierte – südeuropäische Länder, insbesondere

---

ger 1994, 106) und so organisierten sich die Lumpenproletarier*innen weiterhin in erster Linie selbst.

Spanien und Italien. Dort fand Bakunin diese Volksmasse vor, die sich aus städtischen und Fabrikarbeiter*innen sowie kleinen Handwerker*innen, aber auch aus rund zehnmal so vielen «besitzlosen Bauern» (Bakunin 1972, 422) zusammensetzte. Diese heterogene Masse, die Bakunin weit weniger als Klasse denn als «einfache Menschen» beschrieb, war genau jene Lazzaroni-Schicht, vor der Marx gewarnt hatte. Mit diesem teilte Bakunin die Einsicht, dass es sich beim Lumpenproletariat um eine von den kapitalistischen Sozialbeziehungen entfernte Identität handelt. Die Schlüsse, die sie daraus zogen, waren jedoch diametral entgegengesetzt: Während nach Marx durch die Ferne zur Lohnarbeit kein Bewusstsein als Klasse entstehen konnte, verkörperten die Lumpenproletarier*innen für Bakunin in dieser Identität jenseits der Lohnarbeit eine Art real existierenden Anarchismus. Das Lumpenproletariat bildete für ihn das neue revolutionäre Subjekt. Dies fand er nicht mehr in den organisierten Arbeiter*innen, sondern «in den Randschichten der Arbeiterschaft, beim verelendeten Landproletariat und im ‹einfachen Volk› […]. Dafür benützt er den Begriff Lumpenproletariat» (Bescherer 2013, 71).

Womit wird dies nun begründet? Das Lumpenproletariat ist von der kapitalistischen Produktionsweise noch nicht korrumpiert, nicht durch Eigentum «verdorben» (Bakunin 1972, 444) und nicht in die repräsentativen Organisationen der als kleinbürgerlich verstandenen Sozialdemokratie eingehegt. Diese würden durch ihre letztendlich staatliche Form Individualität und Spontanität ausschalten und damit revolutionäre Möglichkeiten verunmöglichen. Die Arbeiter*innen seien durch sie an den Verhandlungstisch gebunden und zu keiner revolutionären Handlung mehr fähig.

Das revolutionäre Bewusstsein des Lumpenproletariats hingegen gründet in vorkapitalistischen Volkstraditionen einer moralischen Ökonomie und besteht darin, dass es (noch) außerhalb der modernen Gesellschaft steht und gerade deshalb in der Lage ist, diese von Grund auf zu zerstören. Dieses bäuerlich geprägte «bettelarme Proletariat, von dem Marx und Engels, und mit ihnen die ganze Schule der deutschen Sozialdemokraten mit tiefster Verachtung als vom Lumpenproletariat sprechen» (Bakunin 1972, 422) trägt für Bakunin vielmehr «den ganzen Geist und die ganze Kraft der zukünftigen sozialen Revolution» (ebd., 423) in sich.

Für Bakunin ist es nicht nur die Erfahrung der Ausbeutung, die zur Revolution führen wird, sondern die Gegnerschaft zu den herrschenden Werten, «der Abgrund zwischen Lumpenproletariat und bürgerlicher Gesellschaft» (Fähnders 1987, 177). Die Revolution ist damit die Umwertung der Werte des Bürgertums und nicht ausschließlich auf den Produktionsprozess beschränkt (vgl. Bakunin 1972, 181). Die Unabhängigkeit von gesellschaftlichen Normen und Werten ermöglicht das revolutionäre Potential. Zwar sei eine solche «Volkserhebung [...] naturgemäß spontan, chaotisch und unerbittlich» (ebd.), doch gelte es, so Bakunin, die «schlechten Leidenschaften» (ebd., 73) des Lumpenproletariats für die sozialistische Bewegung zu mobilisieren. Im Lumpenproletariat, «und nur in ihm, nicht in jener [...] verbürgerlichten Schicht der Arbeitermasse, ist der ganze Geist und die ganze Kraft der zukünftigen sozialen Revolution» (ebd., 422) enthalten. Die strikt anti-bürgerliche Haltung und autonome Praxis des Lumpenproletariats, die insbesondere keine Achtung vor dem Privateigentum kenne, schließen an die Tradition von Erhebungen von armen Bäuer*innen und dem städtischen Lumpenproletariat an.[19]

Für Bakunin ist das Lumpenproletariat folglich «die Blume des Proletariats [...], die von der ganzen bürgerlichen Kultur fast ganz unberührt ist und in ihrer Brust, ihren Leidenschaften, Instinkten und Bestrebungen, in der Not und dem Elend ihrer kollektiven Stellung, alle Keime des Sozialismus der Zukunft in sich trägt» (ebd., 422ff.) und zu «wahre[n] Heldentaten» (ebd. 444) fähig sei.

Bei Bakunin gewannen dabei Moral, Kultur und alltägliches Handeln größere Bedeutung. Der Klassenkampf spielte sich daher nicht nur im Bereich der Produktion ab, sondern fand auch in der Kultur und den alltäglichen Handlungen der Menschen statt. Das Lumpenproletariat wird daher auch kaum zu einer Kategorie der Sozialstrukturanalyse, sondern zu einer Kategorie der (nun positiven) Bewertung und des Verhaltens einer «plebejischen Einstellung, die Bakunin in Abgrenzung zum verengten marxschen Fokus auf das Industriearbeiterproletariat entwickelt» (Bescherer 2013, 89).

---

19 Detlef Hartmann beschreibt diese Tradition der Revolution als Volksrevolution und als Ausdruck einer Erhebung gegen die tayloristisch-fordistische Offensive, also gegen die kapitalistische Innovation und ihren Zurichtungen (Hartmann 2019).

5.2 Bohême, Kunst und Anarchie bei Erich Mühsam

Im Übergang vom 19. zum 20. Jahrhundert fanden sich vielfältige sozialrevolutionäre Bezüge auf das Lumpenproletariats, so auch in der Kunst. Insbesondere der Anarchist Erich Mühsam (1878–1934) setzte sich um die Jahrhundertwende intensiv mit dem Zusammenhang zwischen Lumpenproletariat, Revolution und dem Beginn der expressionistischen Literaturrevolte auseinander. Auch wenn Mühsam selbst auf der Straße lebte, gründete sein Fokus auf das Lumpenproletariat nicht in erster Linie auf persönlichen Erfahrungen, sondern eher auf «literarische[n] Einflüsse[n]», die seine «Begeisterung für die gesellschaftlich Deklassierten, Rebellen und sozial Ausgestoßenen erweckten» (Linse 1978, 35). Dies deckte sich mit Mühsams Kritik an der Sozialdemokratie. In der *Fackel*, einer von Karl Kraus herausgegebenen Zeitschrift schrieb er 1906 in seinem Artikel *Bohême*:

«Das Proletariat […] ist von der zukunftsstaatsbesessenen Sozialdemokratie, wenigstens in Deutschland und Österreich, dem Klassenkampf entfremdet worden. Die dem Staat nachgebildeten zentralistischen Arbeiterorganisationen haben durch ihre Ausschaltung des individuellen Temperaments des Einzelnen die revolutionäre Kernidee des gewerkschaftlichen Kampfes verwischt und den Arbeiter […] in die Rolle eines mit seinen Feinden Schacher treibenden Politikers gedrängt» (Mühsam 1978, 26).

Gegen diese eingehegte Arbeiter*innenbewegung versuchte er die eigentlich revolutionäre Kraft des Lumpenproletariats in Verbindung mit der anarchistischen Intelligenz in Stellung zu bringen. Mühsam erkannte, dass diese «gleich dem Künstler als von der Gesellschaft isolierte Außenseiter ihr Dasein fristete» (in: Kauffeldt 1983, 183). In seinem *Appell an den Geist* von 1911 schrieb er:

«Paria ist der Künstler, wie der letzte der Lumpen! Wehe dem Künstler, der kein Verzweifelter ist! Wir, die wir geistige Menschen sind, wollen zusammenstehen – in einer Reihe mit Vagabunden und Bettlern, mit Ausgestoßenen und Verbrechern wollen wir kämpfen gegen die Herrschaft der Unkultur! Jeder, der Opfer ist, gehört zu uns!» (ebd., 199f.).

Diese Unkultur war die Gesellschaft des Bürgertums, der Spießer, ebenso wie der Arbeitsethos der Sozialist*innen und verbürgerlichten Arbeiter*innen.

Ihr gegenüber standen die anarchistischen Künstler*innen als Rebell*innen sowie die Lumpenproletarier*innen, die ein Bündnis aller sozial Deklassierten bilden sollten. Die Verbundenheit zwischen Künstler*innen und Lumpenproletariat war bei Mühsam weniger strategisch motiviert, sondern existentiell begründet (vgl. ebd., 183). Beide Gruppen stellen allein durch ihr Dasein die Normen und Werte der Gesellschaft völlig infrage und bilden damit die ultimative Opposition zum herrschenden System. Beiden liegt «alles Kompromißmachen, alles Sicheinrichten, Sichbequemmachen fern», wie Mühsam 1909 in der Zeitschrift *Der Sozialist* schrieb. Gestartet als oppositionelle Zeitschrift innerhalb der Sozialdemokratie, erschien *Der Sozialist* von 1909 bis 1915 als Organ des *Sozialistischen Bundes*, einer von Gustav Landauer (1870–1916) gegründeten anarchistischen Gruppe. Das Lumpenproletariat wurde «zum Hort eines gesellschaftlich nicht integrierten (und vermeintlich nicht integrierbaren) Widerstands – auch gegenüber dem Proletariat. So werden Anarchismus, Bohême, fünfter Stand [Lumpenproletariat] und Künstlertum deckungsgleich» (Fähnders 1987, 180).

Die «literarische Pose der Provokation» (ebd., 181) wurde «zur handfesten Praxis der Agitation» (ebd.). Die geistige und theoretische Verbindung zwischen Anarchismus und Lumpenproletariat wollte Mühsam auch praktisch umsetzen. In den Jahren 1909/10 versuchte er in München mehrmals Mitglieder des Lumpenproletariats zu organisieren. Den Rahmen stellte die «Gruppe Anarchist», später «Gruppe Tat», die Münchner Ortsgruppe des *Sozialistischen Bundes*. In zwei Zeitungsartikeln im *Sozialist* berichtet er von seinen konkreten Erfahrungen. Sein Artikel «Neue Freunde» beschreibt, wie Mühsam nach mehrmaligen Rekrutierungsversuchen in Kneipen, Unterkünften und auf der Straße bei einer Veranstaltung vor rund zwanzig Personen – «Lumpenproletariern» – spricht. Unter ihnen glaubt Mühsam «Generalstreikler aus innerem Antrieb» zu finden sowie «nicht selten Destruenten aus unbewußtem Gerechtigkeitsgefühl». Er attestiert den Anwesenden «trotzige Entschlossenheit» sowie einen «Drang nach unbedingter Unabhängigkeit». Bei der «proletarischen Bohême», wie er das Lumpenproletariat auch nannte, herrsche «Leichtigkeit und Skepsis, Fröhlichkeit und Verzweiflung» vor.

Mühsam beschreibt all dies mit einer bewundernden Anerkennung, von der Verachtung für die Deklassierten ist nichts zu spüren. Lediglich die Einsicht in die eigene Stärke fehle der Bohême noch, dann könne sie die herrschende Ordnung zu Fall bringen. Als Anarchist will Mühsam den Lumpenproletarier*innen dazu «gern die Hand reichen». Dabei betont er die Augenhöhe des Bündnisses zwischen Anarchist*innen und Lumpenproletarier*innen.

Zwar scheiterten Mühsams praktische Organisierungsversuche in München, doch ein Jahr später, am 1. Juli 1910, schrieb er unbeirrt wiederum im *Sozialist*: «Ich glaube heute noch so fest wie ehedem, daß in vielen dieser ‹Lumpen› Fähigkeit und Bereitschaft genug ist, Ideale aufzunehmen und ihnen zu dienen.»

Diese Ideale unterschieden sich, ähnlich wie bei Bakunin, fundamental von den herrschenden Sozialismuskonzeptionen. Noch einmal der Artikel aus der *Fackel*:

«Der Haß gegen alle zentralistischen Organisationen, der dem Anarchismus zugrunde liegt, die antipolitische Tendenz des Anarchismus und das anarchistische Prinzip der sozialen Selbsthilfe sind wesentliche Eigenschaften der Bohêmenaturen. Daher stammt denn auch das innige Solidaritätsgefühl zum sogenannten fünften Stande, zum Lumpenproletariat, das fast jedem Bohémien eigen ist. […] Verbrecher, Landstreicher, Huren und Künstler – das ist die Bohême, die einer neuen Kultur die Wege weist» (Mühsam 1978, 30f.).

Die Veränderung der Gesellschaft wird einer Internationale der Deklassierten und Außenseiter zugesprochen, die von einem grundlegend anderen Verständnis von Arbeit geprägt sei. In seinem Artikel «Der fünfte Stand» brachte er dies auf den Punkt: «Wir suchen keine Arbeit, wir wollen nicht für die ‹Herren› arbeiten.»

1910 wurde Mühsam für seine Organisierungsversuche vor Gericht gestellt (vgl. Kreuzer 2000, 284), doch bereits ein Jahr später brachte er seine *Zeitschrift für Menschlichkeit*, die bis 1919 erschien, unter dem Namen *Kain* heraus. Kain, als «Ahnherr der Enterbten» wie Walter Benjamin (2013, 19f.) ihn nannte, war in jener Zeit zum Idol einer progressiven Intelligenz geworden,[20] die sich positiv auf das Lumpenproletariat stützte, und wurde in eine Tradition widerständiger Rebellen eingeordnet.

---

20 Für Benjamin war das Lumpenproletariat beispielsweise nicht mehr der «Abhub aller Klassen», sondern die «Hefe des Proletariats» (Benjamin 2006, 174).

Mit revolutionärem Pathos beschwören die anarchistischen Dichter und Politiker das Lumpenproletariat, da sie dort das Ideal der antibürgerlichen Existenz verwirklicht sehen. Sicherlich muss Erich Mühsam als ein extremes Beispiel für die freiwillige positive Bezugnahme auf das Lumpenproletariat angesehen werden. Seine selbstbewusste Anti-Bürgerlichkeit war eine Selbstermächtigung. Seine Selbst-Exklusion aus der bürgerlichen Gesellschaft ermöglichte ihm eine fundamentale Opposition sowie die Möglichkeit, darin eine Avantgarde-Rolle einzunehmen. Doch war Mühsam während der Umbrüche, die sich um die Jahrhundertwende ereigneten, nicht alleine in seinen gelebten Provokationen und alltäglichen Protesten gegen die bürgerliche Herrschaft. Solch abweichende, anti-autoritäre Gegenentwürfe lassen sich unter anderem auch beim Essayisten Ludwig Rubiner finden. Dieser stellte 1912 in der expressionistischen Zeitschrift *Aktion* die Frage, wer das Subjekt der kommenden Revolution sein könne:

«Wer sind die Kameraden? – Prostituierte, Dichter, Unterproletarier, Sammler von verlorenen Gegenständen, Gelegenheitsdiebe, Nichtstuer, Liebespaare inmitten der Umarmung, religiös Irrsinnige, Säufer, Kettenraucher, Arbeitslose, Vielfraße, Pennbrüder, Einbrecher, Kritiker, Schlafsüchtige, Gesindel. Und für Momente alle Frauen dieser Welt. Wir sind der Auswurf, der Abhub, die Verachtung. Wir sind Arbeitslose, die Arbeitsunfähigen, die Arbeitsunwilligen. Wir sind der heilige Mob» (in: Raabe 1964, 66).

Es ist unmöglich, Mühsams und Rubiners Aufzählungen nicht vor dem Hintergrund der bekannten Formulierung von Marx aus dem «Brumaire» zu lesen: Wenige Jahrzehnte nachdem Marx noch von jener «hin- und hergeworfene[n] Masse, die die Franzosen la boheme nennen» (MEW 8, 161) geschrieben hat, nehmen nun die Anarchist*innen und Literat*innen eine fundamentale Umdeutung, Umdrehung und Aneignung dieser abgewerteten Gruppe vor. Für sie verkörperte dieses Ensemble der Außenseiter und Randgestalten den ultimativen Bruch mit der Gesellschaft des Kaiserreichs.

5.3 Die Bewegungen in der Weimarer Republik

Gerade in der Weimarer Republik gab es vielfältige, kämpferische und selbstbewusste Aktionen des Lumpenproletariats. Da die Arbeiterparteien sich schwer damit taten, fand das Lumpenproletariat Formen, sich selbst zu organisieren. Mit radikalen Mitteln versuchte diese Bewegung ihre eigenen Belange durchzusetzen, und erreichte zumindest teilweise die Solidarisierung der KPD. Insbesondere die Erwerbslosen und die Obdachlosenbewegung sollen hier dargestellt werden.

5.3.1 Die Erwerbslosenbewegung und die KPD

Nach dem Ersten Weltkrieg entwickelte sich im Zuge der Revolution von 1918/19 relativ selbstständig eine Erwerbslosenbewegung (Bahne 1981, Huber-Koller 1977). Ende 1918 bildeten sich im gesamten Land spontan Erwerbslosenräte und -ausschüsse und weitere Selbstorganisierungsversuche, die zwar alle rätedemokratisch organisiert waren, sich in Form, Zusammensetzung und Verhandlungs- und Integrationswille jedoch deutlich voneinander unterschieden (Weipert 2015). Sie alle entstanden jenseits der traditionellen Gewerkschaften und Parteien. Verbindungen gab es vor allem zur *Kommunistischen Arbeiterpartei Deutschlands* (KAPD) und zur FAUD, der *Freien Arbeiter-Union Deutschland* (Dettmer 1977). Später kam die neugegründete *Kommunistische Partei Deutschlands* (KPD) als Bündnispartnerin hinzu.

Bereits am 5./6. April 1919 fand in Berlin ein autonomer Reichserwerbslosenkongress statt, auf dem ein Bekenntnis zur internationalen Räteherrschaft beschlossen sowie der Ungarischen Räterepublik herzlichste Grüße übermittelt wurden. Wie konfliktreich die Beziehung dieser Selbstorganisation von Anfang an zur Sozialdemokratie war, zeigt eine Anekdote, von welcher der *Vorwärts* vom 7. April berichtete. Hans-Bruno Herfurth war auf dem Kongress zum Leiter des 15-köpfigen Reichserwerbslosenausschuss gewählt worden. Vor dem Kongress war er fest davon überzeugt, die sozialdemokratische Regierung habe ein militärisches Kommando beauftragt, den Kongress zu stürmen. Erst nach einem Telefonat und der Rückversicherung beim zuständigen Minister Gustav Noske konnte der Kongress beginnen.

Die ersten Aktionen der Erwerbslosen zeichneten sich in den Jahren 1919 und 1920 durch ihre Spontanität und Militanz aus. Sie fanden daher häufig im Umkreis der KAPD statt, die ebenso an der Schnittstelle von direkter Aktion, Kriminalität und Selbstorganisierung agierte. Auch die aufständischen Aktionen im Vogtland von Max Hoelz (1889–1933) können in diesem Kontext betrachtet werden. Als Vorsitzender des Falkensteiner Arbeitslosenrates setzte sich Hoelz vehement für die Erwerbslosen ein, verteilte Lebensmittel und Brennmaterial um und setzte unter anderem den Bürgermeister und weitere Stadträte fest.

Seit Mai 1919 brachten die Journalisten Philipp Dengel und Alfons Goldschmidt darüber hinaus die *Räte-Zeitung* als Organ des Zentralrates der Erwerbslosen heraus. In Berlin kam es zu Besetzungen von Betrieben und militanten Demonstrationen von Erwerbslosen. Vom 5. bis 7. Oktober 1920 tagte der erste Betriebsrätekongress, der solange massiv von Erwerbslosen gestört wurde, bis dort ein Vertreter deren Forderungen vortragen konnte (Dettmer 1977, 133f.).

Auch im Umfeld der anarchosyndikalistischen FAUD entwickelte sich eine Erwerbslosenbewegung. Gerade in den ersten Jahren der Weimarer Republik war diese Gewerkschaft in einigen Gebieten und Städten (etwa im Ruhrgebiet oder in Kassel) politisch und kulturell prägend (Rübner 1994). Viele FAUD-Mitglieder, selbst erwerbslos, waren in der Erwerbslosenbewegung aktiv. Die Gewerkschafter*innen beteiligten sich an Erwerbslosenprotesten, organisierten Beratungen und bauten auf Selbstorganisation. Doch konnte diese heterogene Bewegung den Generalstreik als zentrales Kampfmittel des Anarchosyndikalismus nicht ersetzen. Dieser blieb angesichts der riesig gewordenen Reservearmee der Erwerbslosen bloße Theorie.

Die materiellen Lebensverhältnisse der Erwerbslosen verschlechterten sich ab Mitte der 1920er-Jahre dramatisch – bis Ende Februar 1933 stieg ihre Zahl auf 7,8 Millionen Menschen (Winkler 1990). Die KAPD und die FAUD verloren nachhaltig an Einfluss und nach mehreren Kongressen zerfiel auch die eigenständige Erwerbslosenbewegung.

Nach und nach wurde zugleich aber innerhalb der KPD Erwerbslosenpolitik zu einem eigenständigen Handlungsfeld, nachdem der Schwerpunkt der Parteiarbeit in den ersten Jahren der Weimarer Republik zunächst auf der Betriebs- und Gewerkschaftsarbeit gelegen hatte. Der Historiker Heinrich August Winkler (1990) betonte, dass die SPD zu dieser Zeit eine Partei der Arbeiter*innen und die KPD eine Partei der Erwerbslosen gewesen sei. Und tatsächlich waren Ende der 1920er-Jahre auch über zwanzig Prozent der Mitglieder der KPD erwerbslos, aber auch über die Hälfte Betriebsarbeiter*innen (Mallmann 1995, 11). Die KPD war somit durchaus in der gesamten Arbeiter*innenschaft verankert, doch kooperierten die Erwerblosenräte und -ausschüsse häufig mit der Partei.

Der vielleicht größte Erfolg dieser Zusammenarbeit war der Volksentscheid zur entschädigungslosen Enteignung der Fürstenhäuser vom 20. Juni 1926. Auch wenn der Entscheid am Ende scheiterte, gelang eine Zusammenarbeit zwischen organisierter Arbeiter*innenbewegung und deklassierten Klassen und führte am Ende sogar dazu, dass sich die SPD und der Gewerkschaftsbund ADGB zur Frage der Enteignung positionieren mussten. Die KPD verband die Mobilisierung zum Volksentscheid mit ihrem ersten Reichserwerbslosentag im März 1926, an dem sich an 140 Orten etwa 230.000 erwerbslose Menschen beteiligten (IML 1968, 116). Am 22. März äußerte sich der *Vorwärts* erwartungsgemäß kritisch zu den Bestrebungen der KPD, die nur ein «Stimmenfang» unter den «erwerbslosen Unorganisierten» seien, und kam zum Schluss: «Die KPD mißbraucht die Not der Arbeitslosen».

Doch schienen sich die Erwerbslosen durchaus gut vertreten gefühlt zu haben. Am 1./2. Dezember 1926 folgte der erste Reichserwerbslosenkongress der Partei. Die KPD-Zeitung *Rote Fahne* vom 8. Dezember 1926 schrieb, dass an ihm Vertreter*innen von rund zweitausend Erwerbslosenausschüssen teilgenommen hätten. Gefordert wurde eine Verbesserung der Fürsorge sowie die Einführung einer Arbeitslosenversicherung und ein Fokus auf jugendliche und weibliche Erwerbslose. In den folgenden Jahren kam es zu größeren Demonstrationen und Kundgebungen von Erwerbslosen, am 18. März 1927 folgte ein weiterer Reichserwerbslosentag und es wurde eine gesonderte Erwerbslosenzeitung herausgegeben (Bahne 1981).

Mit dem taktischen Kurswechsel hin zu neueren Formen der Massenagitation, den die Partei ab 1929 durchführte, ging eine stärkere Hinwendung zur Jugend und zu den Erwerbslosen einher. In der Endphase der Republik war die KPD endgültig «zu der Arbeitslosenpartei» (Mallmann 1995, 19) geworden, was auf einer Öffnung gegenüber den «verelendesten und am meisten unterdrückten Schichten» beruhte, wie es auf dem 12. Parteitag 1929 hieß.

Autonome Jugendliche aus dem Lumpenproletariat

Bereits in seinem *Brief an die Arbeiter* hatte Friedrich Harkort auf die Gefahr hingewiesen, die insbesondere von jugendlichen Mitgliedern des Pöbels ausging. Auch Marx war sich der besonderen Rolle von Jugendlichen in den Klassenkämpfen klar. Im «jugendlichen Alter» seien die Lumpenproletarier*innen «der größten Heldentaten und der exaltiertesten Aufopferung fähig» (MEW 7, 26). Im revolutionären Kampf seien sie darüber hinaus entscheidend, denn ihr Heldentum gehe mit einer klaren Vorstellung vom Umgang mit der Polizei und mit Untergrundaktivitäten als Lebensweise einher (MEW 7, 272ff.). Ohne Führung seien sie jedoch nur «der gemeinsten Banditenstreiche und der schmutzigsten Bestechlichkeit» (MEW 7, 26f.) fähig. Ähnlich äußerte sich auch Lenin.

Die Weltwirtschaftskrise zum Ende der 1920er-Jahre führte zu einer großen Jugenderwerbslosigkeit. Dabei kam es insbesondere in den Großstädten zur Bildung von autonomen Jugendgruppen, die den Leerraum der Erwerbslosigkeit zunehmend als Freiraum einer selbstbestimmten Lebensperspektive begriffen. Meist setzten sie sich aus an- oder ungelernten Jugendlichen zusammen, ohne Lohnarbeit und teilweise wohnungslos. Das Leben auf der Straße wurde zu einem «der wichtigsten Sozialisationselemente von Arbeiterkindern [...]. Hier sammelten sie ihre Identität als Gruppe oder Clique und fochten ihre ersten Auseinandersetzungen mit dem Autoritätshabitus der Erwachsenen aus» (Rein 2017, 98f.). Der

«soziale Raum der Straße bot vor allem der Unterschicht Kommunikationsmöglichkeiten und Konfliktfelder, auf denen körperbetont agiert wurde. Dazu gehörte mit Verfolgungsjagden und Lynchaktionen gegen Eigentümer das kollektive Vorgehen gegen ‹Störenfriede› oder ‹Eindringlinge›, die nach Meinung des Kollektivs eine vorgegebene Ordnung

gestört hatten. Dazu gehörten aber auch Aktionen gegen die Polizei als Wahrer der öffentlichen Ordnung und Instanz der Disziplinierung von oben herab, an der sich vor allem die Unterschichten permanent rieben» (Hardtwig 2013, 1).

Dabei trafen sich Subsistenzunruhen auf dem Land mit städtischen Aufständen, beispielsweise, wenn verarmte Jugendliche aus der Stadt «häufig in größeren geschlossenen Gruppen zum Kartoffelklau oder zur sonstigen Beschaffung landwirtschaftlicher Produkte aufs Land» (ebd., 3) fuhren. Es ging ihnen dabei um ihre unmittelbare Existenzsicherung, weswegen militante Aktionen häufig auf Märkten oder Markthallen begannen – wo Waren zur Verfügung standen – und anschließend in den Stadtzentren, vor Rathäusern oder staatlichen Gebäuden durchgeführt wurden. Beteiligt an diesen Unruhen waren auch «Frauen und Kinder, zu den Plünderern zählten nicht nur Arbeiter, sondern Erwerbslose aller Art» (ebd., 6). Bei diesen Subistenzprotesten zeigt sich wieder jenes untergründige Bedürfnis nach dem «gerechtem Preis», das in der *moral economy* der Unterklassen wurzelt und sich in den Auseinandersetzungen in den Städten mit klassenkämpferischen Positionen verband.

In diesen Bewegungen entwickelten sich auch organisierte Cliquen als Netzwerke zur gegenseitigen Unterstützung am Rande der Legalität. Gemeinsam war ihnen ihre Gegnerschaft zu staatlichen Institutionen – besonders der Polizei (vgl. Lindenberger 1995, 168f.) – sowie, besonders im Falle von Banden mit wohnungslosen Jugendlichen, die Zusammenarbeit bei der täglichen Suche nach Nahrung und Unterkunft. Ebenfalls ähnlich der Subsistenzkriminalität des 19. Jahrhunderts kam es bei den Cliquen zu (halb) illegalisierten Besorgungen von Brennmaterial oder Lebensmitteln. Dies reichte von spontanen Diebstählen bis hin zu organisierten Plünderungen, was später als «proletarisches Einkaufen» bezeichnet werden sollte. Ein zentraler Aspekt des Cliquenlebens war der hohe Wert, den die Mitglieder auf Solidarität, Zusammenhalt und Widerstandsfähigkeit in Wort und Tat legten.

Am Beispiel der über sechshundet Berliner Jugendbanden beschrieb Eve Rosenhaft (1982) anschaulich und lesenswert die Grenzen und Möglichkeiten der Arbeiter*innenbewegung, erwerbslose, jugendliche Mitglieder des Lumpenproletariats zu organisieren (s.a. Peukert 1983). Während die Sozialdemokratie vor den «kriminellen Banden» warnte und sich von ihnen abgrenzte, versuchte die KPD die Zusammenarbeit. Grundlage war der Gedanke, das System der gegenseitigen Unterstützung, der Betonung des Konflikts und der Feindschaft zu staatlichen Organisationen für die Parteiarbeit nutzbar zu machen. Für die KPD waren die Cliquen schlichtweg ein Ausdruck proletarischer Realität, mit der sich die kommunistische Bewegung beschäftigen musste.

Gleichzeitig existierten und operierten die Banden im Alltagsleben außerhalb des Arbeitsplatzes.
«Im Unterschied zu älteren fachlich qualifizierten Arbeitern, die ausgehend von einem verinnerlichten Arbeitsethos, dem entfremdeten Produkt ihrer Tätigkeit einen gewissen Grad an Berufsstolz entgegensetzten, entwickelten die an- und ungelernten Jungarbeiter ein eher funktionales Verhältnis zur Arbeit, gepaart mit einer Portion Abneigung gegen sinnentleerte, regelmäßige Arbeit» (Rein 2017, 99).

Im Gegensatz zu den berufsständigen Organisationen wie Gewerkschaften traten sie durch Bummeln und Absentismus in Gegnerschaft zur Lohnarbeit an sich und entwickelten daher kein Arbeiterbewusstsein im Sinne der Partei. Im Rahmen ihres Verständnisses der Arbeiter*innenklasse konnte die Partei die Aktions- und Organisierungsformen der Cliquen daher nicht endgültig begreifen. Daher war die kommunistische Führung ständig hin- und hergerissen zwischen der Duldung der Autonomie und Militanz der Gruppen – für Jugendliche durchaus eine attraktive Verhaltensform – und der Verurteilung der Gefahr der Banden für die kommunistischen Organisationen und die Arbeiter*innenbewegung insgesamt.

Ähnlich verhielt es sich mit Insassen von Heimen und Fürsorgeempfänger*innen. Über die Versuche der KPD und ihres Jugendverbandes KJVD, diese zum aktiven Kampf gegen die Zwangsmaßnahmen der Fürsorgeeinrichtungen zu organisieren hat Sven Steinacker eine lesenswerte Studie vorgelegt. Dort konnte er zeigen, dass die Agitation teilweise durchaus erfolgreich war, da die Kommunist*innen «in den Anstalten auf eine subproletarische Protestkultur trafen, die so alt war wie die Fürsorgeerziehung selbst» (Steinacker 2006, 40). Diese Protestkultur reichte «von (symbolischen) Kämpfen um die Deutungs- und Definitionsmacht des Fürsorgepersonals über das gezielte Ausnutzen von bestehenden rechtlichen Regelungen und Überwachungslücken bis zu begrenzten Regelverletzungen und Formen der Kooperationsverweigerung und schließlich individuellen oder kollektiven Protestaktionen» (ebd., 44). Gleichzeitig darf man diese Protestformen nicht als Ausdruck eines Klassenbewusstseins im marxistischen Sinn verstehen, sie führten aber zur Vertiefung eines «diffusen Gefühl der Legitimität des Widerstands» (ebd., 57). Die Organisierungsversuche der KPD nahmen dabei Formen der *Heimkampagne* ab 1965 um Ulrike Meinhof vorweg.

In all ihrem Bemühen zeigte die KPD jedoch kaum ein Bewusstsein für die spezifischen Interessenlagen der Jugendlichen, sondern fokussierte sich – ganz instrumentell – auf einen sehr spezifischen Wert, nämlich ihre Gewalt.[1] Viele erwerbslose Jugendliche begannen sich zunehmend im Rotfrontkämpferbund, dem paramilitärischen Kampfverband der Partei, zu organisieren. Dabei wurde die KPD zu einem «Vehikel eines spezifischen Radikalismus junger Arbeitsloser, die eine ‹andere Sprache als die Führung› sprachen» (Rosenhaft 1982a, 421) und auf Gewalt und direkte Aktion setzten. Doch auch für die Jugendlichen brachte die Zusammenarbeit Probleme mit sich. Denn während die Organisierung in den Banden Ausdruck der unmittelbaren Bedürfnisse der Jugendlichen und ihres unmittelbaren Milieus waren, blieb die Partei für sie doch häufig lediglich ein bürokratischer Apparat.

1 Dies verweist auf spätere Ansichten der Militanz von jugendlichen Mitgliedern der Unterklassen. Mao Tse-tung und Frantz Fanon beziehen sich direkt auf die Entwicklung einer revolutionären Jugendbewegung.

Die Organisierung der Erwerbslosen erfolgte in der Endphase der Weimarer Republik jedoch nicht mehr ausschließlich in Räten oder Ausschüssen – es folgten zwei weitere Reichserwerbslosentage der Partei 1930 und 1931 –, sondern auch in militanten Selbstschutzorganisationen. Die kommunistische

Hamburger Volkszeitung vermeldete am 13. Februar 1930 die Gründung einer Erwerbslosenwehr in Berlin – und berichtete bereits eine Woche später von polizeilichen Maßnahmen gegen eine Demonstration von Erwerbslosen.

Diese Organisierung des Lumpenproletariats führte zur weiteren Radikalisierung der Partei. Der *Vorwärts* vom 26. Februar 1931 berichtete zum Weltkampftag gegen Erwerbslosigkeit, den die *Kommunistische Internationale* ausgerufen hatte, davon, dass es in Leipzig im Rahmen einer Demonstration zu «wiederholten *Zusammenrottungen*» gekommen sei, die aber «von der Polizei ziemlich mühelos zerstreut werden konnten». Die Beschreibung (Spontanität, Militanz, fehlende Organisation und Durchhaltevermögen) erinnern nicht von ungefähr an die Äußerungen, die Engels ein halbes Jahrhundert davor über den Aufstand in London gemacht hatte.

Trotz dieser Erweiterungen propagierte die KPD in ihrer Geschlechterpolitik weiterhin eine klare geschlechtliche Rollenverteilung. Michael Rohrwasser und Silvia Kontos haben dargestellt, wie es innerhalb der KPD zu einer Ontologisierung des Weiblichen und einer restriktiven Festschreibung der Frauen auf die (liebevolle und zuverlässige) Mutterrolle kam. Ebenso war die Partei in einer protestantischen Sexualmoral verhaftet, die, wie wir bereits gesehen haben, konstitutiv für die Abgrenzung des Proletariats zum Lumpenproletariat in seiner Dimension der sexuellen ‹Entartung› war (vgl. Rohrwasser 1975; Kontos 1979). Da die Partei weiterhin vom Ideal des männlichen und heroischen Proletariers geprägt war, blieb auch die Erwerbslosenpolitik der KPD in der Weimarer Republik stets widersprüchlich. Einmal wurden die Mitglieder des Lumpenproletariats als der «Sturmtrupp» der nahenden Revolution angesehen, dann plötzlich waren sie wieder eine Gefahr für den Klassenkampf. Solange die Erwerbslosen einen politischen Faktor darstellten, bezog sich die Partei auf sie. Rose-Marie Huber-Koller vertritt dahingehend die These der Instrumentalisierung der Erwerbslosen durch die Partei. Diesen wurde lediglich «die Rolle eines Objekts im politischen Kalkül» (Huber-Koller 1977, 104) zugesprochen. Einerseits. Andererseits wandte sich die Partei gegen die «arbeiteraristokratische Geringschätzung der Unorganisierten», wie es auf dem Parteitag 1929 beschlossen wurde. Dem Lumpenproletariat wurde eine eigenständige Handlungsmacht zugesprochen. Bereits 1920 formulierte der Parteitag in Berlin:

«Wenn wir uns nicht kräftig in den Dienst der Arbeitslosenbewegung stellen, werden die Arbeitslosen über uns hinweggehen.» Daher sei es eine Notwendigkeit, das Arbeitslosenproblem «in den Mittelpunkt des proletarischen Denkens zu stellen» (ebd., 134).

5.3.2 Die autonome Bewegung der Vagabund*innen

Neben der Erwerbslosenbewegung gab es in der Weimarer Republik auch eine autonome Bewegung der Obdachlosen. Während des Kaiserreichs gab es noch rund 400.000 Menschen ohne festen Wohnsitz, die als Wanderarbeiter*innen, Bettler*innen oder Vagabund*innen herumzogen und dabei ihre eigenen Traditionen einer moralischen Ökonomie von den Dörfern in die Städte trugen. Diese Wanderungsbewegungen waren 1914 zu «einem Massenphänomen [geworden], für das es in Europa bisher kein Vorbild gab» (Wehler 1995, 503). Bereits seit 1912 galt in Preußen das «Arbeitsscheuengesetz». Als «Arbeitsscheue» wurden erwerbs- und obdachlose Menschen zusammengefasst. Daneben wurden aus dem vornehmlich protestantischen Bürgertum, von Kirchen und einzelnen Adeligen sogenannte «Arbeiterkolonien» gegründet. Diese Kolonien boten für bis zu vier Monate Unterkunft, Verpflegung und Kleidung – gegen tägliche Arbeit. Für Sebastian Conrad waren sie «ein Laboratorium der Bürgerlichkeit. Die Tage in der Kolonie waren mit Arbeit ausgefüllt, in der Regel einfache manuelle Tätigkeiten: Holzhacken, Steine schlagen, Grabungsarbeiten für den Straßenbau, und vor allem landwirtschaftliche Arbeit» (Conrad 2004, 113). Über Arbeit sollten die Vagabund*innen wieder in die Gesellschaft integriert werden.

Gegen diese Disziplinierungen entwickelten sich eigenständige soziale Kämpfe. Bereits seit den 1870er-Jahren kam es zu militanten Aufständen von Obdachlosen, 1910 folgten Ausschreitungen im Berliner Stadtteil Moabit (Bleiber 1955; Lindenberger 1995, 241–303) und zehn Jahre später war dort eine autonome Bewegung entstanden, die öffentlichkeitswirksam und militant Arbeitsplätze, gesundheitliche Versorgung und Altersunterstützung forderte (Dettmer 1977, 131). Die SPD, von bürgerlicher Seite beschuldigt, für diese Emeuten mitverantwortlich zu sein, distanzierte sich. Im Falle der Moabiter Unruhen schrieb der *Vorwärts* am 28. November 1910, dass man mit der «bartlose[n] Jugend», die mit der «bewaffneten Macht» ihr Katz-und-Maus-Spiel treibe, nichts zu tun haben wolle. Dies würde die Sozialdemokratie «in keiner Weise billigen», sondern zeige im Gegensatz Verständnis für das Vorgehen der Polizei, für «unsere Schutzmannschaft».

Auch die Organisierung der Obdachlosen in der Weimarer Republik sollte daher jenseits der SPD ihren Anfang nehmen. «70.000 waren 1927 unterwegs auf den Landstrassen Deutschlands – Arbeitslose und Abenteurer, Abgebaute und Abgehaune, Speckjäger und Vagabunden, die letzten Nachfahren der Handwerker auf der Walz und die moderne Hungerarmee der Weltwirtschaftskrisen. Sechs Jahre später waren es 450.000» (Trappmann 1980, 15) Menschen, die kein Obdach hatten. Inflation, Hunger und die Folgen des Krieges hatten viele Menschen auf die Straßen getrieben. Die Masse derer, die auf die Straße geworfen wurde, war dementsprechend heterogen. Zwischen vergangenem Vaganten- und Handwerkerstolz und moderner Reservearmee-Mentalität war eine Organisierung nahezu unmöglich.

Der Versuch wurde jedoch unternommen. Die zentrale Organisierung der Obdachlosen in der Weimarer Republik bildete die von 1927 bis 1933 bestehende *Bruderschaft der Vagabunden*. Der Begriff des Vagabunden wurde von den Mitgliedern selbst gewählt und aus seiner negativen Konnotation herausgeschält. Mehr noch als die Erwerbslosenbewegung stand die Bruderschaft in offener Opposition zu den herrschenden Organisationen der Arbeiter*innenbewegung und orientierte sich stärker am Anarchismus und Anarchosyndikalismus.

Gründer und bekanntester Kopf der Bruderschaft war Gregor Gog (1891–1945). Gog organisierte landesweit Ausstellungen, vermittelte Schlafmöglichkeiten und Aufträge an Erwerbslose und wurde bald von der Presse als «König der Vagabunden» bezeichnet. Für Gog stand der Vagabund «außerhalb und oberhalb der Gesellschaft» (in: Fähnders/Zimpel 2009, 214). Von diesem Standpunkt galt es Widerstand zu organisieren. Die Bruderschaft forderte keine Unterstützung vom Staat, sondern wollte diesen abschaffen und somit lag ihr Fokus nicht auf Fürsorge, sondern auf konkreter Selbsthilfe. Es ging dabei nicht um eine Reintegration in die Arbeitsgesellschaft, sondern um die Aufwertung ihrer Rolle als Ausgeschlossene. Erich Mühsam, teilweise selbst vagabundierend, stand implizit Pate für diese Einstellung. In der Lebensweise der Vagabund*innen sei durch ihre fundamentale Verweigerung der gesellschaftlichen Konventionen die einzig akzeptable Opposition zur herrschenden Gesellschaft verkörpert.[21] Somit seien die Vagabund*innen die Avantgarde des antibürgerlichen Umsturzes und die Vorkämpfer*innen der sozialistischen Bewegung.

Das Organ der Bruderschaft war die Zeitschrift *Der Kunde* (später *Der Vagabund*), die in einer Auflage von wohl eintausend Exemplaren erschien – bereits die erste Ausgabe wurde polizeilich beschlagnahmt. In insgesamt 21 Ausgaben gab die Zeitschrift, die zeitweise den Untertitel *Zeit- und Streitschrift der Vagabunden* trug, den Vagabund*innen die Gelegenheit, ihre eigenen Erfahrungen und Meinungen in Form von O-Tönen und Berichten zu veröffentlichen. Veröffentlicht haben in der Zeitschrift unter anderem Gog selbst, aber auch Oskar Maria Graf, Jo Mihàly oder Rudolf Geist.

Ende 1928 sorgte ein Flugblatt in ganz Deutschland für viel Aufsehen: Vom 21. bis 23. Mai 1929 rief die Bruderschaft zum ersten internationalen Vagabundenkongress nach Stuttgart auf. Die Vagabunden «wollen die Kraft und den Willen haben, sich zu einer Art Kongreß zusammenzutun?», fragte ungläubig *Der Abend*, die Spätausgabe des *Vorwärts* vom 4. Mai 1929. Und trotz massiver Polizeisperren kamen über sechshundert Teilnehmer*innen zum Kongress und demonstrierten danach durch die Stuttgarter Innenstadt (*Vorwärts* vom 25. Mai 1929). Das Lumpenproletariat hatte sich zum Schrecken der Presse und des Staates zusammengetan und selbstständig und bewusst organisiert.[22]

In seiner Rede auf dem Kongress proklamierte Gog einen Anti-Entwurf zur Arbeits- und Leistungsideologie der bürgerli-

21 Eine solche Aufwertung des Vagabundenlebens findet sich in der Literatur, die besonders das antibürgerliche Rebellentum der Vagabunden herausstellt. Eine Linie reicht von Francois Villon über Paul Zech bis Erich Mühsam und Bert Brecht.

22 Max Hoelz, Erich Mühsam und Maxim Gorki schickten Grußbotschaften an den Kongress. Letzterer schrieb zwei Jahre später: «Eure Feinde nennen euch verächtlich ‹das Lumpenproletariat›. Sie sind überzeugt, daß ihr fähig seid, für ein Stück Brot […] zu morden. Genossen! Beweist den Feinden, daß sie irren, daß ein jeder von euch ehrlicher ist als ein jeder von ihnen, Organisiert euch! Stellt auch auf die Seite des Proletariats und kämpft mit ihm Schulter an Schulter gegen die Feinde des werktätigen Volkes und der ganzen Welt» (in: Fähnders/Zimpel 2009, 251).

chen Gesellschaft. Die «Arbeit wäre Mithilfe zur weiteren Versklavung, wäre Arbeit an der bürgerlichen Hölle! Sklavendienst zum Schutze und zur Erhaltung der Unterdrücker!» (in: Fähnders/Zimpel 2009, 220). Gogs Fundamentalopposition gipfelte im Aufruf zum Generalstreik:

«Der Kunde, revolutionärer als alle Kämpfer, hat die volle Entscheidung getroffen: Generalstreik das Leben lang! Lebenslänglicher Generalstreik! *Nur durch einen solchen Generalstreik ist es möglich, die kapitalistische, ‹christliche›, kerkerbauende Gesellschaft ins Wackeln, ins Wanken, zu Fall zu bringen» (ebd.).*

Mit diesem Streikaufruf stellte er sich bewusst in die Tradition der Arbeiter*innenbewegung und versuchte, deren revolutionäres Erbe wiederzubeleben. Hierbei kommt es jedoch zu einem Paradox, denn die Vagabund*innen können nicht streiken. Der Generalstreik wird somit vielmehr zu einem Sinnbild, zu einer Lebenseinstellung der umherschweifenden Rebell*innen, die den Produktionsprozess bereits verlassen haben. Zum einen gelang Gog damit die Politisierung und Vergesellschaftlichung einer zur Ökonomiekritik erstarrten linken Theorie und Praxis. Zum anderen ging mit seiner Forderung jedoch auch das Risiko einher, dass für die Arbeiter*innen das Schwert des konkreten Streiks stumpf zu werden drohte. Von Seiten der Arbeiter*innenparteien und Gewerkschaften gab es kein Interesse, die Obdachlosen zu vertreten, da es ihnen aufgrund ihrer «*moralischen Verkommenheit*», unmöglich sei, «an ihre Menschenwürde zu denken», wie es *Der Abend* vom 4. Mai 1929 formulierte.

Trotz der selbstständigen Organisierungsversuche der Bruderschaft darf man nicht den Fehler begehen, die Vagabund*innen der Weimarer Zeit als eine «bewusste» Klasse zu betrachten. Manche waren freiwillig auf der Straße, andere gezwungenermaßen und nur die allerwenigsten erreichte die Bruderschaft überhaupt. Doch zeigte sie, dass es Organisierungsformen gab, durch die die Vagabund*innen ihre Würde und Subjektivität verteidigen wollten. In ihren widerständigen Praktiken, Zeitschriften und Organisierungen waren sie mehr als reine Objekte und Opfer des Kapitals.

1933 wurde die Bruderschaft der Vagabunden zerschlagen und Gregor Gog konnte an Weihnachten 1933 über den größtenteils zugefrorenen Bodensee in die Schweiz fliehen. Nach

1945 fand die Bewegung der Vagabund*innen keine direkte Fortsetzung. Nicht nur ihre Tradition, sondern auch die Erinnerung daran wurden weitgehend zerstört.[23]

5.4 Verschiedene Spektren der Dissidenz

In der Bundesrepublik kam es nach dem Zweiten Weltkrieg trotz «Wirtschaftswunder» und «nivellierter Mittelstandsgesellschaft» bereits zwischen 1956 und 1958 wieder zu Krawallen. «Ohne formalorganisatorische Führung, ohne inhaltliche Plattform und ohne direkten ökonomischen Zwang entstand eine spontane, ‹undisziplinierte›, militante Bewegung auch von erwerbslosen Jugendlichen» (Rein 2017, 118f.). Diese «Halbstarkenbewegung» kann als erster Vorläufer der späteren Jugendbewegung der 1960er-Jahre angesehen werden. Bereits die «Halbstarken» entwickelten sich in Abgrenzung zu bürgerlichen Moralvorstellungen sowie zum kapitalistischen Arbeitsethos, was die Bewegung um 1968 intensivieren sollte. Beide teilten «die Unlust an einer Unterordnung unter Fabrikdisziplin und lebenslanger Arbeitsmonotonie» (ebd., 121).

Die Unruhe und der soziale Aufruhr der 1960er-Jahre gegen die lähmende Ruhe der Adenauer-Republik zeigten ein neues Bild sozialer Kämpfe und brachen dabei auch mit Traditionen

23 Zeitgleich organisierte in den USA die anarchistischen Gewerkschaft *Industrial Workers of the World* (IWW) die «Vagabund*innen». Die IWW hatte ihre Basis bei den Unorganisierten, Erwerbslosen, Tagelöhner*innen und Teilzeit- und Wanderarbeiter*innen. Diese «Hobos», als Reservearmee für die Produktion überflüssig, zogen auf der Suche nach Arbeit durch das Land und die IWW versuchte sie zu organisieren. Dies gelang ihr durch Treffpunkte, die dort entstanden, wo die Hobos vorbeikamen, wie an Eisenbahnlinien und Bahnhöfen. Durch niedrigschwellige Beratungen, Erfahrungsaustausch und vor allem ihre Lieder (IWW 1995) versuchte die IWW Spaltungen der Klasse anhand von Nationalität, Alter oder Geschlecht zu überwinden und schaffte es sogar, eine gewisse Form von Klassenbewusstsein unter diesem vagierenden Proletariat herzustellen. Die IWW sah in Sabotageakten und Arbeitsverweigerung die adäquatesten Kampfmittel für dieses Lumpenproletariat (vgl. Kuhn 2019). Dies fiel durchaus auf fruchtbaren Boden, da die Klassenkämpfe in den USA häufig wenig diszipliniert und deutlich militanter abliefen, da keine starke Partei als Vermittlung eingreifen hätte können. Die IWW und die Hobo-Bewegung konnten somit die essentialisierende Trennung zwischen Lumpenproletariat und Arbeitskämpfen in Frage stellen. Die Saison- und Gelegenheitsarbeiter*innen konnten sehr wohl streiken.

der klassischen Arbeiter*innenbewegung. Jugendliche begehrten gegen die lebenslange Perspektive eines sicheren Arbeitsplatzes und der dazugehörigen Normalbiografie auf. Die zweite Welle der Frauenbewegung stellte sich insbesondere gegen den Abtreibungsparagrafen 218 und kämpfte für die Gleichstellung der Frauen. Feministische Marxistinnen wandten sich der Reproduktionsarbeit zu und forderten «Lohn für Hausarbeit». Dazu kam in der BRD eine Bewegung der Lehrlinge, die gegen schlechte Entlohnung und Autoritäten im Betrieb kämpfte, ebenso wie Proteste von Heimzöglingen oder Häftlingen, die gegen ihre spezifischen Bedingungen protestierten. In diesem aufständischen Milieu, das in den 1960er-Jahren ein globales Phänomen werden sollte, fanden sich auch zahlreiche Mitglieder subproletarischer Gruppen – als aktiv Handelnde – wieder.

5.4.1 *Das revolutionäre Potential der* drop outs *bei Herbert Marcuse*

Innerhalb dieser vielfältigen Protestbewegungen machten sich Teile der undogmatischen Linken auf die Suche nach einem neuen politischen Subjekt. Viele meinten dieses nun nicht mehr im Proletariat zu finden, sondern in den gesellschaftlichen Randgruppen (Marcuse 1998), die von der vorherrschenden Soziologie der damaligen Zeit meist negativ als passiv und handlungsunfähig beurteilt worden waren (vgl. Kap. 4.3.2).

Einer der bedeutendsten Sichtwortgeber hierfür war der in Berlin geborene Philosoph und Soziologe Herbert Marcuse (1898–1979), der 1933 in die USA emigrieren musste. In seinem Hauptwerk «Der eindimensionale Mensch» von 1964 beschreibt Marcuse die fortgeschrittene Industriegesellschaft als eine Gesellschaft des eindimensionalen Denkens und Handelns. Herrschaft erscheint für Marcuse in der Maske von Überfluss und Freiheit. Anstatt Widerstand oder mögliche Alternativen offen und gewaltsam zu bekämpfen, schafft es die herrschende Ordnung, diese durch eine Verinnerlichung von Bedürfnissen einzuverleiben. Der Effekt ist eine Gesellschaft, der es gelingt, alle oppositionellen Kräfte zu absorbieren. Der Kapitalismus durchdringt die gesamte Gesellschaft. Selbst die kulturelle Sphäre, die zumindest noch Alternativen denkbar gemacht habe, zeige nun nur noch ihren affirmativen Charakter. Auch Kunst, Religion und Philosophie seien zu verschiedenen Ausdrucksformen der Herrschaft degradiert. Die fortgeschrittene Industriegesellschaft ist somit eine «Gesellschaft ohne Opposition» (MS 7, 9).

Entscheidend hierfür ist, dass auch und gerade die Arbeiter*innenklasse so sehr sozialstaatlich in die Gesellschaft integriert wurde, dass sie selbst kein revolutionäres Bewusstsein mehr entwickeln könne. In der fortgeschrittenen Industriegesellschaft teilt sie ein «sich über alles hinwegsetzendes Interesse an der Erhaltung und Verbesserung des institutionellen Status quo» (ebd., 15). Sie ist von einem früheren Antagonismus zu einer Stütze der herrschenden Gesellschaft und ihrer Lebensweise geworden (ebd.). Somit mangelt es «an nachweisbaren Trägern und Triebkräften gesellschaftlichen Wandels» (ebd.), einen gesellschaftlichen Antagonismus gebe es nicht mehr und daher stehe nun auch die Revolution «nicht auf der Tagesordnung» (MS 8, 288).

Doch wollte sich Marcuse von der Revolution nicht vorschnell verabschieden und konzeptualisierte seine Vorstellungen von ihr neu. Durch die Einbettung der Arbeiter*innenklasse entzünde sich die Revolution nicht mehr durch den Antagonismus zweier Klassen, sondern an der Kritik des Bestehenden, der gesellschaftlichen Totalität. Marcuse, der hier ganz ähnlich wie Bakunin oder Mühsam argumentierte, ging es dabei im Effekt weniger um die Eroberung der staatlichen Macht, sondern um die grundlegende Umwälzung der Verhältnisse. Die rar gesäten Momente, in denen Marcuse einen positiven Ausblick gibt, erscheinen daher auch meist in einem anarchistisch-avantgardistischen Ausdruck.

Diese fundamentale Kritik der Gesellschaft sowie deren grundlegende Veränderung könne nur von einem Ort aus geschehen: von außerhalb der Gesellschaft (vgl. MS 7, 69).[24] Marcuse beschrieb daher die gewachsene Rolle der Revolte aller Unangepassten und maß den «desintegrierten Gruppen am Rande und jenseits der Arbeiterklasse besondere Bedeutung» (Bescherer 2013, 131) bei. Für die Revolution in der fortgeschrittenen Industriegesellschaft würde man «mit Gruppen zu

24 Gesellschaftliche Totalität und einzelne Bereiche der Gesellschaft scheinen sich zu widersprechen, doch ist Totalität für Marcuse ein dialektischer Begriff und mit Hegels Begriff der Unendlichkeit vergleichbar: Umfasste die Totalität nicht auch noch das Außen und das Gegenteil ihrer selbst, wäre sie nicht total.

rechnen haben, die in der ursprünglichen marxschen Theorie so gut wie keine Bedeutung hatten und nicht zu haben brauchten» (in: Habermas/Bovenschen 1996, 57): den Studierenden, den Frauen, den Schwarzen, den Arbeiter*innen der Dritten Welt und den *drop outs.*

Durch ihre Exklusion aus der Gesellschaft können diese Gruppen leichter ein Bewusstsein ihrer Unterdrückung herausbilden und gegen die bestehende Ordnung und das herrschende Konsum- und Lebensmodell rebellieren. Die Revolte gegen die Totalität muss also von denen ausgehen, die noch nicht komplett von ihr absorbiert wurden. Es ist somit «das Substrat der Geächteten und Außenseiter: die Ausgebeuteten und Verfolgten anderer Rassen und anderer Farben, die Arbeitslosen und Arbeitsunfähigen», die anfangen, «sich zu weigern, das Spiel mitzuspielen», das «den Beginn des Endes einer Periode markiert» (MS 7, 267).[25]

Für bürgerliche Kritiker*innen dieser Vorstellungen wie den Schriftsteller Jean Améry nehmen solche «Allianzen» mit «peripheren, an den Grenzen der Kriminalität sich bewegenden» Subkulturen gar «widernatürliche» Formen an (Améry 1980, 187). Man finde dort «Raubauken, die im besten Falle ‹rebels without a cause›, im schlimmsten Gangster im Kleinformat» (ebd.) sind, aber kein revolutionäres Bewusstsein.

Marcuses Vorstellung der Verneinung des Systems durch das weltweite Lumpenproletariat – Marcuse selbst benutzte den Begriff nicht – zeigt eine andere Sicht der Dinge. Ähnlich wie

---

25 Marcuses Begriff der «großen Weigerung» wurde zu einem Schlagwort für die 68er-Bewegung und machte Marcuse insbesondere anschlussfähig an die Studierendenbewegung. Jedoch machte Marcuse immer wieder deutlich, dass er die Studierenden nicht allein als neues Subjekt des historischen Wandels betrachtete. Dies setze sich aus jenen zusammen, die *am härtesten* von gesellschaftlichen Machtverhältnissen betroffen waren. So spielten die antikolonialen Befreiungsbewegungen bei Marcuse eine große Rolle, da sie das «Außerhalb» des Weltsystems darstellen würden. Zwar seien die Kolonien oder die Länder Südamerikas oder Asiens in den internationalen Welthandel eingebunden, doch herrsche dort unmittelbare Gewalt, Rechtlosigkeit und Ausbeutung und gehe mit feudalen und kolonialen Strukturen einher – gerade daher sah Marcuse aber dort auch Widerstandspotential (vgl. MS 7, 268). Um erfolgreich zu werden, müssten sich diese Bewegungen aber mit den Unterdrückten in den anderen Teilen der Welt verbinden, denn die verschiedenen einzelnen oppositionellen Kräfte «sind durchgängig randständig und haben nicht die Kraft, zum alleinigen Träger umwälzender Praxis zu werden» (Schwandt 2010, 166).

bei Bakunin oder Mühsam gründete Marcuse seine Theorie auf einem veränderten Verständnis von Arbeit. Jenseits des herrschenden Leistungsprinzips forderte Marcuse einen Bruch mit dem Fortschrittsparadigma und dem Produktivismus (auch) der Arbeiter*innenklasse. Diese stünden der Befreiung nicht nur im Wege, sondern verunmöglichen sie sogar, da sie eine Integrations- und Kontrollfunktion besitzen würden. Marcuse hatte die Abschaffung der Arbeit vor Augen und löste durch seinen Fokus auf die Deklassierten das revolutionäre Subjekt aus dem Produktionsprozess heraus. «Die Zurückweisung der Identifikation mit der Arbeit und der Bruch mit dem Fortschrittsparadigma verleihen dieser Befreiungstheorie ihre Sprengkraft» (Bescherer 2013, 154). Der Klassenkampf konnte folglich auch nicht mehr die Kampfformen der klassischen Arbeiter*innenbewegung (Demonstrationen, Streik etc.) annehmen, sondern bestand für Marcuse aus Provokationen gegen bürgerliche Umgangsformen, Rebellionen im Alltag, Gehorsamsverweigerung und Militanz.

Marcuse entfernte sich hierbei von zentralen marxistischen Grundannahmen. Folgt man Wolfgang Fritz Haug, kommt es durch die «Ablösung des Interesses [der Kämpfenden; C.W.] von den Produktionsverhältnissen» (Haug 1968, 58) bei Marcuse gar zum «Bruch mit dem Marxismus» (ebd.). Denn es ist für Marcuse nicht mehr die objektive Stellung im Produktionsprozess, die «das Subjet der Befreiung [konstituiert], sondern die Stärke bzw. Brüchigkeit der einwirkenden integrierenden Kräfte» (Schwandt 2010, 158). Damit gelang Marcuse jedoch die Erweiterung des revolutionären Subjekts auf das Lumpenproletariat.[26]

Gleichzeitig blieb die Intervention von Marcuse – wenn auch eng mit ihnen verwoben – eine intellektuelle Reaktion auf die sozialen Kämpfe der 1960er-Jahre. Gerade in antikolonialen Befreiungskämpfen sowie antirassistischen Kämpfen tauchte der Begriff Lumpenproletariat explizit in der Bewegung selbst auf, wurde aber im Vergleich zu Marx' Ausgangsüberlegungen einer grundlegenden Revision unterzogen. Besonders in den

26 In einem anderen Bereich blieb Marcuse der marxistischen Orthodoxie jedoch strikt verhaftet. Für ihn war das materielle Elend die notwendige Voraussetzung der Revolution. Verelendungstheoretisch argumentierte er, dass das Leben des Lumpenproletariats «am unmittelbarsten und realsten der Abschaffung [der] unerträglichen Verhältnisse und Institutionen» (MS 7, 267) bedürfe.

Schriften von Frantz Fanon und Amílcar Cabral sowie den Äußerungen der *Black Panther Party* (BPP) in den USA spielte das Lumpenproletariat als handlungsfähige und revolutionäre Klasse eine entscheidende Rolle.

5.4.2 Frantz Fanon und die «Verdammten dieser Erde»

Für Frantz Fanon (1925–1961) stellte das Lumpenproletariat insbesondere in seinem Werk «Die Verdammten dieser Erde» (2008) den positiven Bezugspunkt dar. Fanon forderte dort mit einem Pathos und einer Rhetorik, die schon die Zeitgenoss*innen an- und aufgeregt hatten, nicht weniger als ein neues Menschenmodell. Meist wird der 1961 posthum veröffentlichte Text lediglich als ein Aufruf zur Militanz gelesen und zweifellos setzte Fanon seine Hoffnungen auf den gewaltsamen Aufstand. Doch dürfte die von Jean-Paul Sartre im Vorwort vorgenommene rigorose Zuspitzung von Fanons Thesen die vereinfachende Lesart des Buches als Anleitung für den Aufstand begünstigt haben. Darüber hinaus ist das Buch aber wohl auch eine der wichtigsten Auseinandersetzungen mit dem Begriff des Lumpenproletariats im 20. Jahrhundert. Der Titel des Buches, der an die erste Strophe der *Internationale* erinnert, deutet dies bereits an.

Lumpenproletariat und Kolonialismus

Wir haben bereits oben gesehen, wie das Lumpenproletariat mit dem «Weiblichen», dem «Korrupten» und dem «Unvernünftigen» assoziiert wurde. Sebastian Conrad hat für Deutschland überzeugend die Parallelisierung des Lumpenproletariats mit den «Wilden» in den Kolonien der Dritten Welt herausgearbeitet (Conrad 2004). Auf die Interdependenzen nationaler und kolonialer Diskurse für die englische Debatte haben Frederick Cooper und Ann Laura Stoler (1997) mit Nachdruck hingewiesen. Sowohl Unterklassen als auch kolonisierte Menschen wurden als unterentwickelt, minderwertig und bedeutungslos beschrieben, denen man mit paternalistischen staatlichen Maßnahmen begegnen müsse. So sollten sie durch Arbeit, Leistung und geordnete

Lebensführung – hier Disziplinierung, dort «Zivilisierung» – in die herrschende Ordnung integriert werden. Es lassen sich daher auch auffallende Ähnlichkeiten zwischen den Darstellungen außereuropäischer ‹Eingeborener› und innereuropäischer Unterschichten finden.

Doch blieb es nicht bei ähnlichen Beurteilungen und Beschreibungen. Neben die Rhetorik trat auch die konkrete Politik und so gab es Zusammenhänge zwischen den Versuchen (Arbeitshäuser, Gesetze gegen Obdachlosigkeit etc.), deklassierte Klassen in den europäischen Kernländern wieder in die bürgerliche Gesellschaft zu integrieren und den Versuchen, kolonisierte Menschen «auf eine höhere Kulturstufe» zu heben. «Auch die Motive, die der Einrichtung von Arbeiterkolonien und überseeischen Kolonien zugrunde lagen, wiesen eine Reihe von Ähnlichkeiten auf. Der missionarische Impetus, der beiden Unternehmungen einen Teil ihrer Dynamik verlieh, war dabei nur ein Aspekt. Hinzu kam die Furcht vor der sozialen Revolution, die der diakonischen Betätigung zugrunde lag» (Conrad 2004, 114).

Die bürgerliche Gesellschaft und abendländische Zivilisation beruhten auf der Abtrennung des Lumpenproletariats im Inneren und der «Wilden» im Äußeren. So grenzte auch Michel Foucault Vernunft und Wahnsinn durch einen «Trennungsstrich» ab,

«den der Orient darstellt: der Punkt, an dem das Heimweh und die Versprechen auf Rückkehr entstehen, der Orient, der der kolonisatorischen Vernunft des Abendlandes angeboten wird, der jedoch unendlich unzugänglich bleibt, denn er bleibt stets die Grenze» (Foucault 1969, 10).

Frantz Fanon rückt in seinem Werk die historische Spezifität der kolonialen und neokolonialen Verhältnisse und die Folgen für den politischen Kampf in den Vordergrund. Zum einen ging er davon aus, dass die koloniale Unterdrückung nicht durch Reformen beendet werden konnte, sondern nur durch einen breit geführten, kollektiven Kampf. Zum anderen fokussierte er sich auf die Differenzen der gesellschaftlichen Verhältnisse zwischen den kolonialen und postkolonialen Ländern sowie den Ländern der westlichen Industriestaaten. Seine Analyse der Unabhängigkeitskämpfe beschreibt daher die vielfältigen sozialen

Bedingungen ebenso wie die Bewusstseinsformen der verschiedenen sozialen Gruppen, einschließlich des kleinen städtischen Proletariats, des Lumpenproletariat sowie der ländlichen Bauernschaft.

Fanon sah eine kleine, sehr privilegierte, städtische Arbeiter*innen- und Mittelschicht, die – ähnlich wie bei Bakunin – den «vom Kolonialregime am meisten verhätschelte[n] Teil des Volkes» (Fanon 2008, 85) bilde. Diese verbürgerlichte Fraktion der Bevölkerung lebe ungerührt in den Hauptstädten nahe den Machtzentren und zähle zur «treueste[n] Anhängerschaft» der bürgerlichen Parteien (ebd.). Ihr gegenüber stehe die große Mehrheit der ländlichen Bauernschaft und des städtischen Lumpenproletariats der Slums, die ohne Teilhabe an Lohnarbeit gar nicht ausgebeutet, sondern ‹nur› ausgeschlossen seien.

Um ihr Überleben zu sichern, strömten die Bewohner*innen der Elendsviertel in die Wirtschaftszentren, blieben jedoch dazu verurteilt, «unermüdlich die Städte [zu umkreisen], in der Hoffnung, eines Tages hineinzugelangen» (ebd., 100). Somit blieben sie weiterhin Angehörige des Lumpenproletariats, da sie sich abseits von produktiver Arbeit durchschlagen mussten.

Vor dem Hintergrund dieser Beobachtungen ging Fanon davon aus, dass die Befreiung der kolonisierten Länder nur von den verarmten Bäuer*innen und diesem vagierenden Proletariat ausgehen könne. Sie seien die «einzigen […] revolutionären Kräfte des Landes» (ebd., 96).

Fanon begründet dies mit ihrer einzigartigen Verbindung zwischen Stadt und Land: «Wenn der Aufstand, der vom Land ausgeht, in die Städte eindringt, dann viel eher durch die Fraktion jener Landbevölkerung, die […] im kolonialen System noch keinen Knochen zum Nagen gefunden hat» (ebd., 100). Die ländlichen Massen begehren, in die Zentren der Macht vorzudringen. «In dieser Masse, in diesem Volk der Slums, inmitten des Lumpenproletariats wird der Aufstand seine Lanzenspitze gegen die Städte finden» (ebd.). Das Lumpenproletariat, «diese Horde von Ausgehungerten […] bildet eine der spontansten und radikalsten unter den revolutionären Kräften eines kolonisierten Volkes» (ebd.) in der Hoffnung, die Verhältnisse so grundlegend zu ändern, dass die koloniale Macht beendet wird.

«Die landlosen Bauern, die das Lumpenproletariat bilden, verlassen das Land […] und strömen in die Städte, drängen sich in Slums zusammen und versuchen, in die durch die Kolonial-

herrschaft entstandenen Häfen und Städte einzusickern» (ebd., 87).

Dabei zeigen sie «einen Initiativgeist, einen Mut und eine Kampfbegeisterung» (ebd., 97), dem die Kolonialmacht mit blankem Terror begegnen muss. Die aufständischen Bäuer*innen und Lumpenproletarier*innen nehmen dies jedoch billigend in Kauf, denn der Kampf bedeutet für sie nicht nur «Politik machen», sondern ist für sie «das einzige Mittel, um vom tierischen Zustand zum menschlichen Zustand zu gelangen» (ebd.). Im Aufstand entwickeln die Lumpenproletarier*innen erst ihr wahrhaft menschliches Wesen.

Während die Bäuer*innen dabei häufig zu verstreut am Rande der Gesellschaft leben und daher zu schwach sind, ist das städtische Lumpenproletariat ausreichend konzentriert, um den Imperialismus vor Ort anzugreifen. Das Lumpenproletariat, «das mit allen seinen Kräften auf die ‹Sicherheit› der Stadt drückt, ist die uneindämmbare Fäulnis, der Krebsschaden mitten in der Kolonialherrschaft» (ebd., 101).[27]

In dieser in die Städte geworfenen, entwurzelten Masse des Lumpenproletariats fand Fanon den Schlüssel zum nationalen und antikolonialen Befreiungskampf (vgl. Worsley 1972, 207): *«Die Zuhälter, die Herumlungerer, die Arbeitslosen, die Vorbestraften werfen sich also auf den Appell hin wie robuste Arbeiter in den Befreiungskampf. Diese Beschäftigungslosen und Deklassierten werden durch die militante und entschlossene Aktion auf den Weg der Nation zurückfinden […] Die Arbeitslosen und Untermenschen rehabilitieren sich gegenüber sich selbst und gegenüber der Geschichte» (Fanon 2008, 101).*

Bei Fanon wurde das Lumpenproletariat mit der aktiven Kraft der marxistischen Arbeiter*innenklasse ausgestattet. Das Lumpenproletariat ist die revolutionäre Negation des kolonialen Kapitalismus. Fanon scheint gerade deshalb auf dem Begriff zu bestehen, da sich in ihm das Misstrauen, das ihm sowohl von staatlicher Seite als auch von den Parteien und Gewerkschaften entgegengebracht wird, vereint.

27 Bereits am 4. Juli 1877 schrieb der *Vorwärts* vom Krebsgeschwür des Lumpenproletariats. Rund achtzig Jahre später hatte die Metapher bei Fanon ihre Bedeutung grundlegend gewandelt. Als eine «Meute Ratten» (Fanon 2008, 101) ist das Lumpenproletariat bei Fanon zwar ein Abfallprodukt der kolonialen Gesellschaft, das es aber «trotz Tritten und Steinwürfen die Wurzeln des Baumes» der Gesellschaft annagen (ebd.) könne und werde.

Amílcar Cabral und die Deklassierten

Mit vielen Fragen, die Fanon bewegten, hat sich auch der guinea-bissauische Revolutionär Amílcar Cabral (1924–1973) beschäftigt. Dieser versuchte vor dem Hintergrund des Krieges mit der Kolonialmacht Portugal eine Strategie für den antikolonialen Widerstand zu entwickeln. Ab 1952 war Cabral in der kolonialen Agrar- und Forstverwaltung tätig. Dies bot ihm die Möglichkeit mit den lokalen Problemen des Landes und seiner Bewohner*innen in Berührung zu kommen. Ähnlich wie bei Fanon war Cabrals Denken von einem tiefen Verständnis der verschiedenen Gesellschaftsschichten geprägt, beruhend auf der Kenntnis der sozialen, kulturellen und ökonomischen Bedingungen dieser verschiedenen Gruppen. Seine materialistische Gesellschaftsanalyse der verschiedenen Gruppen in Guinea reproduzierte dabei nicht einfach europäische Klassenkategorien, sondern buchstabierte das afrikanische Schichtensystem genau aus: Stammesführer, Adlige und religiöse Figuren an der Spitze, dann Handwerk und Handel sowie die Bauernschaft (vgl. Abdullah 2006, 101).

Das Ziel Cabrals war es, die Deklassierten («déclassé-Gruppen») zu organisieren, da diese in Ermangelung eines entwickelten Proletariats in Guinea und Kap Verde eine dynamische Rolle im antikolonialen Kampf spielten. Im Jahr 1963, nach der blutigen Zerschlagung eines Streiks der Hafenarbeiter von Pidjiguiti (Guinea-Bissau) durch portugiesische Kolonialtruppen, begann Carbal mit seiner antikolonialen Partei PAIGC den bewaffneten Aufstand, der sich zu einem bis 1974 dauernden Kolonialkrieg ausweitete.

Cabrals Basis waren die verarmten Bäuer*innen und Stadtbewohner*innen, die er als «déclassé-Gruppen» jedoch scharf vom sozial und politisch demoralisierten Teil des Lumpenproletariats abgrenzte, das die portugiesische Kolonialpolizei unterstützt habe (Abdullah 2006, 100). Das Lumpenproletariat bestehe «aus wirklichen déclassé-Gruppen wie Bettler*innen, Prostituierten und so weiter» (Cabral 1974, 48; eigene Übersetzung). Die zweite déclassé-Gruppe blieb namenlos, setzte sich aber «hauptsächlich aus jungen Menschen zusammen, die mit kleinbürgerlichen oder Arbeiterfamilien verbunden, die vor kurzem aus den ländlichen

Gebieten gekommen sind und im Allgemeinen nicht arbeiten» (ebd.; eigene Übersetzung). Im Gegensatz zum Lumpenproletariat hatte diese Gruppe junger Menschen sowohl enge Beziehungen zu Stadt und Land und durch die Zusammenarbeit mit den Europäern in den Städten ein besseres Bewusstsein der Unterdrückung und Ausbeutung (ebd., 51).

Doch scheint es so zu sein, dass Cabrals zweite namenlose déclassé-Gruppe vielmehr dem Lumpenproletariat Fanons entsprach, Cabral jedoch versuchte, ein gegenrevolutionäres Außen zu konstruieren.

Am 20. Januar 1973 putschte ein Teil der Armee gegen die PAIGC und Cabral wurde erschossen. Die Hintergründe des Attentats liegen bis heute im Dunkeln. Nach der «Nelkenrevolution» in Portugal am 25. April 1974 wurde die PAIGC-Regierung anerkannt und sie begann mit dem Aufbau eines unabhängigen Landes.

Fanon unterstrich die revolutionären Qualitäten, beschrieb aber auch die Wichtigkeit, das politische Bewusstsein des Lumpenproletariats zu formen. Er wies auf die Fallstricke der lumpenproletarischen Spontanität hin und erkannte «das mangelnde Bewußtsein und Wissen» (ebd., 106) als «Geburtsfehler des Lumpenproletariats» (ebd.) an. An zahlreichen Beispielen zeigte er deutlich auf, welche konterrevolutionäre Rolle das Lumpenproletariat manchmal spielen konnte: in Madagaskar halfen die Kolonialisten bei der Gründung einer reaktionären «Partei aus den unorganisierten Elementen des Lumpenproletariats» (ebd., 90). In Algerien, Angola und im Kongo konnten die Kolonialisten Mitglieder des Lumpenproletariats als Soldaten und Agenten kaufen und sie für konterrevolutionäre Demonstrationen einsetzen (ebd., 106). Fanon folgerte daraus jedoch nicht, das Lumpenproletariat in bestehende Organisationen zu integrieren, sondern sah die wirkliche Gefahr in der Abhängigkeit von seiner Spontaneität. Das Lumpenproletariat antworte

«immer auf den Appell zum Aufstand, aber jedes Mal, wenn der Aufstand glaubt, ohne das Lumpenproletariat auskommen zu können, wird sich diese Masse von Ausgehungerten und Deklassierten auf der Seite des Unterdrückers in den Kampf stürzen» (ebd.).

Folglich argumentierte Fanon, dass der antikoloniale Befreiungskampf aus drei Gründen auf das Lumpenproletariat angewiesen sei. Erstens ist es kampfbereiter als andere Gruppen, zweitens bietet es die Möglichkeit der Verbindung revolutionärer Kämpfe von Stadt und Land und es würde, drittens, gegen die Revolution kämpfen, wenn man es nicht einbindet.

Fanons Vorstellung vom revolutionären Potential des Lumpenproletariats wurde jedoch weitgehend ignoriert, zum Teil, weil seine Vorstellung Grundannahmen des Marxismus hinterfragte, aber auch, weil sein positiver Bezug auf die Gewalt von reformistischer Seite nicht übernommen werden konnte.

5.4.3 Das schwarze Lumpenproletariat der Black Panther Party

Auch wenn sich diese antikolonialen Theoretiker selbst keine Gedanken über das Lumpenproletariat in den Kernländern des entwickelten Kapitalismus gemacht haben, wurden sie – insbesondere Fanon – gerade auch dort einflussreich: Bei den Aktivist*innen in Berlin und Paris 1968, aber vor allem in den schwarzen Gettos der USA wurden ihre Bücher zu Tausenden verkauft. Im Sommer 1964 brachen in mehreren US-amerikanischen Großstädten die ersten großen schwarzen Rebellionen seit 1943 aus. Diese häufig und fälschlich als «Rassenunruhen» bezeichneten, bewaffneten Gettoaufstände fanden in den Jahren 1964 bis 1968 ihren Höhepunkt. Es war eine untergründige Bewegung, die kollektiv und oft militant ihre Ansprüche durchsetzte (Piven/Cloward 1986, 301f.).

In diesem Zusammenhang wurde Fanon meist bezogen auf seine Theorie des «schwarzen Bewusstseins» (Fanon 2016, 117) sowie auf seine Äußerungen zur Gewalt rezipiert. Doch wird bis heute die Bedeutung seiner Konzeptualisierung des Lumpenproletariats häufig unterschätzt.

Doch insbesondere für *Black Panther Party* (BPP) war der Begriff von entscheidender Bedeutung (vgl. Michels 1972).

Die BPP gründete sich 1966 als bewaffnete schwarze Selbstschutzorganisation gegen die allgegenwärtige Polizeigewalt in Oakland, Kalifornien und wurde bereits im Juli 1969 vom FBI-Chef Edgar Hoover als «die größte Bedrohung für die innere Sicherheit des Landes» bezeichnet.

«Aufgrund ihrer gemeinsamen materiellen Bedingungen konnte sich bei den Schwarzen wie auch anderen ethnischen Minderheiten ein kollektives Bewußtsein entwickeln, das ihnen ermöglichte, ihr Schicksal als ein gemeinsames, von weißer Herrschaft oktroyiertes zu begreifen» (Michels 1972, 27).

Die Zusammenballung in den Gettos verstärkte dieses Bewusstsein noch.

Ebenso konnten die Aktivist*innen der BPP auf die lange Geschichte subversiver Bewegungen schwarzer Sklav*innen in den Amerikas zurückblicken, die bis an den Anfang des 16. Jahrhunderts zurückreichten. Mit den ersten schwarzen Sklav*innen in der sogenannten Neuen Welt kamen auch die ersten schwarzen Rebell*innen (vgl. Martin 1985, 35ff.). Geflohene Sklav*innen kooperierten mit amerikanischen Indios und kämpften guerillaartig gegen die Europäer. Neben Aufständen kam es zu weiteren Aktionsformen wie Mord, Sabotage oder Flucht, die bis zur Abschaffung der Sklaverei ununterbrochen fortgesetzt wurden und im Aufstand der Sklav*innen in der französischen Kolonie Saint-Domingue – heute Haiti – von 1791 einen Höhepunkt fanden. Die «Haitianische Revolution» war die erste Revolution der Menschheitsgeschichte, die Freiheit und Gleichheit aller Menschen proklamierte und umzusetzen versuchte (James 1984). Diese Geschichte schwarzen Widerstands bildete einen Ausgangspunkt für die antikapitalistische Politik der Panther.

Doch traf sie dabei auch auf orthodox-marxistische Vorstellungen, die an der klassischen Unterscheidung von Proletariat und Lumpenproletariat festhalten wollten. So hat der bedeutende Historiker, schwarze Kommunist und Mitglied der *Communist Party USA,* Herbert Aptheker, stets versucht, diese Aufstände der Sklav*innen und Schwarzen in sein klassisches Modell von Klassenkampf und Arbeiter*innenklasse zu integrieren. Aptheker ging es darum, die Sklav*innen als Proletarier*innen zu verstehen und sie vom Lumpenproletariat und den «Massen» abzugrenzen (Aptheker 1993). Zwar verstand er die Sklav*innen und Schwarzen als revolutionäres Subjekt, jedoch im engen Korsett der Partei des Marxismus-Leninismus. Somit wurde seine Revolutionsgeschichte zu einer lediglich organisationsgeschichtlichen Betrachtung. Anstelle von Sozialgeschichte war Organisations- und Parteigeschichte getreten (vgl. Martin 1985, 136). Ausdrücklich stellte sich die BPP gegen diese Vorstellung. Eldridge Cleaver (1935–1998), Mitgründer der BPP, wandte Fanons Konzeption des Lumpenproletariats auf die nordamerikanischen Schwarzen der Metropolen an und gelangte zur Vorstellung der ausgeschlossenen Schwarzen als der besonders unterdrückten, aber auch handlungsfähigen Unterklasse. Die BPP fokussierte sich auf die (schwarze) Reservearmee selbst und nicht mehr auf das Proletariat am Ort der Produktion, von der viele Schwarze ohnehin ausgeschlossen waren. So schrieb Cleaver in *The Black Panther* vom 14. Dezember 1970: *«Es gibt viele Leute in der schwarzen Gemeinde, die keinen Platz in der Wirtschaft finden, die nicht in die soziale Struktur passen und nicht in das politische System. Sie haben keine Vertretung, sie haben keine Sicherheit, und sie betrachten wir als Lumpenproletariat. Darin hat die Black Panther Party ihre soziale Basis.»*

Zwar ging die BPP von der besonderen Ausgrenzung und Unterdrückung der schwarzen Bevölkerung aus, doch forderte sie auch ein Klassenbündnis mit Unterdrückten jeder Hautfarbe (Henderson 1997). Fred Hampton, Aktivist der BPP in Chicago, setzte sich beispielsweise für die Zusammenarbeit aller ethnischer Gruppen ein und forcierte unter anderem den Austausch mit den *Young Lords*, einer puerto-ricanischen, politischen Straßengang und den *Young Patriots*, einer Bewegung von weißen armen Arbeitsmigrant*innen, die vorwiegend aus den Appalachen nach Chicago migriert waren (vgl. Michels 1972). Bei ihren Treffen erkannten sie ihre gemeinsamen Probleme von Polizeigewalt, Armut und Ausgrenzung. Das Bündnis umfasste in Chicago somit Lations, arme Weiße und Arme aus der schwarzen Community. Kontakte wurden ebenso zu Kirchen und zu Gewerkschaften gesucht. Dies führte dazu, dass sich für die BPP der Klassenkampf in den USA nicht mehr im Antagonismus zwischen Bourgeoisie und Proletariat ausdrückte, sondern in Gestalt des Kampfes zwischen dem Lumpenproletariat und allen anderen Klassen, die als mehr oder weniger verbürgerlicht angesehen wurden. Dieses Bündnis der Armen auf breiter Basis war neu in den USA und für die herrschende Klasse bedrohlich. Fred Hampton wurde bei einem Polizeieinsatz mit Unterstützung des FBI am 4. Dezember 1969 im Schlaf ermordet. Der dezidierte Fokus auf das Lumpenproletariat findet sich bei Eldrige Cleaver. In seinem programmatischen Text «On the

Ideology of the Black Panther Party» schrieb er (kritisch: Munford 1973):

«O.K. Wir sind Lumpen. Gut so. Das Lumpenproletariat sind all diejenigen, die keine gesicherten Beziehungen zu und kein persönliches Interesse an den Produktionsmitteln und Institutionen der kapitalistischen Gesellschaft haben. Jener Teil der ‹industriellen Reservearmee›, der ständig in Reserve gehalten wird, der nie gearbeitet hat und nie arbeiten wird, der keine Arbeit findet, der ungelernt oder untauglich ist, der durch Maschinen, Automatisierung und Kybernetik verdrängt wurde […]; alle, die Sozialhilfe beziehen oder staatliche Unterstützung erhalten» (Cleaver 2007, 177; eigene Übersetzung).

Bobby Seale, ein weiterer Gründer der BPP, schloss «den Bruder, der Zuhälter oder Dealer ist, den Arbeitslosen, den Unterdrückten, den Bruder, der Banken ausraubt und der kein politisches Bewusstsein hat» (Seale 1970, 30; eigene Übersetzung) in seine Definition des Lumpenproletariats ein. Anschließend an Fanon betonten Cleaver und Seale die Notwendigkeit, das Lumpenproletariat organisieren zu müssen, da es sich sonst gegen die Interessen der eigenen Klasse stellen würde.

Die Basis der BPP rekrutierte sich fast vollständig aus dem städtischen Lumpenproletariat und dessen Organisierung wurde zum Markenzeichen der Partei (Pulido 2006). Somit richteten sich die Aktionen der so genannten «Community-Programme» der BPP an die städtischen Unterklassen, wie etwa kostenlose Gesundheitsvorsorge und die *Black Liberation Schools* zur Vermittlung der revolutionären Geschichte der Schwarzen. Am erfolgreichsten war das «Frühstück für Kinder»-Programm. Zu Beginn der Kampagne wurden im April 1969 in Oakland täglich zweihundert Kinder kostenlos versorgt, Ende des Jahres fand das Programm in 19 Städten mit mehreren Tausend Kindern statt. Entscheidend für diesen Erfolg war die Weigerung der Panther, opportunistisch einfach den Forderungen der Unterklassen zu folgen, sondern diese als Teil eines allgemeinen Emanzipationsprozesses zu verstehen. Dabei waren diese Sozialprogramme zwar keine in erster Linie revolutionären Maßnahmen, sondern Aktivitäten, um das eigene Überleben sicherzustellen. In der gemeinsamen Erfahrung der Not verschwand jedoch das geteilte Stigma der Armut und führte so zu einem kollektiven Bewusstsein der eigenen Lage und zu zunehmender Handlungsfähigkeit. Die Programme der BPP konnten nur durch die Unterstützung der Bevölkerung funktionieren, in der die Partei tief verwurzelt war. Somit konnte sie auch auf den Schutz der Bevölkerung zählen. In Baltimore etwa versuchte die Polizei zwei Wochen lang vergeblich, das lokale Parteizentrum zu stürmen, jedoch verteidigten es die Nachbar*innen rund um die Uhr und versorgten die eingeschlossenen Panthers mit Lebensmitteln. «Früher brauchte es zwei Bullen, um einen unbewaffneten Panther zu schikanieren, der die Parteizeitung verkauft», bemerkte der «Erziehungsminister» der BPP Raymond Masai Hewitt im Dezember 1969 gegenüber der *Washington Post*. «Heute braucht es zehn: zwei fürs Schikanieren und acht, die auf die Bevölkerung aufpassen.» Die BPP folgte somit nicht der marxistischen Unterscheidung und Abgrenzung des Proletariats vom Lumpenproletariat. Vielmehr verstand Cleaver das Lumpenproletariat als einen «Teil des Proletariats» (Cleaver 2007, 177; eigene Übersetzung) – es bildete dessen «linken Flügel» (ebd., 178; eigene Übersetzung).

Doch blieb die BPP begrifflich im marxistischen Rahmen und hielt den Marxschen Kategorien in einer heterodoxen Form die Treue. Weit davon entfernt, eine antimarxistische Theorie zu entwickeln, kritisierte Cleaver gleichwohl die orthodox-marxistische Sicht auf das Lumpenproletariat:

«Einige blinde sogenannte Marxisten-Leninisten beschuldigen die Lumpen, Parasiten der Arbeiterklasse zu sein. Dies ist ein dummer Vorwurf, der sich daraus ergibt, dass sie zu viele Fußnoten von Marx gelesen haben und einige seiner aus dem Stegreif formulierten skurrilen Verleumdungen als heilige Schrift ausgeben (ebd.; eigene Übersetzung).

Die Black Panther verschoben das revolutionäre Bewusstsein vom Proletariat auf das Lumpenproletariat, dem alleine zugetraut wurde, die bestehende Ordnung zu beenden. In seinem Text «On Lumpen Ideology» führte Cleaver dazu noch aus:

«Das wirklich revolutionäre Element unserer Epoche sind die Lumpen, verstanden in erweitertem Sinne. Was fehlt, ist ein Lumpen-Bewusstsein, das Bewusstsein, dass die Grundbedingung der Unterdrückung die Lumpen-Bedingung und nicht die proletarische Bedingung ist. Damit die revolutionäre Bewegung vorankommen kann, müssen sich die Lumpen als die große Mehrheit ihrer selbst bewusst werden, und das falsche proletarische, arbeitende Klassenbewusstsein muss negiert werden» (Cleaver 1972, 9.f; eigene Übersetzung).

Fanons Ideen wurden somit nicht in erster Linie vom Subproletariat der Dritten Welt selbst, sondern vermittelt über die BPP in den US-amerikanischen Gettos mit Begeisterung aufgenommen.

5.4.4 Der Operaismus und die Konstruktion des Massenarbeiters

Nach dem Zweiten Weltkrieg entstand mit dem Operaismus auch in Italien eine radikale, dissidente Strömung innerhalb der marxistischen Arbeiter*innenbewegung, die sich auf die Suche nach einem neuen revolutionären Subjekt machte. Auch der Operaismus war geprägt von den beschriebenen Zeitströmungen, versuchte aber in Kritik an der oft damit einhergehenden völligen Verabschiedung vom industriellen Proletariat, dieses als Subjekt wieder stark zu machen, indem die operaistischen Aktivist*innen auf dessen subversive Verhaltensweisen wie Sabotage, Absentismus oder Militanz Bezug nahmen – dies auch in expliziter Kritik an der den übrigen linksradikalen Zeitgeist prägenden Überzeugung, die eigentliche Arbeiter*innenklasse sei vollständig integriert. Doch kam es dabei auch beim Operaismus zu Erweiterungen in Richtung des Lumpenproletariats.

In der Nachkriegszeit fokussierten sich die kommunistische (PCI) und sozialistische Partei (PSI) Italiens mittels demokratischer Planung auf den Wiederaufbau des Landes. Der Generalsekretär der PCI, Palmiro Togliatti, beispielsweise wurde stellvertretender Ministerpräsident und Justizminister. Die Parteien folgten der Annahme, der Staat könne als Instrument für die Verwirklichung des Sozialismus genutzt werden. Aus diesen Gründen wurde der militante Klassenkampf in den Fabriken nach und nach aufgegeben. Ebenso wurden kämpferische Arbeiter*innen, militante Sozialist*innen und Kommunist*innen aus den Betrieben der industriellen Zentren um Turin, Mailand und Venedig entlassen und von neuen, jungen, ungelernten und häufig aus dem verarmten Süditalien migrierten Arbeiter*innen ersetzt. Streiks blieben vorerst aus.

Doch regte sich an den linken Rändern der PCI und der PSI Kritik. Raniero Panzieri, Mitglied des Zentralkomitees der PSI, der in den 1950er-Jahren soziale Kämpfe von Landarbeiter*innen in Sizilien mitorganisiert hatte, gründete Ende 1959 die *Grup-*

pe junger Sozialisten in Turin, aus der später die Zeitschrift *Quaderni Rossi* (1961–1965) hervorging, die zum Organ der neuen Strömung des Operaismus werden sollte. Den jungen Aktivist*innen um Panzieri ging es «um das Begreifen der Herrschaft des Kapitals dort, wo der gesellschaftliche Reichtum produziert wird: in der Fabrik» (Birkner/Foltin 2010, 17). Die Operaist*innen bezogen sich aber intellektuell in anderer Weise auf die sozialen Kämpfe. Die Ausdrucksformen der Bewegung waren Zeitschriften, wilde Streiks, Sabotageakte, Absentismus und autonome Betriebskomitees und Theoriezirkel. Die operaistischen Aktivist*innen lehnten es dabei ab, eine neue Partei oder Organisation zu gründen, vielmehr kritisierten sie die immanente Politik der Arbeiter*innenbewegung, von der sie keine revolutionäre Transformation der Gesellschaft mehr erwarteten (vgl. in: Pozzoli 1972, 30). Die Kurzsichtigkeit der Perspektive der PCI und PSI zeigte sich dann auch, als es ab Ende der 1950er-Jahre – in einer Hochkonjunkturphase – zu neuen Arbeitskämpfen kam. Am 23. Juni 1962 fanden die Auseinandersetzungen im «Streik der 60.000» bei der Automobilfabrik FIAT ihren Kulminationspunkt. Insgesamt befanden sich wohl 250.000 Arbeiter*innen in Turin autonom von den Parteien und Gewerkschaften im Streik. Im Juli folgte mit der «Revolte der Piazza Statuto» eine dreitägige Straßenschlacht. *Vogliamo tutto* (Wir wollen alles!) war der berühmte Slogan der Bewegung (Balestrini/Moroni 2002, 80ff.).

Die Parteien waren unfähig, adäquat auf diese Veränderungen zu reagieren und sie zu verstehen. Zwischen der Arbeiter*innenklasse und ihren Parteien klaffte eine unübersehbare Lücke, die der Operaismus zu füllen hoffte.[28]

28 Den Höhepunkt dieser Entfremdung haben Nanni Balestrini und Primo Moroni in ihrer Geschichte der autonomen Linken, «Die goldene Horde», festgehalten. Als es 1977 zu massenhaften Aufständen und Streiks gekommen war, versuchte die PCI sowie der ihr nahestehende Gewerkschaftsverband *C-GIL* auf die Situation einzuwirken. Als der Sekretär der *C-GIL*, Luciano Lama, in der Universität von Bologna sprechen sollte und der gewerkschaftliche Wachschutz Mitglieder der autonomen Bewegung provozierte, kam es zum Eklat: «Der Lastwagen, auf dem Lama stand, wurde umgeworfen, zerstört. In diesem Moment tauchte das Gefühl auf, das etwas zerbrochen war […]. Das was in diesem Moment geschah, war klar: Die Gewerkschaft und die PCI griffen dich an, wie die Polizei, wie die Faschisten. In diesem Moment war klar, daß es einen unheilvollen Bruch zwischen ihnen und uns gab» (Balestrini/Moroni 2002, 331).

Ebenso entscheidend zur Gründung des Operaismus trugen politisch-ideologische Gründe bei. So war die Invasion der Roten Armee 1956 in Ungarn für viele westliche Marxist*innen ein Schock, der ebenso wie die ideologische Krise der kommunistischen Bewegung nach dem XX. Parteitag der KPdSU dazu führte, Grundannahmen des Marxismus in Frage zu stellen. Dies betraf in Italien besonders die Konzeption der Klassenzusammensetzung und des Klassenkampfs. Bereits innerhalb der frühen operaistischen Zusammenhänge wurde eine programmatische Öffnung des Klassenbegriffs für Gruppen vorgenommen, die im klassischen Marxismus keinen Platz fanden. Dies reflektierte die Neuzusammensetzung der Arbeiter*innenklasse in den Industriebetrieben. Als Sammelbegriff wurde der «Massenarbeiter» (*operaio massa*), bestehend aus den ungelernten und migrantischen Arbeiter*innen, scharf von der vorhergehenden Generation ausgebildeter *operaio artigiani* («Facharbeiter») unterschieden, die verstärkt aus Norditalien kamen und die Stütze der Gewerkschaften und der Parteien bildeten. Die aus vielfältigen und unterschiedlichen Teilen zusammengesetzte Figur des Massenarbeiters war nicht mehr «an die beruflichen Werte gebunden» und strebte «in keiner Weise danach [...], selber die Produktion zu lenken» (Potere Operaio 1972, 7), wie dies noch die klassischen Arbeiter*innen der KPI und PCI versuchten.

Ebenso wurde der Klassenkampf im Operaismus völlig neu gedacht. Dieser wurde zum Motor der Geschichte erklärt, als vorrangige Erscheinung und nicht als abgeleitete ökonomische Größe des Kapitals. Der Ausgangspunkt dieser Überlegungen war die Weigerung, «die Arbeiterklasse von der Kapitalbewegung her zu bestimmen (vgl. in: Pozzoli 1972, 107). Entscheidend hierfür war Mario Trontis Aufsatzsammlung, die unter dem Titel «Arbeiter und Kapital» (1974) erschien.[29] Tronti brachte nach der Spaltung der *Quaderni Rossi* ab 1964 die

29 Trontis Kapitallektüre stützte sich stark auf die Kapitel zur Produktion des relativen Mehrwerts des ersten Bandes des «Kapitals», in denen Marx dessen immanenten Trieb analysierte, die Produktivität der Arbeit unaufhörlich steigern zu müssen (MEW 23, 331–530). Marx machte dort deutlich, wie das Kapital den konkreten Arbeitsprozess der steten Produktivitätssteigerung unterordnet und ihn dabei fundamental verändert. Für Tronti war jedoch entscheidend, dass ohne die Transformation von Arbeitskraft in lebendige Arbeit überhaupt gar keine Produktion stattfinden kann. Aus seiner Perspektive konnte die Entwicklung des Kapitals daher nicht aus der Eigengesetzlichkeit eines «automatischen Subjekts» verstanden werden und so wurde der Klassenkampf

Zeitschrift *Classe operaia* heraus. Sein Hauptaugenmerk lag in der Rekonstruktion des Marxismus als Revolutionstheorie (vgl. Wimmer 2020, 287). Der Titel von Trontis Aufsatzsammlung deutet bereits die Vormachtstellung der Arbeiter*innen gegenüber dem Kapital an. Das klassische Verhältnis der kapitalistischen Entwicklung wurde schlichtweg umgedreht. Diese wurde bei Tronti nicht von der Kapitalseite bestimmt, sondern von den Arbeitskämpfen. Die Arbeiter*innenklasse, nun verstanden in der Figur des heterogenen Massenarbeiters, in die auch subproletarische Gruppen integriert wurden, wurde so der theoretische und praktische Motor des Geschichtsprozesses. Die Arbeit besaß dem Kapital gegenüber logisch sowie historisch Priorität und die Initiative der Klasse bestimmte die Bewegungen des Kapitals (vgl. Tronti 1974, 106; s.a. ebd., 127–131).

Um die Frage der Klassenzusammensetzung und der Macht dieser heterogenen Klasse, die der Zeitschrift *Potere Operaio* (1969–1982) den Namen gab, kreisten dann auch weitere Fragen des Operaismus. Dieser bezog sich verstärkt auf eine «andere […] Arbeiterklasse, die in ihrer Struktur […] einer mobilen, nicht am Arbeitsplatz verwurzelten, unterschiedslosen Arbeitskraft» (Potere Operaio 1972, 7) entsprach. Hierunter fielen «Bergleute, Fabrikarbeiter, Kleinbauern, Erwerbslose, Studierende, Hausarbeiterinnen und zahlreiche andere Sektoren der Arbeitskraft, die alle gleichermaßen an den Kämpfen beteiligt sind» (Hardt/Negri 2010, 123), wie es Michael Hardt und Antonio Negri später ausdrücken sollten.

Besonders die Entstehung der autonomen Frauenbewegung spielte für diesen verbreiterten Fokus eine zentrale Rolle. Mariarosa Dalla Costas Schrift «Die Macht der Frauen und der gesellschaftliche Umsturz» (1973) war deren theoretischer Ausdruck. Dalla Costa beschäftigte sich dort mit der Rolle der Hausfrau in der «gesellschaftlichen Fabrik». Für sie wurde die Reproduktion der Arbeiter*innen durch die Hausarbeit und dort in erster Linie von Frauen sichergestellt. Ihre These lautete, dass die direkte Ausbeutung der Männer (in der Lohnarbeit) der indirekten Ausbeutung der Frauen in der Heimarbeit bedarf (vgl. Dalla Costa 1973, 40). Deren Ausbeutung erfolge durch «Ausschließung» (ebd., 33) aus dem Bereich der Lohnarbeit.

---

zum Ausgangspunkt seiner Überlegungen zur Entwicklung des Kapitalismus und des Klassenkampfs.

Die Klasse war somit zusammengesetzt aus vielfältigen Identitäten und so gingen im Massenarbeiter auch die Kämpfe von Frauen, Illegalisierten, Jugendlichen und marginalisierten Gruppen ein.

«Deren Gemeinsamkeiten bestand weniger in einer einheitlichen Programmatik als vielmehr in der Unmittelbarkeit des revolutionären Begehrens und einer damit einhergehenden Abgrenzung von allen auf Repräsentation, Parlamentarismus und Reformen ausgerichteten Spielarten von (Partei-)Politik» (Birkner/Foltin 2010, 28f.).

Der Operaismus verband somit den Fokus auf das lumpenproletarische Klassensegment, auf das bereits Michail Bakunin seine revolutionären Hoffnungen gesetzt hatte, mit der autonomen und revolutionären Haltung gegen jegliche Institutionen, die wir bereits bei Erich Mühsam gesehen haben. Gleichzeitig blieb der Fokus auf das (nun breiter gedachte) Proletariat bestehen. Für den Operaismus verkörperten diese Gruppen – vor allem jugendliche, verarmte und migrierte Arbeiter*innen – den Bruch mit dem produktivistischen Selbstverständnis der Gewerkschaften und Linksparteien. Die Massenarbeiter*innen wollten keinen besseren Platz innerhalb der Produktion, sondern lehnten die Leistungsideologie schlichtweg ab, die menschlichen Wert und Würde über Lohnarbeit vermittelt. Hier können auch die Kämpfe von Frauen einbezogen werden. Für Dalla Costa liegt die «Macht der Frauen» genau darin, durch ihre Verweigerung in der Reproduktionsarbeit die kapitalistische Produktionsweise anzugreifen – und dies noch bevor der Prozess der Mehrwertproduktion überhaupt beginnen kann (vgl. Dalla Costa 1973, 47f.).

Der Kampf der Massenarbeiter*innen war im Gegensatz zum disziplinierten und auf Verhandlung und Verbesserungen bedachten Klassenkampf der Parteien immer auch ein Kampf «gegen die Arbeit» (Tronti 1974, 233ff.) selbst. Besonders Tronti betonte immer wieder die Bedeutung der Autonomie der lebendigen Arbeit von der formal organisierten Lohnarbeit.[30]

30 Entscheidend bei Tronti war die Unterscheidung von Arbeit und Arbeitskraft. Gerade in der zunehmenden Integration der Arbeiter*innenklasse ins Kapitalverhältnis sah er die Chance des Umsturzes. Dies erscheint paradox. Auf der einen Seite kann die Arbeitskraft ihrem Wesen nach nur Kapital produzieren, aber wenn es auf der anderen Seite zur «Weigerung der Arbeitskraft, Arbeit zu werden» (Tronti 1974, 234) kommt, wird die Mehrwertproduktion unterbrochen. Dies zeigt sich in erster Li-

Daher stellten sich die Operaisten auch gegen eine Trennung von ökonomischen (Gewerkschaften) von politischen (Parteien) Kämpfen und verbanden diese zu einem umfassenden Entwurf gegen die bürgerliche Gesellschaft – einen ähnlicher Anti-Entwurf zur Lohnarbeit unternahm bereits die *Bruderschaft der Vagabunden* einige Jahrzehnte zuvor.

Trotz oder wegen ihrer Entfremdung von den alten Parteien gehörten die jungen Massenarbeiter*innen zu den militanten Teilen der neuen Bewegung und spielten in den Fabrikkämpfen des «Heißen Herbsts» von 1969 eine erhebliche Rolle.

«Spätestens mit dem Aufkeimen der Studierendenbewegung 1968 traten […] neue Subjekte auf die Bühne der sozialen Auseinandersetzungen: Jugendliche ProletarierInnen, die nicht mehr in den großen Fabriken beschäftigt waren, TechnikerInnen und Stadtindianer, Hippies und die neue Frauenbewegung, subkulturelle Bewegungen und nicht zuletzt Experimente mit Drogen und alternativen Lebensformen stürzten die Hegemonie des (fordistischen, männlichen) Massenarbeiters in die Krise» (Birkner/Foltin 2010, 32).

Diese subproletarische Arbeiter*innenbewegung in den 1960er-Jahren drückte sich in wilden Streiks, Sabotagen und organisierten Diebstählen aus. Auch der Massenstreik von 1969 stellte einen radikalen Bruch mit der sozialpartnerschaftlichen Logik der Parteien und Gewerkschaften dar. Rossana Rossanda beschreibt den «Heißen Herbst» in ihrer Autobiografie eindrücklich:

«Es ging nicht nur um Arbeitsniederlegungen durch Streik, sondern darum, den gesamten komplexen Produktionsprozeß in die Hand zu nehmen, die Hierarchien abzusetzen und alles am Laufen zu halten. Man riskierte nicht nur ein paar Schläge von Polizisten oder die Rache der Professoren, sondern setzte Arbeit, Lohn und die konkreten Lebensbedingungen aufs Spiel» (Rossanda 2007, 454).

Die Fabriken wurden von den Arbeiter*innen nicht nur besetzt, sondern auch autonom geleitet. Millionen Arbeiter*innen unternahmen dieses Wagnis, so wie bei FIAT in Turin. Dort entwickelte eine Abteilung nach der anderen Forderungen zur Verbesserung der Arbeitssituation und legte dafür die Arbeit nieder. Dabei wählten sie pro Abteilung einen Sprecher. Die Ge-

nie im Streik (ebd., 185f.), aber auch in Passivität, Bummeln oder Langsamkeit, in verschiedenen Formen der Nicht-Arbeit.

werkschaft spielte in diesem Kampf anfangs keinerlei Rolle. Auf Versammlungen wurde über die Verbesserungsvorschläge diskutiert und in der jeweils darauf folgenden Schicht wurden die Beschlüsse sofort umgesetzt.

Der Kampf gegen die Fließbandarbeit und die Hierarchien in der Fabrik ließ sich häufig aus den Traditionen der bäuerlich sozialisierten Wanderarbeiter*innen aus dem Süden ableiten – auch die Aktionen der wilden Cliquen der Weimarer Republik scheinen hier wieder auf. Romano Alquati kam in seinen Untersuchungen der Streiks der 1960er-Jahre zum Schluss, dass sich die kämpfende Klasse selbst gar nicht als einheitliche Masse, sondern als komplexer Ausdruck einer moral-ökonomisch bestimmten Lebensweise verstand. Die Arbeiter*innen mussten erst für die Regeln der kapitalistischen Produktionsweise diszipliniert werden, ihr bäuerliches Bewusstsein stand diesen Ideen feindlich gegenüber (vgl. Alquati 1974, 66–108). Gerade bei den Arbeiter*innen mit ländlicher Herkunft kam es dabei zusätzlich zur Ablehnung einer Organisationsmentalität (ebd., 79) und zu einem grundlegenden Misstrauen gegenüber den Gewerkschaften (ebd., 95f.). Die Streiks der 1960er-Jahre führten bei ihnen zur Erkenntnis, dass der Klassenkampf nicht von einem elitären Kern organisiert werden könne, der das Monopol über das Bewusstsein der Arbeiter*innen habe. Vielmehr erkannten die Arbeiter*innen die Macht ihrer Selbstorganisierung.

Mit diesen veränderten Aktionen änderte sich auch der Ort des Widerstands. Nicht mehr allein in der Fabrik wurde gekämpft, der Klassenkampf wurde nun in der gesamten Gesellschaft ausgetragen. Durch dessen Vergesellschaftung entwickele sich gleichzeitig – so die Theorie – ein widerständiges Massenbewusstsein der verschiedenen proletarisierten Gruppen. Die rebellischen Massenarbeiter*innen der 1960er- und 1970er-Jahre waren Teil jener «anderen Arbeiterbewegung», deren Verhaltensweisen «bis tief in die linke Geschichtsschreibung als unwichtig, ‹unanständig› oder banal als kriminell gelten und diffamiert» (Roth 1977, 89) wurden. Nach 1979 waren die operaistischen Aktivist*innen zunehmend massiver staatlicher Repression ausgesetzt und diese Strömung wurde zerschlagen.

5.5 Modernere Versuche der Organisation des Lumpenproletariats

Die Sprengkraft dieser dissidenten Strömungen wurde in der BRD auch praktisch umgesetzt. Roman Danyluk beschreibt, wie sich aus der Gemengelage widerständigen Potentials der 1960er-Jahre der bewaffnete Kampf herausbildete. Insbesondere die Mitglieder der *Bewegung 2. Juni*, einer sozialrevolutionären bewaffneten Gruppe, die sich nach dem Tag benannte, an dem der Demonstrant Benno Ohnesorg 1967 von der Polizei erschossen wurde, kamen (im Gegensatz zur Roten Armee Fraktion)

*«überwiegend aus proletarischen oder subproletarischen Familien und hatten bis auf wenige Ausnahmen keine höhere Schulbildung. Viele Militante unterhielten engen Kontakt zu Klassengenoss*innen aus den Arbeitervierteln und Trabantenstädten der Mauerstadt – einige sogar zu den Rocker-Cliquen des Märkischen Viertels» (Danyluk 2020, 90).*

Sie konnten daher einen «klaren Klassenstandpunkt» (ebd., 91) ausbilden und erreichten teilweise eine Integration der Deklassierten in den bewaffneten Kampf. In der Beschreibung dieses Milieus am Rande der Großstädte zwischen Erwerbslosigkeit, Kriminalität und widerständigen Praktiken tauchen die alten Topoi der Diskussionen um das Lumpenproletariat wieder auf.

5.5.1 Militante, Autonome und erste Erwerbslosengruppen

Als mit der Krise 1974/75 die Erwerbslosigkeit erstmals auf eine verfestigte Größe von rund einer Million Menschen anstieg, kam es in der radikalen Linken zu vereinzelten Kampagnen des «glücklichen Arbeitslosen» im Umfeld der Zeitschriften *Autonomie – Materialien gegen die Fabrikarbeit* (bis 1979) sowie *Autonomie – Neue Folge* (1979–1985). Doch wurde die radikale Linke damals noch von den K-Gruppen auf der einen Seite und den «Spontis» auf der anderen dominiert, die sich dafür nicht erwärmen konnten. So blieb die Bewegung der Autonomen, die sich Mitte der 1970er-Jahre gründete und sich zu nicht unerheblichen Teilen aus subproletarischen Milieus zusammensetzte (Schultze/Gross 1997), stets eine minoritäre Strömung. Inhaltlich geprägt vom italienischen Operaismus lagen die Aktionsformen der Autonomen auch in der Sabotage, der Militanz und dem Kampf gegen die Arbeit. In der *Autonomie* fanden sich in Diskussionen der «moralischen Ökonomie der Armen» implizit Bezüge auf das Lumpenproletariat. Auch im Kontext der Autonomen war es *common sense*, dass ein wahrlich antikapitalistisches Bewusstsein nur von jenen entwickelt werden könnte, die (noch) nicht im Produktionsprozess ausgebeutet wurden. Ihnen gehe es um ein (Über-)Leben in Würde. So sahen die Autor*innen der *Autonomie* dann auch in den historischen Brotrevolten sowie den Aufständen der verarmten Massen der Dritten Welt und der Bewegung, die sich mit den modernen Erfahrungen in den westlichen Metropolen wie Prekarisierung auseinandersetzen, revolutionäres Potential. Im Umfeld der *Autonomie* wurde dahingehend auch verstärkt die städtische Massenarmut diskutiert und versucht, den Kampf dagegen als Teil des weltweiten Befreiungskampfs zu verstehen. Hierfür griffen die deutschen Autonomen direkt auf die Konzepte der «Massenarbeiter» und «gesellschaftlichen Arbeiter» des Operaismus zurück.

Neben den Autonomen bildeten sich als weitere «lumpenproletarische» Selbstorganisation Erwerbslosengruppen. Nachdem es bereits 1977 zu überregionalen Treffen von Erwerbslosen gekommen war, gründeten sich infolge der Krise 1980–82 und der damit einhergehenden Verdoppelung der Zahl von Erwerbslosen zahlreiche Gruppen. 1982 folgte der erste *Arbeitslosenkongress* der BRD in Frankfurt am Main, der unter dem Motto «Arbeitslos – nicht wehrlos» implizit an die Bewegung der Erwerbslosen der Weimarer Zeit anschloss. Auf dem Kongress gab es keine Tagesordnung, keine ausführlichen Referate, sondern die Selbstorganisierung der Teilnehmer*innen stand im Mittelpunkt (vgl. Rein 2017, 138ff.). Zudem wurde kein fixer, an bestehende Organisationen angelehnter Bundesverband gegründet, die Arbeit sollte weiterhin autonom an der Basis stattfinden. Anstelle der sozialdemokratisch-korporatistischen Forderung «Arbeit für Alle» wurde ein Existenzgeld für alle als Ziel formuliert. Ein Stichwortgeber hierfür war der Sozialphilosoph André Gorz (1923–2007). In seinen Werk «Wege ins Paradies» (1986) setzte er – Marcuse nicht ganz unähnlich – auf die Nicht-Arbeiter*innen als das neue revolutionäre Subjekt: «Dagegen ist die Masse der ‹gegen die Arbeit Gleichgültigen› das mögliche gesellschaftliche Subjekt des Kampfes um die Aufteilung der Arbeit, die allgemeine Verkürzung der Arbeitszeit, die tendenzielle Abschaffung der Lohnabhängigkeit durch Ausweitung der Eigenproduktion sowie ein allen garantiertes Lebenseinkommen» (Gorz 1986, 58).

Auf der einen Seite schafften es die Erwerbslosen in den 1980er-Jahren durch teils militante Aktionen, ein breites Spektrum von kirchlichen bis hin zu gewerkschaftlichen Initiativen abzudecken. Auf der anderen Seite wurden auch zahlreiche Gruppen und Akteure in staatlich oder kirchlich subventionierte Beratungsstellen überführt, die zunehmend systemkonform agierten. Dauerhafte Verbindungen zwischen der Militanz und dem Häuserkampf der Autonomen und der «Bewegung» der Erwerbslosen hat es nicht gegeben. Erfolgreiche Beispiele wie das libertäre Kultur- und Aktionszentrum Schwarze Katze in Hamburg blieben die Ausnahme.

Die basisdemokratischen Erwerbslosengruppen blieben jedoch weiterhin aktiv, 1986 folgte ein Aktionstag in Köln und 1988 ein zweiter Kongress in Düsseldorf. Dort wurde versucht, auf eine große Mobilisierung und Bündnisarbeit mit Gewerkschaften und Kirchen hinzuarbeiten (vgl. Rein 2017, 139f.). Ebenso wurden dort Bundesarbeitsgruppen gegründet, durch die nun doch eine bundesweite Struktur in der Erwerbslosenarbeit entstanden war. Von Verfechter*innen von Massenorganisationen wurden diese Selbstorganisierungsversuche wie jeher mit dem Hinweis auf die Unstrukturiertheit und die fehlende Dauerhaftigkeit der Organisierung abgetan. Die Gewerkschaften begegneten der Erwerbslosenbewegung meist mit Abwertungen, Unterstellungen und «nicht selten [mit] Ressentiments, die der verbreiteten Ablehnung der Arbeitslosen in der Gesellschaft entsprechen» (Wolski-Prenger 1994, 105). Der letzte Arbeitslosenkongress des DGB von 1951 war lange vergessen und die Erwerbslosen wurden links liegengelassen.

Doch im Zuge der zunehmenden Professionalisierung der Erwerbslosenarbeit und ihrer Eingliederung in die Zivilgesellschaft wurden Erwerbslose vermehrt als Opfer präsentiert und von Selbstorganisierung und Handlungsmacht war immer weniger die Rede. Zwar kam es im Zuge der Proteste gegen die Agenda 2010 der rot-grünen Bundesregierung auch zu einer massenhaften Mobilisierung von Erwerbslosen, aber ein eigenständiger Kampf der Nicht-Arbeiter*innen gegen die Arbeit erwuchs daraus nicht. Trotz Versuchen wie der Kampagne «Zahltag» von 2004 oder der militanten Aktionen der Gruppierung «Die Überflüssigen» von 2004 bis 2007 zeigte sich die zunehmende Entfernung der Aktivist*innen von den sozialen Kämpfen. Gleichzeitig haben die Schlaglichter auf die vielfältigen Organisierungsversuche – auch in der deutschen Geschichte – zeigen können, dass das Lumpenproletariat keineswegs ausschließlich der Hort der Reaktion und des Verrats an der revolutionären Klasse ist, als der es bei Marx und Engels erschien.

5.5.2 Die «Multitude» von Michael Hardt und Antonio Negri

Zu Beginn des Jahrtausends versuchten sich der Politikwissenschaftler Antonio Negri und der Literaturtheoretiker Michael Hardt an einer weiteren Erneuerung der Konzeption des Lumpenproletariats. Unter dem Namen Postoperaismus versuchten sie gesellschaftliche Konflikte durch die Verbindung von Ideen des Operaismus und des französischen Poststrukturalismus zu begreifen. Die Kontinuität zum Operaismus wird dabei gerne von Negri selbst bemüht, doch muss der Postoperaismus als konzeptioneller Reflex auf Kampfprozesse verstanden werden, in dem auch das entstand, was Massenarbeiter*in genannt wurde.

Antonio Negri arbeitete von 1969 bis 1973 für die *Potere Operaio* und veränderte in seiner theoretischen Arbeit den Operaismus an entscheidenden Stellen. Nach einer Anklage wegen Terrorismus und seiner Verurteilung zu dreißig Jahren Knast konnte Negri nach Frankreich fliehen. Zusammen mit Hardt schrieb er die Trilogie «Empire» (2002), «Multitude» (2004) und «Commonwealth» (2010), die beide zu führenden theoretischen Köpfen der globalisierungskritischen und postautonomen Bewegung machen sollten. In «Empire» gehen Hardt und Negri davon aus, dass es im gegenwärtigen Kapitalismus nicht mehr nur zur Ausbeutung am Arbeitsplatz, sondern zur Ausbeutung der «vielgestaltige[n] Menge produktiver, kreativer Subjektivitäten» (Hardt/Negri 2002, 73) kommt. Auch Emotionen, die Selbstverwirklichungspläne und -organisationen können im modernen Kapitalismus verwertet werden und gehen nun in den Verwertungsprozess ein. Diese Vergesellschaftung der Arbeit zeigt sich einerseits in der Auf- und Ausgliederung der Produktion sowie der zunehmenden Automatisierung. Andererseits aber auch in der zunehmenden «Verwarenförmigung», also der Tatsache, dass vermehrt Bereiche der Reproduktion in den Bereich der Lohnarbeit integriert werden. Während den Arbeiter*innen das neue Autonomieversprechen der selbstbestimmten Arbeit gegeben wird, strebt die Kapitalseite nach einer höheren Produktivität und Flexibilität zum Zweck der Mehrwertproduktion. Die These von der «zunehmende[n] Vergesellschaftung der Arbeit, also die Ausdehnung der Arbeitsteilung, die Durchdringung aller Lebensbereiche mit Konsumgütern und Dienstleitungen, die Verbreitung flexibler, mobiler und individualisierter Beschäftigungsverhältnisse» (Bescherer 2013, 219) führt dazu, Arbeit und Arbeitskampf grundlegend neu kontextualisieren zu müssen und vom betrieblichen Produktionsprozess und der Ausbeutung im Lohnarbeitsverhältnis zu trennen.

Daher geben Hardt und Negri in «Multitude» einerseits auch die Vorrangstellung der produktiven Arbeit für den Klassenkampf auf und lösen alle Tätigkeit in einen allgemeinen Produktivismus auf. «Für Negri wird schließlich alles Arbeit, die Arbeit wird alles» (Eiden-Offe 2011, 87). Für die Nicht-Arbeit, die bei Tronti noch den Platz des Nicht-Integrierbaren hatte, ist nun kein Platz mehr. Die Aufhebung der Trennung zwischen Arbeit und Nicht-Arbeit führt auf der Kapitalseite dazu, dass alles verwertet wird, da alles verwertet werden kann. Damit einher geht, dass sich die Disziplin und das Kommando, die vorher ausschließlich in der Fabrik gegolten haben, nun auf die gesamte Gesellschaft ausbreiten.

Andererseits verändert dies auch die Klassenzusammensetzung und eröffnet die Möglichkeit, alle möglichen Formen von Handeln als potenziell widerständig zu begreifen. Daher propagieren Hardt und Negri auch den Kampf potenziell aller gegen die Gesamtgesellschaft. Anstelle eines rein ökonomisch definierten Klassenstandpunkts tritt bei ihnen das revolutionäre Potential der Unterdrückten und «Armen», die sich ohne reguläre Lohnarbeit zwar in prekären Lebens- und Arbeitsbedingungen befinden, jedoch durch ihre Existenz das Fabriksystem und die herrschende Ordnung und Disziplin herausfordern (vgl. Hardt/Negri 2004, 149ff.).

Dies machen Hardt und Negri insbesondere an Fragen der Migration und ihrer politischen Konsequenzen deutlich. Gerade armen Migrant*innen entziehen sich dem Kontrollregime, indem sie die staatlichen Grenzen – im Wortsinne – überschreiten. Diese Subversion stelle die gegebene Ordnung vor große Herausforderungen und führe letztendlich zu deren Unterminierung.

Doch nicht nur bezogen auf die Migration, sondern ganz allgemein nimmt bei Hardt und Negri der Klassenkampf die «Form des Exodus an» (Hardt/Negri 2010, 166). Darunter verstehen sie ein Bewusstsein, dass sich den herrschenden Normen entzieht. Das Hinterfragen, Nicht-Mitspielen und Weggehen bekommt bei ihnen einen revolutionären Anstrich. «Die Flucht aus den disziplinierenden Fabrikhallen wurde als Teil des Klassenkampfes gesehen, der zu einer Auflösung der Fabrik in die Gesellschaft führt» (Birkner/Foltin 2010, 49). Ich stimme mit Patrick Eiden-Offe überein, dass auf dem Weg vom Operaismus zum Postoperaismus die entscheidende «Negativität der Verweigerung, die den Glutkern operaistischer Theoriebildung bildete» (Eiden-Offe 2011, 81) verlorenging. Die Multitude wurde zu einer «Kraft der Konstruktion, der Konstitution, der Positivität» (ebd., 81f.). Die allumfassende Arbeit wurde bei Negri positiv als Selbstverwertung angesehen (Negri 1977, 137). Die Arbeiter*innen versuchen,

«in ihrer autonomen Selbstverwertung die Gesellschaftlichkeit ihrer Arbeit zu positivieren, die ihr von der Kapitalseite entzogen und als Eigenschaft des Kapitals gegenübergestellt wird. Selbstverwertung der Arbeit heißt, Aneignung der eigenen Gesellschaftlichkeit ohne Umweg über das Kapital, ohne Entfremdung durch das Kapital» (Eiden-Offe 2011, 94f.).

Die «Selbstverwertung bleibt für Negri tatsächlich Verwertung und nicht Rebellion» (ebd., 95).

Gleichwohl kam es im Postoperaismus zu einem um das Lumpenproletariat erweiterten Begriff des revolutionären Subjekts. Als zu essentialistisch haben sich Hardt und Negri vom Klassenbegriff verabschiedet und ihn durch die «Multitude» ersetzt. Die Annäherung an eine Definition des Begriffs wäre eine «Bewegung der Bewegungen», die sich «nicht unter eine vereinheitlichende Repräsentation bringen lässt, die Vielfalt der Wünsche und Bedürfnisse, die das herrschende System des Empire über sie hinaustreibt» (Birkner/Foltin 2010, 102). In diese Vielzahl wird das Lumpenproletariat eingeschlossen und verstanden als eine Bedrohung für die globale Stabilität des «Empire», die globale kapitalistische Macht gegen die Multitude (vgl. Hardt/Negri 2004, 158). Bereits früh warf Negri dem orthodoxen Marxismus eine andauernde Feindseligkeit gegenüber dem Lumpenproletariat vor. Der Marxismus habe die Armen immer verachtet und als potenzielle Gefahr und als Feinde des Proletariats dargestellt (vgl. Negri 2008, 76). In «Multitude» schreiben Hardt und Negri:

«Die Armen gelten als gefährlich: entweder als moralisch gefährlich, als unproduktive gesellschaftliche Schmarotzer – Diebe, Prostituierte, Drogenabhängige etc. –, oder als politisch gefährlich, weil sie unorganisiert, unberechenbar und tendenziell reaktionär sind» (Hardt/Negri 2004, 150).

Im Konzept der Multitude soll nun der marxistische Unterschied zwischen Arbeiter*innenklasse und Lumpenproletariat radikal nivelliert werden: Die migrantischen, jugendlichen und globalen Armen werden nun als handlungsfähig, gar revolutionär und keineswegs lediglich als Opfer der Verhältnisse beschrieben (vgl. ebd.).

Diese Debatten können ohne die Diskussionen um die *classes dangereuses* des 19. Jahrhunderts nur schwer verstanden werden (vgl. Scheu 2011, 128f.). Dort wurde die Erwerbs- und Heimatlosigkeit als Gefahr für die gesamte Gesellschaft angesehen. Im globalen Nomadentum und der Migration der gegenwärtigen Armen und Ausgeschlossenen taucht diese Heimatlosigkeit wieder auf. Die Angst rührte damals wie heute aus ihrer Unkontrollierbarkeit sowie ihrer Negation der staatlichen Kategorien und Grenzen und der globalen Hierarchien her. Dadurch wird die Multitude zu einer ständigen und latenten Bedrohung für deren Stabilität. Sie ist als das neue revolutionäre Subjekt explizit die Wiederkehr des Lumpenproletariats und der gefährlichen Klassen (vgl. Hardt/Negri 2004, 149–159) und während «das Lumpenproletariat in der marxschen Theorie unter- und außerhalb des Proletariats platziert wird, geben Hardt und Negri jede Unterscheidung verschiedener subalterner Klassen oder von Klassenfraktionen auf» (Bescherer 2013, 213).

6 Fazit

Die Begriffsgeschichte des Lumpenproletariats hat viele unterschiedliche Sichtweisen und Widersprüche in ihrer Verwendung deutlich gemacht. Die grundlegende Idee dieses Buches war es, einen Bezug zwischen der Bezeichnung «Lumpenproletariat» und der Realgeschichte herzustellen. Dabei trat das Problem auf, den Begriff auch selbst als Realkategorie zu gebrauchen, also so zu tun bzw. zu schreiben, als ob es tatsächlich eine gesellschaftliche Klasse gegeben hätte, die sich als Lumpenproletariat bezeichnen lässt. Vielmehr war und ist in dem Begriff immer eine Form der Be- und meistens Abwertung enthalten. Wie und von wem der Begriff benutzt wurde und an welchen geschichtlichen Phänomenen dies jeweils anknüpfte, habe ich versucht darzustellen.

Marx und Engels hatten das Lumpenproletariat im gesellschaftlichen Abseits positioniert, da es ohne die schulende Erfahrung industrieller Arbeit unfähig zur Ausbildung eines Klassenbewusstseins sowie korrumpierbar und tendenziell reaktionär sei. Aus dieser Ansicht entwickelte sich eine Traditionslinie in der sozialdemokratischen und kommunistischen Arbeiter*innenbewegung, die das Lumpenproletariat ebenfalls stets als den konträren Begriff zur «respektablen» und «würdevollen» Arbeit konstruierte. Im gesamten Marxismus bildet sich die Identität im Rahmen der gesellschaftlichen Produktionsverhältnisse. Die Arbeit war Grundlage sowohl für die Selbstdefinition als auch für die Abgrenzung der Arbeiter*innen und ihrer Repräsentant*innen. In diesem Buch wurden zahlreiche Beispiel hierfür genannt.

Neben der Arbeiter*innenbewegung gingen später auch Soziolog*innen wie Marie Jahoda, Robert Castel oder Pierre Bourdieu von der Erwerbsarbeit als zentrales identitätsstiftendes Moment aus. Eine solche ausgrenzende und einengende «arbeiterliche» Identität blieb jedoch verhaftet in der Anerkennung herrschender bürgerlicher Vorstellungen von Leistung, Rationalität, Moral und Sittlichkeit.

Handlungsfähigkeit und Protest der Unterklassen zeige sich in dieser Sichtweise lediglich in Resignation oder zielloser Gewalt. Diese – in Form von Aufständen artikuliert – sei nur unkontrollierbarer, spontaner und eruptiver Ausdruck einer irrationalen, kaum mehr steuerbaren Bewegung, deren Akteure mit Aktionsformen wie Plünderungen ein politisches Ziel völlig aus den Augen verlieren würden. So verstanden, sind solch spontane Aufstände auch nur als Ausdruck der Niederlage und des Scheiterns zu verstehen und verfestigen somit die Vorstellung, das Lumpenproletariat auf der Verliererseite der Geschichte zu positionieren. Ohne politische Idee oder geschichtliche Tendenz seien sie gegen den (sozialistischen) Fortschritt gerichtet. Daher stammt auch die Forderung nach Einhegung dieser «defizitären» Massenrevolten in weniger militante und reformistische Organisationsformen und daher auch der Glaube – letztendlich die Konsequenz des orthodoxen Marxismus, die Lenin offen ausspricht – zum finalen Umsturz der gesellschaftlichen Verhältnisse sei nur eine gut ausgebildete und organisierte Avantgarde befähigt, die von außen ein wissenschaftliches und sozialistisches Klassenbewusstsein an die Klasse herangetragen wird.

Wenn jedoch etwas zur Revision dieser Vorstellung zwingt, dann ist es die konkrete Sozialgeschichte des 19. und 20. Jahrhunderts. Ein Großteil der Bewegungen und sozialen Kämpfe dieser Jahrhunderte passte zwar nicht in die Vorstellungen des Klassenkampfs im Marxismus, sie machten jedoch die Handlungsfähigkeit des Lumpenproletariats sichtbar und zeichnen ein verändertes Bild von Revolution und Aufstand. Will man die Organisierungs- und Artikulationsformen der Unterklassen verstehen, muss man mit vorherrschenden Denkmodellen brechen, die den Klassenstatus gegenüber dem Kapital lediglich über die Erwerbsarbeit bestimmen wollen und somit auch den Klassenkampf lediglich ökonomisch in Bezug auf den Wert der Ware Arbeitskraft und ihrer Reproduktionskosten betrachten. Eine solche homogenisierende Fassung des Proletariats auf den doppelt freien, meist männlichen und weißen Lohnarbeiter sowie eine Vereinseitigung und Verengung des Klassenkampfes auf Lohnkämpfe ist bereits Ergebnis einer proletarischen Niederlage, wie es Peter Linebaugh und Marcus Rediker formuliert haben, da die vielfältigen proletarischen Kämpfe von Frauen, Migrant*innen, Jugendlichen und Deklassierten als defizitär verstanden und vom «eigentlichen» Klassenkampf exkludiert wurden.

Es gilt hingegen, diese vielfältigen untergründigen Protestformen der Deklassierten genauer zu betrachten und´sie sich (wieder) anzueignen. Eine Vielzahl von gegenwärtigen Veröffentlichungen zur Thematik der Unterklassen zeugt von einer Wiederkehr des Interesses (Bescherer 2013; Althammer 2017; Widder 2020).

Von den Subsistenzrevolten des 19. Jahrhunderts über die Kämpfe der Erwerbslosen in der Weimarer Republik bis zu den bäuerlichen Revolutionen des 20. Jahrhunderts und den Aufständen der Deklassierten in den Kolonien und Gettos finden sich immer wieder soziale Kämpfe, die nicht in Lohnforderungen aufgegangen sind, sondern das Recht auf Existenz forderten und sich um die Dynamik generativer Reproduktion drehten. Ein genauer Blick auf diese Protest- und Widerstandsformen legt sie in ihrer Eigenständigkeit frei: nicht immer wohl überlegt und eloquent, sondern undifferenziert, derbe, unstrukturiert und möglicherweise auch militant, sind sie genuiner Ausdruck der Handlungsfähigkeit des Lumpenproletariats. Aus ihnen allen spricht das unmittelbare materielle Bedürfnis der Massen, sich selbst zu erhalten. Diese Forderung nach Garantie des Existenzrechts, die auf einer *moral economy* gründet und weniger auf der Forderung nach Aneignung der kapitalistischen Produktionsmittel und ihrer Weiterentwicklung ist dabei nicht bloß konservativ, insofern, dass die kapitalistische Überformung des *whole way of life* einen Antikapitalismus als notwendige Bedingung des Kampfes voraussetzt. Dieser Klassenkampf findet vielmehr auch jenseits der Lohnarbeit statt; am Feierabend, auf der Straße und in der Reproduktionssphäre. «Gemeinsam ist diesen Bewegungen […] die Tatsache, daß sie bei oberflächlicher Betrachtung alle bei der Durchsetzung ihrer sozialen Interessen auf jede festgefügte organisatorische Struktur ebenso verzichten […] wie auf ein klar formuliertes Aktionsprogramm» (Marin 1985, 137f.). Sie entstehen aus den Kontakten der Menschen, die direkt miteinander leben, sprechen, trinken, handeln und die daraus direkte Aktionen einer selbstorganisierten Kollektivität entwickeln. Dies verweist auf lange historische Traditionslinien: Der Soziologe Barrington Moore hat für die Frühmoderne darauf hingewiesen, dass sich in direkten Nachbarschaften und Dörfern jene Solidarität entwickelte, die es den Menschen ermöglichte, mit den neuen Härten der kapitalistischen Innovation umzugehen (Moore 1965, 470–74). Die Vagabund*innen der Weimarer Republik trafen sich in Gaststätten und Herbergen, lasen Zeitung und diskutierten dort ihre Situation. Die kollektive Organisation von Frühstück für Kinder durch die *Black Panther* brachte unterschiedliche Menschen im Alltag zusammen und politisierte sie. In all diesen Beispielen verschmolzen die Bereiche Politik, Alltagsleben und Reproduktion zu einer widerständigen Einheit.

Insbesondere im Aufstand fand das Lumpenproletariat eine Möglichkeit, sein Existenzrecht zu verteidigen und die eigene Reproduktion sicherzustellen. Das geschah in den Brotpreisrevolten der frühen Neuzeit direkt auf den Märkten, wo Waren und Preise gehandelt wurden, aktuell werden die Innenstädte und Orte des Konsums zu Schauplätzen sozialer Kämpfe. Plätze werden besetzt und Kaufhäuser geplündert. Die Plünderung – also die Aneignung von Waren zum Preis Null – ermöglicht die Reproduktion des Lumpenproletariats jenseits der Lohnarbeit und ist Ausdruck einer Politik, die nicht integrierbar ist in herrschende Diskurse. Auch beim gegenwärtigen Lumpenproletariat handelt es sich um ein globales und wachsendes Phänomen. China oder Indien bilden die derzeit größten bäuerlichen Gesellschaften der Welt. Zwei Drittel der aktuell 1,3 Milliarden Inder*innen – insgesamt ein Sechstel der Weltbevölkerung – lebt in Dörfern. Keine Innovationsoffensive oder Urbanisierung

«absorbieren die Millionen Menschen, die in hunderttausenden Dörfern zu überleben versuchen, obwohl ihre Produkte und Dienste, ihre Unterwürfigkeit immer weniger gebraucht werden. Angesicht seines ungenügenden Industrialisierungs-, Alphabetisierungs- und Urbanisierungsprozesses stellt die verarmte Landbevölkerung keine industrielle Reservearmee dar, sondern lediglich ein agrarisches Lumpenproletariat» (Rösel 2020, 8).

In Ländern wie Argentinien, Chile, Venezuela und Uruguay hingegen leben bereits über 40 Prozent der Bevölkerung in Städten mit mehr als 200.000 Einwohner*innen. Überall dort kommen jährlich tausende Menschen in diesen Städten hinzu, um ein Auskommen zu finden. Doch bleibt ihnen in den Favelas, Barriadas, Bidonvilles, Shanty Towns, oder wie auch immer dieses universelle Phänomen vor Ort genannt wird, produktive Arbeit verwehrt und so fristen sie ihr Dasein in ihren Lagern aus Pappe, abgeflachten Benzinkanistern und alten Packkisten in den Vororten von Manila, Rio, Kairo oder Bangkok. Diese Urbanisierung ohne gleichzeitige Industrialisierung zeigt auf, dass auch aktuell das Lumpenproletariat nicht in den Produktionsprozess integriert ist, nicht an der Entwicklung der Produktivkräfte teilhaben kann und keine Macht in diesem Bereich hat.

Die immer größere Menge an Überflüssigen, die nicht in einem Lohnarbeitsverhältnis steht, kann die Produktion nicht angreifen. «Dementsprechend liegt das Widerstandspotential der Arbeitslosen nicht in der Unterbrechung des Produktionsprozesses, sondern in der Störung der Distributions- und Konsumptionsformen. [...] An die Stelle des Streiks tritt der Aufstand» (Diettrich 1999, 157).

Bereits Bakunin fand das revolutionäre Subjekt gegen die kapitalistische Herrschaft in der eigentumslosen Masse, die auf Erfahrungen und Traditionen der Selbstorganisierung zurückblicken konnte. Seine Kraft zog es nicht aus dem kooperativen Produzentenwissen der geordneten Bahnen der Lohnarbeit, sondern aus militanten Aktionen. Orlando Figes berichtete am Beispiel der Russischen Revolution von 1905 davon. Plünderungen, Angriffe auf die Bourgeoisie und wilde Enteignungen *«scheinen ein integraler Bestandteil der Arbeitermilitanz gewesen zu sein, ein Mittel, die Macht der plebejischen Menge geltend zu machen und die Symbole von Wohlstand und Privilegien zu zerstören. Was die verängstige Mittelschicht ‹Hooliganismus› nannte [...], konnte genauso gut der Kategorie ‹revolutionärer Akt› zugeordnet werden» (Figes 2014, 204).*

Das kapitalistische Leistungsprinzip wird somit auch von denjenigen angegriffen, die nicht im Maschinenraum stehen und damit in die Erwerbsarbeitsgesellschaft integriert sind. Ein halbes Jahrhundert nach der Russischen Revolution waren es die Stadtteilbewegungen, wilden Streiks, Sabotagen, der Kampf gegen die Arbeit in den Fabriken und «proletarische Einkäufe» – die wohl nicht zufällig den von Thompson (1979) beschriebenen Brotprotesten ähnelten –, die im Operaismus zum Teil des Klassenkampfes wurden. Bei Herbert Marcuse wurde dies noch um Kämpfe in der Dritten Welt, die Frauenbefreiung sowie die Aufstände der Schwarzen in den Gettos und (Post-)Kolonien erweitert.

Diese Linie, die von Bakunin über den Operaismus hin zu Marcuse reicht, erkennt volkstümliche Traditionen und nichtarbeiterliche Identitäten und Aktionsformen in den sozialen Bewegungen als antikapitalistische Kämpfe und Klassenkämpfe an. Sie sind nicht bloß anomisches, defizitäres Verhalten, das aus Desintegration folgt und sich einer formalisierten Bewegungsorganisation ein- und unterzuordnen hat. Vielmehr stellen sie eine neue Offensive in der Austragung des Antagonismus in kapitalistischen Gesellschaften dar. So verstanden können (und müssen) auch Kriminalität, Devianz, Aufstände und Sozialproteste in ihrer schier unüberschaubaren empirischen Vielförmigkeit zum Teil der proletarischen Bewegung werden.

Deren Vielfältigkeit im globalen Maßstab bringt uns zurück zur Metapher der Hydra und lässt somit eine Kontinuität aufscheinen; eine Kontinuität über Abbrüche hinweg. Denn die Hydra lebt ja bekanntlich weiter, auch wenn ihr ein Kopf abgeschlagen wird. Vielmehr: Es wachsen zwei neue Häupter nach. Somit erlaubt dieses Bild, eine Vielzahl unterschiedlicher Phänomene als Einheit zu betrachten und bringt die vielfältigen widerständigen Erscheinungen des Lumpenproletariats auf den Begriff.

Daraus folgt bei manchen Linken nun, die im Westen vielfach eingehegten Klassenkämpfe auf den globalen Kontext zu erweitern und dabei von einem einheitlichen und grundsätzlich emanzipatorischen, subproletarischen Subjekt auszugehen (vgl. Roth 2005; Arrighi 2009). Hinsichtlich dieser Hoffnung haben jedoch bereits Bakunin (Bakunin 1972, 644) oder Marcuse (MS 8, 242) Zweifel angemeldet und vor einer Romantisierung gewarnt. Reaktionäres Gedankengut, latenter und – spätestens bei Teilen der *Black Panther* – offener Antisemitismus sowie Xenophobie finden sich hier auch und dürfen nicht von einer schonungslosen Kritik ausgenommen werden. Somit findet man im globalen Lumpenproletariat sicherlich nicht einfach das neue revolutionäre Subjekt. Es sind Menschen mit Interessen, die auf ihre Fragen mal falsche und mal richtige Antworten geben. Dabei findet sich ein praktisches Wissen, begründet in einer *moral economy* und ausgedrückt im Kampf um die Existenz, das neben herrschaftskonformen Elementen auch solche von Neugier, Kritik und der Möglichkeit der grundlegenden Gesellschaftsveränderung beinhaltet.

Sich dieser Unsicherheit zu öffnen, bedeutet in der Tat, sich einem Risiko zu öffnen. Es ist eine Öffnung in den Bereich des Unvorhergesehen und Unklaren, kurz des Politischen. «Keine Behauptung über die Leute am Boden der Gesellschaft», so der Historiker Jesse Lemisch, «weder daß sie rebellisch sind, noch gefügig, weder daß sie sich der Autorität beugen, deren Legitimität nie anerkennen, noch daß sie eine Autorität verfluchen, die sie als illegitim betrachten, weder daß sie edel sind, noch gemein – keine derartige Behauptung gelangt auch nur in die Nähe eines Beweises, solange wir nicht wirklich eine Geschichte der Unartikulierten versucht haben». (in: Martin 1985, 145)

Zweifellos wird dabei nur noch selten vom Lumpenproletariat gesprochen. Doch allzu schnell sollte man diesen, gleichwohl verminten Begriff nicht aufgeben. Er stellt zum einen – von seinen ursprünglichen marxistischen Konnotationen gelöst – als Sub- oder Surplusproletariat für die Deutung und Analyse gegenwärtiger Subsistenz-, Armutsrevolten und Vorstadtunruhen einen geeigneten Analyserahmen dar. Zum anderen beinhaltet der Begriff ja nicht nur den Aspekt der moralischen Korrumpierung, sondern ist – oder verspricht es zumindest zu sein – ein Klassenbegriff. Als solcher sollte er nicht leichtfertig fallengelassen werden, stellt er damit doch immerhin die Frage nach der Überwindung *aller* Klassen.

7 Literaturverzeichnis

a) Siglen von Werkausgaben

HW: Hegel, Georg Wilhelm Friedrich (1986): Werke. Frankfurt am Main: Suhrkamp.

LW: Lenin, Wladimir Iljitsch (1956): Werke. Berlin: Dietz.

MS: Marcuse, Herbert (2004): Schriften in 9 Bänden. Springe: Klampen.

MGS: Mehring, Franz (1961ff.): Gesammelte Schriften. Berlin: Dietz.

MEW: Marx, Karl / Engels, Friedrich (1956ff.): Werke. Berlin: Dietz.

MEGA²: Marx, Kar l/ Engels, Friedrich (1975ff.): Gesamtausgabe. Berlin: Dietz (seit 1990: Amsterdam: Internationale Marx-Engels-Stiftung)

MAW: Mao, Tse-tung (1968ff.): Ausgewählte Werke. Peking: Verlag für fremdsprachige Literatur.

SW: Stalin, Josef W. (1955ff.): Werke. Berlin: Dietz.

b) Monographien und Aufsätze

Abdullah, Ibrahim (2006): Culture, consciousness and armed conflict: Cabral's déclassé in the era of globalization. In: *African Identities* 4 (1), S. 99–112.

Allex, Anne; Kalkan, Dietrich (Hg.) (2009): Ausgesteuert – ausgegrenzt… angeblich asozial. Neu-Ulm: AG-SPAK.

Alquati, Romano (1974): Klassenanalyse als Klassenkampf. Arbeiteruntersuchung bei FIAL und OLIVETTI. Frankfurt am Main: Fischer.

Althammer, Beate (2017): Vagabunden. Eine Geschichte von Armut, Bettel und Mobilität im Zeitalter der Industrialisierung. Essen: Klartext.

Aly, Götz; Heim, Susanne (1991): Vordenker der Vernichtung. Auschwitz und die deutschen Pläne für eine neue europäische Ordnung. Hamburg: Hoffmann und Campe.

Améry, Jean (1980): Widersprüche. Stuttgart: Klett-Cotta.

Anderson, Kevin (2016): Marx at the margins. On nationalism, ethnicity, and non-Western societies. Chicago, London: The University of Chicago Press.

Aptheker, Herbert (1993): Amercian Negro Slave Revolts. New York: International Publishers.

Arendt, Hannah (1995): Macht und Gewalt. München: Piper.

Arrighi, Giovanni (2009): Die verschlungenen Pfade des Kapitals. Ein Gespräch mit David Harvey, Analysen mit Beverly J. Silver zur Weltgeschichte der Arbeiterbewegung und zu China. Hamburg: VSA.

Aubin, Hermann; Zorn, Wolfgang (Hg.) (1976): Handbuch der deutschen Wirtschafts- und Sozialgeschichte. Band 1. Stuttgart: Klett-Cotta.

Ayass, Wolfgang (1995): «Asoziale» im Nationalsozialismus. Stuttgart: Klett-Cotta.

Bahne, Siegfried (1981): Die Erwerbslosenpolitik der KPD in der Weimarer Republik. In: Hans Mommsen und Winfried Schulze (Hg.): Vom Elend der Handarbeit. Probleme historischer Unterschichtenforschung. Stuttgart: Klett-Cotta, S. 477–496.

Bahnmüller, Reinhard (1981): Die ohnmächtige Wut. Soziale Lage und gesellschaftliches Bewußtsein von männlichen Arbeitslosen mit qualifiziertem Berufsabschluß. Frankfurt am Main: Campus.

Bakunin, Michail (1972): Staatlichkeit und Anarchie und andere Schriften. Berlin: Ullstein.

Bakunin, Michail (2000): Die revolutionäre Frage. Föderalismus, Sozialismus, Antitheologismus. Münster: Unrast.

Balestrini, Nanni; Moroni, Primo (2002): Die goldene Horde. Arbeiterautonomie, Jugendrevolte und bewaffneter Kampf in Italien. Berlin: Assoziation A.

Ballhatchet, Joan (1991): The Police and the London Dock Strike of 1889. In: *History Workshop Journal* 32 (1), S. 54–68.

Bartnik, Norbert; Bordon, Frieda (1978): Die Rehberger. Subkultur der Berliner Erdarbeiter um 1830. In: Willi Bergmann, Thomas Janssen und Jürgen Klein (Hg.): Autonomie im Arbeiterkampf. Beiträge zum Kampf gegen die Fabrikgesellschaft. München: Trikont, S. 67–88.

Bataille, Georges (2007): La part maudite. Paris: Minuit.

Bauer, Karin (1984): Clara Zetkin und die proletarische Frauenbewegung. Berlin: Oberbaum.

Becker, Lia; Candeias, Mario; Niggemann, Janek; Steckner, Anne (Hg.) (2017): Gramsci lesen. Einstiege in die «Gefängnishefte». Hamburg: Argument.

Behrens, Diethard; Hafner, Kornelia (2017): Westlicher Marxismus. Eine Einführung. Stuttgart: Schmetterling.

Benjamin, Walter (Hg.) (2006): Kritiken und Rezensionen. Frankfurt am Main: Suhrkamp.

Benjamin, Walter (Hg.) (2013): Charles Baudelaire. Ein Lyriker im Zeitalter des Hochkapitalismus. Frankfurt am Main: Suhrkamp.

Bernfeld, Siegfried (1974): Antiautoritäre Erziehung und Psychoanalyse 2. Berlin: Ullstein.

Bescherer, Peter (2013): Vom Lumpenproletariat zur Unterschicht. Produktivistische Theorie und politische Praxis. Frankfurt am Main: Campus.

Bescherer, Peter (2015): Lumpenproletariat. In: Haug, Wolfgang Fritz et al. (Hg.): Historisch-kritisches Wörterbuch des Marxismus 8/II, S. 1379–1393.

Bescherer, Peter (2018): Deklassiert und korrumpiert: Das Lumpenproletariat als Grenzbegriff der politischen Theorie und Klassenanalyse von Marx und Engels. In: *Ethik und Gesellschaft* (1), S. 1–19.

Birkner, Martin; Foltin, Robert (2010): (Post-)Operaismus. Von der Arbeiterautonomie zur Multitude. Geschichte & Gegenwart, Theorie & Praxis. Stuttgart: Schmetterling.

Blasius, Dirk (1984): Sozialprotest und Sozialkriminalität. Eine Problemstudie zum Vormärz. In: Heinrich Volkmann und Jürgen Bergmann (Hg.): Sozialer Protest. Studien zu traditioneller Resistenz und kollektiver Gewalt in Deutschland vom Vormärz bis zur Reichsgründung. Wiesbaden: VS Verlag für Sozialwissenschaften, S. 212–227.

Bleiber, Helmut (1955): Die Moabiter Unruhen 1910. In: *Zeitschrift für Geschichtswissenschaft* (3), S. 173–211.

Bodemann, Y. Michal; Spohn, Willfried (1986): The Organicity of Classes and the Naked Proletarian. Towards a New Formulation of the Class Conception. In: *Insurgent Sociologist* 13 (3), S. 10–19.

Böke, Henning (2007): Maoismus. China und die Linke – Bilanz und Perspektive. Stuttgart: Schmetterling.

Bourdieu, Pierre (2000): Die zwei Gesichter der Arbeit. Interdependenzen von Zeit- und Wirtschaftsstrukturen am Beispiel einer Ethnologie der algerischen Übergangsgesellschaft. Konstanz: UVK.

Bourdieu, Pierre (2004): Gegenfeuer. Konstanz: UVK.

Bourdieu, Pierre (2010): Algerische Skizzen. Berlin: Suhrkamp.

Bourdin, Jean-Claude (2013): Marx et le lumpenprolétariat. In: *Actuel Marx* 54 (2), S. 39–55.

Bovenkerk, Frank (1984): The rehabilitation of the rabble. How and why Marx and Engels wrongly depicted the lumpenproletariat as a reactionary force. In: *Netherlands Journal of Sociology* 20 (1), S. 13–41.

Brupbacher, Fritz (1976): Marx und Bakunin. Ein Beitrag zur Geschichte der Internationalen Arbeiterassoziation. Berlin: Karin Kramer.

Bussard, Robert L. (1987): The «Dangerous Class» of Marx and Engels. The rise of the idea of the Lumpenproletariat. In: *History of European Ideas* 8 (6), S. 675–692.

Cabral, Amílcar (1974): Revolution in Guinea. An African People's Struggle. London: Stage One.

Castel, Robert (2000): Die Metamorphosen der sozialen Fragen. Eine Chronik der Lohnarbeit. Konstanz: Universitätsverlag.

Castel, Robert (2011): Die Krise der Arbeit. Neue Unsicherheiten und die Zukunft des Individuums. Hamburg: Hamburger Edition.

Chassé, Karl August (2010): Unterschichten in Deutschland. Materialien zu einer kritischen Debatte. Wiesbaden: VS Verlag für Sozialwissenschaften.

Clark, Peter; Slack, Paul (Hg.) (1972): Crisis and Order in English Towns, 1500–1700. Toronto: University Press.

Cleaver, Eldridge (1972): On Lumpen Ideology. In: *The Black Scholar* 4 (3), S. 2–10.

Cleaver, Eldridge (2007): Target zero. A life in writing. New York: Palgrave Macmillan.

Conze, Werner (1954): Vom «Pöbel» zum «Proletariat». Sozialgeschichtliche Voraussetzungen für den Sozialismus in Deutschland. In: *Vierteljahresschrift für Sozial- und Wirtschaftsgeschichte* 41 (4), S. 333–364.

Conze, Werner (1984): Proletariat, Pöbel, Pauperismus. In: *Geschichtliche Grundbegriffe. Historisches Lexikon zur politisch-sozialen Sprache* (5), S. 27–68.

Conrad, Sebastian (2004): «Eingeborenenpolitik» in Kolonie und Metropole. «Erziehung zur Arbeit» in Ostafrika und Ostwestfalen. In: Ders. und Jürgen Osterhammel (Hg.): Das Kaiserreich transnational. Deutschland in der Welt 1871–1914. Göttingen: Vandenhoeck & Ruprecht, S. 107–128.

Cooper, Frederick; Stoler, Ann L. (Hg.) (1997): Tensions of Empire. Colonial Cultures in a Bourgeois World. Berkeley: University Press.

Cowling, Mark (2002): Marx's Lumpenproletariat and Murray's Underclass. Concepts Best Abandoned? In: James Martin und Mark Cowling (Hg.): Marx's Eighteenth Brumaire. (post)modern interpretations. London: Pluto Press, S. 228–242.

Cowling, Mark (2008): Marxism and criminological theory. A critique and a toolkit. Basingstoke: Palgrave Macmillan.

Dalla Costa, Mariarosa (1973): Die Macht der Frauen und der Umsturz der Gesellschaft. Berlin: Merve.

Danyluk, Roman (2020): Sozialrevolte und Gegenmacht. Der bewaffnete Kampf der Bewegung 2. Juni. In: Christopher Wimmer (Hg.): «Where have all the Rebels gone?». Perspektiven auf Klassenkampf und Gegenmacht. Münster: Unrast, S. 78–94.

Denning, Michael (2010): Wageless Life. In: *New Left Review* (66), S. 79–97.

Depauw, Jacques (1974): Pauvres, pauvres mendiants, mendiants valides ou vagabonds? Les hésitations de la législation royale. In: *Revue d'histoire moderne et contemporaine* 21 (3), S. 401–418.

Dettmer, Klaus (1977): Arbeitslose in Berlin. Berlin: Freie Universität.

Diettrich, Ben (1999): Klassenfragmentierung im Postfordismus. Geschlecht, Arbeit, Rassismus, Marginalisierung. Münster: Unrast.

Dörre, Klaus (2014): Stigma Hartz IV. Für- und Selbstsorge an der Schwelle gesellschaftlicher Respektabilität. In: Brigitte Aulenbacher und Maria Dammayr (Hg.): Für sich und andere sorgen. Krise und Zukunft von Care in der modernen Gesellschaft. Weinheim: Beltz Juventa, S. 40–52.

Dörre, Klaus (2017): Die neuen Vagabunden. Prekarität in reichen Gesellschaften. In: Uwe Bittlingmayer, Alex Demirovic und Tatjana Freytag (Hg.): Handbuch Kritische Theorie, Band 1. Wiesbaden: Springer, S. 1–23.

Dörre, Klaus; Happ, Anja; Matuschek, Ingo (Hg.) (2013): Das Gesellschaftsbild der LohnarbeiterInnen. Soziologische Untersuchungen in ost- und westdeutschen Industriebetrieben. Hamburg: VSA.

Draper, Hal (1972): The Concept of the Lumpenproletariat in Marx and Engels. In: *Economies et Sociétés* 6 (12), S. 2285–2312.

Eckert, Georg (1965): 100 Jahre Braunschweiger Sozialdemokratie. Band 1. Von den Anfängen bis zum Jahre 1890. Hannover: Dietz.

Eckhardt, Wolfgang (2012): Bakunin und Marx in der Ersten Internationale. Zerstörung oder Eroberung der politischen Macht. In: Philippe Kellermann (Hg.): Begegnungen feindlicher Brüder. Zum Verhältnis von Anarchismus und Marxismus in der Geschichte der sozialistischen Bewegung. Münster: Unrast, S. 17–32.

Eiden-Offe, Patrick (2011): Der Verlust der Verweigerung. Von der Arbeiterklasse als Agentin der Nicht-Arbeit zur Selbstverwertung der Multitude. Abriss des (Post)Operaismus. In: Jörn Etzold und Martin Jörg Schäfer (Hg.): Nicht-Arbeit. Politiken, Konzepte, Ästhetiken. Weimar: Bauhaus-Universität, S. 80–104.

Eiden-Offe, Patrick (2014): Lazzaroni. Zu einer Poetik der verwischten Spur in Büchners Leonce und Lena und bei Brecht. In: *Das Brecht-Jahrbuch* (39), S. 196–217.

Eiden-Offe, Patrick (2017): Soziale Bewegung auf der Bühne: Zur Frage der Gegenwart in Christian Weises Masaniello. In: *Internationales Archiv für Sozialgeschichte der deutschen Literatur* 42 (1), S. 171–190.

Emig, Brigitte (1980): Die Veredlung des Arbeiters. Sozialdemokratie als Kulturbewegung. Frankfurt am Main: Campus.

Evans, Richard J. (1979): «Red Wednesday» in Hamburg: Social democrats, police and Lumpenproletariat in the suffrage disturbances of 17 January 1906. In: *Social History* 4 (1), S. 1–31.

Evans, Richard J. (1997): Szenen aus der deutschen Unterwelt. Verbrechen und Strafe, 1800–1914. Reinbek bei Hamburg: Rowohlt.

Evans, Richard J. (Hg.) (1982): The German working class 1888–1933. The politics of everyday life. London: Croom Helm.

Fähnders, Walter (1987): Anarchismus und Literatur. Ein vergessenes Kapitel deutscher Literaturgeschichte zwischen 1890 und 1910. Stuttgart: Metzler.

Fähnders, Walter; Zimpel, Henning (Hg.) (2009): Die Epoche der Vagabunden. Texte und Bilder 1900–1945. Essen: Klartext.

Fanon, Frantz (2008): Die Verdammten dieser Erde. Frankfurt am Main: Suhrkamp.

Fanon, Frantz (2016): Schwarze Haut, weiße Masken. Wien, Berlin: Turia + Kant.

Federici, Silvia (2015): Caliban und die Hexe. Frauen, der Körper und die ursprüngliche Akkumulation. Wien: mandelbaum.

Feuersenger, Marianne (Hg.) (1962): Gibt es noch ein Proletariat? Frankfurt am Main: Europäische Verlagsanstalt.

Figes, Orlando (2014): Die Tragödie eines Volkes. Die Epoche der russischen Revolution 1891 bis 1924. Berlin: Berlin Verlag.

Foucault, Michel (1969): Wahnsinn und Gesellschaft. Eine Geschichte des Wahns im Zeitalter der Vernunft. Frankfurt am Main: Suhrkamp.

Foucault, Michel (2016): Überwachen und Strafen. Die Geburt des Gefängnisses. Frankfurt am Main: Suhrkamp.

Frings, Christian (2019): Sklaverei und Lohnarbeit bei Marx. In: *PROKLA* 49 (196), S. 427–448.

Fröba, Gudrun; Nitsche, Rainer (Hg.) (1983): «… ein bisschen Radau. Arbeitslose machen Geschichte. Berlin: Transit.

Fürstenberg, Friedrich (1965): Randgruppen in der modernen Gesellschaft. In: *Soziale Welt* 16 (3), S. 236–245.

Gallas, Andreas (1996): Politische Wirkungsmöglichkeiten von Arbeitslosen. In: Friedhelm Wolski-Prenger (Hg.): Arbeitslosenarbeit. Erfahrungen. Konzepte. Ziele. Wiesbaden: VS Verlag für Sozialwissenschaften, S. 169–186.

Geißler, Heiner (1976): Die neue soziale Frage. Analysen und Dokumente. Freiburg: Herder.

Goldman, Emma (1977): Frauen in der Revolution. Band 2. Berlin: Karin Kramer.

Gorz, André (1986): Wege ins Paradies. Thesen zur Krise, Automation und Zukunft der Arbeit. Berlin: Rotbuch.

Gramsci, Antonio (1980): Zu Politik, Geschichte und Kultur. Leipzig: Reclam.

Gramsci, Antonio (1991): Marxismus und Kultur. Ideologie, Alltag, Literatur. Hamburg: VSA.

Greenblatt, Stephen (1991), Schmutzige Riten. Betrachtungen zwischen den Weltbildern. Berlin: Fischer.

Habermas, Jürgen; Bovenschen, Silvia (Hg.) (1996): Gespräche mit Herbert Marcuse. Frankfurt am Main: Suhrkamp.

Habermas, Rebekka (2008): Wie Unterschichten nicht dargestellt werden sollen: Debatte um 1890 oder «Cacatum non est pictum!» In: Rolf Lindner und Lutz Musner (Hg.): Unterschicht. Kulturwissenschaftliche Erkundungen der «Armen» in der Geschichte und Gegenwart. Freiburg: Rombach, S. 97–122.

Hardt, Michael; Negri, Antonio (2002): Empire. Die neue Weltordnung. Frankfurt am Main: Campus.

Hardt, Michael; Negri, Antonio (2004): Multitude. Krieg und Demokratie im Empire. Frankfurt am Main: Campus.

Hardt, Michael; Negri, Antonio (2010): Common Wealth. Das Ende des Eigentums. Frankfurt am Main: Campus.

Hardtwig, Wolfgang (2013): Gewalt in der Stadt 1917–1933. Erfahrung – Emotion – Deutung. In: Friedrich Lenger (Hg.): Kollektive Gewalt in der Stadt. Europa 1890–1939. Berlin: Walter de Gruyter.

Hark, Sabine; Völker, Susanne (2010): Feministische Perspektiven auf Prekarisierung. In: Alexandra Manske und Katharina Pühl (Hg.): Prekarisierung zwischen Anomie und Normalisierung. Geschlechtertheoretische Bestimmungen. Münster: Westfälisches Dampfboot, S. 26–47.

Hartmann, Detlef (2019): Innovative Barbarei gegen soziale Revolution. Kapitalismus und Massengewalt im 20. Jahrhundert. Berlin: Assoziation A.

Hartmann Detlef; Wimmer, Christopher (2021): Die Kommunen vor der Kommune 1870/71. Lyon – Le Creusot – Marseille – Paris. Berlin: Assoziation A.

Haug, Wolfgang Fritz (1968): Das Ganze und das Andere. Zur Kritik der reinen revolutionären Transzendenz. In: Jürgen Habermas (Hg.): Antworten auf Herbert Marcuse. Frankfurt am Main: Suhrkamp, S. 50–72.

Haupt, Heinz-Gerhard (2013): Gewalt in Teuerungsunruhen in europäischen Großstädten zu Beginn des 20. Jahrhunderts: Ein Überblick. In: Friedrich Lenger (Hg.): Kollektive Gewalt in der Stadt. Europa 1890–1939. Berlin: Walter de Gruyter, S. 167–186.

Hayes, Peter (1993): Marx's Analysis of the French Class Structure. In: *Theory and Society* 22 (1), S. 99–123.

Heinemann, Klaus (1978): Arbeitslose Jugendliche. Ursache und individuelle Bewältigung eines sozialen Problems. München: Luchterhand.

Henderson, Errol A. (1997): The Lumpenproletariat as Vanguard? The Black Panther Party, Social Transformation, and Pearson´s Analysis of Huey Newton. In: *Journal of Black Studies* 28 (2), S. 171–199.

Herbig, Rudolf (1978): Notizen aus der Sozial-, Wirtschafts- und Gewerkschaftsgeschichte vom 14. Jahrhundert bis zur Gegenwart. Wolframs-Eschenbach: R.M.G.

Herrnstadt, Rudolf (1965): Die Entdeckung der Klassen. Die Geschichte des Begriffs Klasse von den Anfängen bis zum Vorabend der Pariser Julirevolution 1830. Berlin: VEB Deutscher Verlag der Wissenschaften.

Herzig, Arno (1988): Unterschichtenprotest in Deutschland. 1790–1870. Göttingen: Vandenhoeck & Ruprecht.

Hobsbawm, Eric (1954): The General Crisis of the European Economy in the 17th Century. In: *Past and Present* 5 (1).

Huber-Koller, Rose-Marie (1977): Die kommunistische Erwerbslosenbewegung in der Endphase der Weimarer Republik. In: *Gesellschaft. Beiträge zur Marxschen Theorie* (10), S. 89–140.

Institut für Marxismus-Leninismus beim ZK der SED (IML) (Hg.) (1968): Geschichte der deutschen Arbeiterbewegung. Band 8. Berlin: Dietz.

Industrial Workers of the World (IWW) (1995): The little Red Songbook. Ypsilanti: IWW.

Jahoda, Marie; Lazarsfeld, Paul, F.; Zeisel, Hans (1975): Die Arbeitslosen von Marienthal. Ein soziographischer Versuch. Frankfurt am Main: Suhrkamp.

James, C. L. R. (1984): Die schwarzen Jakobiner. Toussaint L`Ouverture und die San-Domingo-Revolution. Berlin: Neues Leben.

Kauffeldt, Rolf (1983): Erich Mühsam. Literatur und Anarchie. München: Fink.

Kautsky, Karl (1964): Das Erfurter Programm, in seinem grundsätzlichen Teil erläutert. Hannover: Dietz.

Kern, Horst; Schumann, Michael (1977): Industriearbeit und Arbeiterbewußtsein. Eine empirische Untersuchung über den Einfluß der aktuellen technischen Entwicklung auf die industrielle Arbeit und das Arbeiterbewußtsein. Frankfurt am Main: Suhrkamp.

Kocka, Jürgen (2015): Arbeiterleben und Arbeiterkultur. Die Entstehung einer sozialen Klasse. Bonn: Dietz.

Koenen, Gerd (2017): Die Farbe Rot. Ursprünge und Geschichte des Kommunismus. München: C.H. Beck.

Kollontai, Alexsandra (Hg.) (1977): Die Situation der Frau in der gesellschaftlichen Entwicklung. Vierzehn Vorlesungen vor Arbeiterinnen und Bäuerinnen an der Sverdlov-Universität 1921. Frankfurt am Main: Neue Kritik.

Kontos, Silvia (1979): Die Partei kämpft wie ein Mann. Frankfurt am Main: Stroemfeld / Roter Stern.

Kreuzer, Helmut (2000): Die Bohême. Analyse und Dokumentation der intellektuellen Subkultur vom 19. Jahrhundert bis zur Gegenwart. Stuttgart: Metzler.

Kuczynski, Jürgen (1961): Die Geschichte der Lage der Arbeiter unter dem Kapitalismus. Band 1. Berlin: Aufbau.

Kuhn, Gabriel (Hg.) (2019): Wobblies. Politik und Geschichte der IWW. Münster: Unrast.

Lewis, Oscar (1975): Five families. Mexican case studies in the culture of poverty. New York: Basic Books.

LaCapra, Dominick (1983): Rethinking Intellectual History. Texts, Contexts, Language. Ithaca: Cornell University Press.

Lindenberger, Thomas (1995): Straßenpolitik. Zur Sozialgeschichte der öffentlichen Ordnung in Berlin 1900 bis 1914. Bonn: Dietz.

Linebaugh, Peter; Rediker, Marcus (2008): Die vielköpfige Hydra. Die verborgene Geschichte des revolutionären Atlantiks. Berlin: Assoziation A.

Linse, Ulrich (1978): Der Rebell und die «Mutter Erde». Asconas «Heiliger Berg» in der Deutung des anarchistischen Bohemien Erich Mühsam. In: Harald Szeemann (Hg.): Monte Verità. Berg der Wahrheit. Mailand: Electa Editrice, S. 26–37.

Lorke, Christoph (2015): Armut im geteilten Deutschland. Die Wahrnehmung sozialer Randlagen in der Bundesrepublik Deutschland und der DDR. Frankfurt am Main: Campus.

Lüdtke, Alf (2015): Eigen-Sinn. Fabrikalltag, Arbeitererfahrungen und Politik vom Kaiserreich bis in den Faschismus. Münster: Westfälisches Dampfboot.

Luxemburg, Rosa (1951): Ausgewählte Reden und Schriften. Band 1. Berlin: Dietz.

Luxemburg, Rosa (2000): Gesammelte Werke Band 1/ 2. Berlin: Dietz.

Machtan, Lothar (1983): Streiks im frühen deutschen Kaiserreich. Frankfurt am Main: Campus.

Machtan, Lothar; Ott, René (1984): «Batzebier!» Überlegungen zur sozialen Protestbewegung in den Jahren nach der Reichsgründung am Beispiel der süddeutschen Bierkrawalle vom Frühjahr 1873. In: Heinrich Volkmann und Jürgen Bergmann (Hg.): Sozialer Protest. Studien zu traditioneller Resistenz und kollektiver Gewalt in Deutschland vom Vormärz bis zur Reichsgründung. Wiesbaden: VS Verlag für Sozialwissenschaften, S. 128–166.

Mallmann, Klaus-Michael (1995): Milieu, Radikalismus und lokale Gesellschaft. Zur Sozialgeschichte des Kommunismus in der Weimarer Republik. In: *Geschichte und Gesellschaft* 21 (1), S. 5–31.

Marchart, Oliver (Hg.) (2014): Facetten der Prekarisierungsgesellschaft. Bielefeld: transcript.

Marcuse, Herbert (1998): Revolutionäres Subjekt und Autonomie. Vortrag auf der Sommeruniversität Korčula zum 14.–25.8.1968 zum Thema «Marx und die Revolution». In: Wolfgang Kraushaar (Hg.): Frankfurter Schule und Studentenbewegung. Von der Flaschenpost zum Molotowcocktail 1946–1995. Band 2. Hamburg: Zweitausendeins, S. 453–455.

Martin, Peter (1985): Das rebellische Eigentum. Vom Kampf der Afroamerikaner gegen ihre Versklavung. Hamburg: Junius.

Mattick, Paul (1935): Das Lumpenproletariat. In: *Rote Revue. Sozialistische Monatszeitschrift* 14 (10), S. 335–340.

Meyer, Ahlrich (1985): Massenarmut und Existenzrecht. Geschichte der sozialen Bewegungen 1789–1848. In: *AUTONOMIE. Materialien gegen die Fabrikgesellschaft NEUE FOLGE* (14), S. 15–145.

Meyer, Ahlrich (1999): Die Logik der Revolten. Studien zur Sozialgeschichte 1789–1848. Berlin: Verlag der Buchläden Schwarze Risse & Rote Straße.

Michels, Peter M. (1972): Aufstand in den Ghettos. Zur Organisation des Lumpenproletariats in den USA. Frankfurt am Main: Fischer.

Moore, Barrington (1965): Social Origins of Dictatorship and Democracy: Lord and Peasant in the Making of the Modern World. Boston: Beacon Press.

Mühsam, Erich (1978): Ausgewählte Werke. Band 2. Berlin: Volk und Welt.

Munford, C. J. (1973): The Fallacy of Lumpen Ideology. In: *The Black Scholar* 4 (10), S. 47–51.

Neckel, Sighard; Sutterlüty, Ferdinand (2010): Negative Klassifikationen und ethnische Ungleichheit. In: Marion Müller (Hg.): Soziologische Beiträge zu ethnischer Differenzierung und Migration. Wiesbaden: VS Verlag für Sozialwissenschaften, S. 217–235.

Negri, Antonio (1977): Proletarier und Staat. Zu einer Diskussion um Autonomie und Historischen Kompromiß. In: Ders.: Massenautonomie und historischer Kompromiß. München: Trikont, S. 91–144.

Negri, Antonio (2008): Reflections on Empire. Cambridge: Polity.

Nettl, Peter (1968): Rosa Luxemburg. Frankfurt am Main: Büchergilde Gutenberg.

Nolte, Ernst (Hg.) (1972): Theorien über den Faschismus. Köln: Kiepenheuer & Witsch.

Nolte, Paul (2004): Generation Reform. Jenseits der blockierten Republik. München: C.H. Beck.

Nonn, Christoph (1996): Verbraucherprotest und Parteiensystem im wilhelminischen Deutschland. Düsseldorf: Droste.

Offe, Claus (1975): Politische Herrschaft und KlassenstrukturIn: Gisela Kress und Dieter Senghaas (Hg.): Politikwissenschaft. Eine Einführung in ihre Probleme. Frankfurt am Main: Europäische Verlagsanstalt, S. 155–189.

Offermann, Toni (1979): Arbeiterbewegung und liberales Bürgertum in Deutschland 1850–1863. Bonn: Neue Gesellschaft.

Pantsov, Alexander V.; Levine, Stefen, I. (2014): Mao. Die Biographie. Frankfurt am Main: Fischer.

Peukert, Detlev (1983): Die «Wilden Cliquen» in den zwanziger Jahren. In: Wilfried Breyvogel (Hg.): Autonomie und Widerstand. Zur Theorie und Geschichte des Jugendprotestes. Essen: Rigodon, S. 66–77.

Piven, Frances F.; Cloward, Richard A. (1986): Aufstand der Armen. Frankfurt am Main: Suhrkamp.

Popitz, Heinrich et al. (1957): Das Gesellschaftsbild des Arbeiters. Soziologische Untersuchungen in der Hüttenindustrie. Tübingen: Paul Siebeck.

Potere Operaio (1972): Was ist Arbeitermacht? Materialien zur Kaderbildung. Berlin: Merve.

Pozzoli, Claudio (Hg.) (1972): Spätkapitalismus und Klassenkampf. Eine Auswahl aus den Quaderni Rossi. Frankfurt am Main: Europäische Verlagsanstalt.

Pulido, Laura (2006): Black, brown, yellow, and left. Radical activism in Los Angeles. Berkeley: University of California Press.

Raabe, Paul (Hg.) (1964): Ich schneide die Zeit aus. Expressionismus und Politik in Franz Pfemferts «Aktion». München: dtv.

Rancière, Jacques (2013): Die Nacht der Proletarier. Archive des Arbeitertraums. Wien, Berlin: Turia + Kant.

Reckwitz, Andreas (2017): Die Gesellschaft der Singularitäten. Zum Strukturwandel der Moderne. Berlin: Suhrkamp.

Rein, Harald (2013): Dreißig Jahre Erwerbslosenprotest. 1982–2012; Dokumentation, Analyse und Perspektiven. Neu-Ulm: AG-SPAK.

Rein, Harald (2017): Wenn arme Leute sich nicht mehr fügen…! Bemerkungen über den Zusammenhang von Alltag und Protest. Neu-Ulm: AG-SPAK.

Rohrwasser, Michael (1975): Saubere Mädel – Starke Genossen. Proletarische Massenliteratur? Frankfurt am Main: Roter Stern.

Rosenhaft, Eve (1982): Organising the «Lumpenproletariat». Cliques and Communists in Berlin during the Weimar Republic. In: Richard John Evans (Hg.): The German working class 1888–1933. The politics of everyday life. London: Croom Helm, S. 174–219.

Rosenhaft, Eve (1982a): Die KPD der Weimarer Republik und das Problem des Terrors in der «Dritten Periode» 1929–33. In: Wolfgang J. Mommsen und Gerhard Hirschfeld (Hg.): Sozialprotest, Gewalt, Terror. Gewaltanwendung durch politische und gesellschaftliche Randgruppen im 19. und 20. Jahrhundert. Stuttgart: Klett-Cotta, S. 394–421.

Rossanda, Rossana (2007): Die Tochter des 20. Jahrhundert. Frankfurt am Main: Suhrkamp.

Roth, Karl Heinz (1977): Die andere Arbeiterbewegung und die Entwicklung der kapitalistischen Repression von 1880 bis zur Gegenwart. Ein Beitrag zum Neuverständnis der Klassengeschichte in Deutschland. München: Trikont.

Roth, Karl Heinz (2005): Der Zustand der Welt. Gegen-Perspektiven. Hamburg: VSA.

Rösel, Jakob (2020): In die Ausbeutung gezwungen. Bonded labour ist in Indien bis heute weit verbreitet. In: *Iz3W* 381, S. 6–9.

Rübner, Hartmut (1994): Freiheit und Brot. Die Freie Arbeiter-Union Deutschlands; eine Studie zur Geschichte des Anarchosyndikalismus. Berlin: Libertad.

Ruda, Frank (2011): Hegels Pöbel. Eine Untersuchung der «Grundlinien der Philosophie des Rechts». Konstanz: Konstanz University Press.

Sachße, Christoph; Tennstedt, Florian (1998): Geschichte der Armenfürsorge in Deutschland. Stuttgart: Kohlhammer.

Sachweh, Patrick (2012): The moral economy of inequality: popular views on income differentiation, poverty and wealth. In: *Socio-Economic Review* 10 (3), S. 419–445.

Saint-Simon, Henri de (1977): Ausgewählte Schriften. Band 6. Berlin: Akademie.

Schelsky, Helmut (1979): Auf der Suche nach Wirklichkeit. München: Goldmann.

Scheu, Johannes (2011): Dangerous classes: tracing back an epistemological fear. In: *Distinktion: Journal of Social Theory* 12 (2), S. 115–134.

Schultze, Thomas; Gross, Almut (1997): Die Autonomen. Ursprünge, Entwicklung und Profil der Autonomen. Hamburg: Konkret.

Schrupp, Antje (1999): Nicht Marxistin und auch nicht Anarchistin. Frauen in der Ersten Internationale. Königstein: Ulrike Helmer.

Schwandt, Michael (2010): Kritische Theorie. Eine Einführung. Stuttgart: Schmetterling.

Schwartz, Michael (1994): «Proletarier» und «Lumpen». Sozialistische Ursprünge eugenischen Denkens. In: *Vierteljahreshefte für Zeitgeschichte* 42 (4), S. 537–570.

Seale, Booby (1970): Seize the Time. New York: Random House.

Sennett, Richard (2010): Respekt im Zeitalter der Ungleichheit. Berlin: Berliner Taschenbuch-Verlag.

Stallybrass, Peter (1990): Marx and Heterogenity. Thinking the Lumpenproletariat. In: *Representations* 8 (31), S. 69–95.

Stallybrass, Peter; White, Allon (1993): The politics and poetics of transgression. Ithaca: Cornell University Press.

Stein, Gerd (1985): Lumpenproletarier, Bonze, Held der Arbeit. Verrat und Solidarität. Frankfurt am Main: Fischer.

Steinacker, Sven (2006): «Marterhöllen der kapitalistischen Republik«: Revolutionäre Politik und subproletarischer Protest in der Fürsorgeerziehung der Weimarer Republik. In: *Internationale wissenschaftliche Korrespondenz zur Geschichte der deutschen Arbeiterbewegung* 42 (1), S. 3–59.

Stephan, Paul (2018): Marx' Gespenst. Die Kritik des Lumpen. In: Matthias Bohlender, Anna-Sophie Schönfelder und Matthias Spekker (Hg.): «Kritik im Handgemenge». Die Marx'sche Gesellschaftskritik als politischer Einsatz. Bielefeld: transcript, S. 51–72.

Strang, Heinz (1970): Erscheinungsformen der Sozialhilfebedürftigkeit. Beitrag zur Geschichte, Theorie und empirischen Analyse der Armut. Stuttgart: Enke.

Thalheimer, August (1973): Über den Faschismus. In: Gruppe Arbeiterpolitik (Hg.): Der Faschismus in Deutschand, Band 1. Analysen und Bericht der KPD-Opposition 1928–1933. Frankfurt am Main: EVA.

Thälmann, Ernst (1956): Reden und Aufsätze zur Geschichte der deutschen Arbeiterbewegung. Berlin: Dietz.

Thien, Hans-Günther (2018): Die verlorene Klasse. ArbeiterInnen in Deutschland. Münster: Westfälisches Dampfboot.

Thoburn, Nicholas (2002): Difference in Marx. The lumpenproletariat and the proletarian unnamable. In: *Economy and Society* 31 (3), S. 434–460.

Thomä, Dieter (2016): Puer robustus. Eine Philosophie des Störenfrieds. Berlin: Suhrkamp.

Thompson, Edward P. (1979): Wahrnehmungsformen und Protestverhalten. Studien zur Lage der Unterschichten im 18. und 19. Jahrhundert. Frankfurt am Main: Suhrkamp.

Thompson, Edward P. (1987): Die Entstehung der englischen Arbeiterklasse. Frankfurt am Main: Suhrkamp.

Tilly, Richard; Tilly, Louise; Tilly, Charles (1975): The Rebellious Century. 1830–1930. Harvard: University Press.

Trappmann, Klaus (Hg.) (1980): Landstrasse, Kunden, Vagabunden. Berlin: Gerhardt.

Traugott, Mark (1980): The Mobile Guard in the French Revolution of 1848. In: *Theory and Society* 9 (5), S. 683–720.

Tronti, Mario (1974): Arbeiter und Kapital. Frankfurt Main: Neue Kritik.

Trotzki, Leo (1971): Was nun? Schicksalsfragen des deutschen Proletariats. In: Ders.: Schriften über Deutschland. Frankfurt am Main: Suhrkamp, S. 180–306.

Vedder, Björn (2018): Reicher Pöbel. Über die Monster des Kapitalismus. Marburg: Büchner.

Vester, Michael (2006): Soziale Milieus und Gesellschaftspolitik. In: *Aus Politik und Zeitgeschichte* (44+45), S. 10–17.

Vester, Michael et al. (2015): Soziale Milieus im gesellschaftlichen Strukturwandel. Zwischen Integration und Ausgrenzung. Frankfurt am Main: Suhrkamp.

Volkmann, Heinrich; Bergmann, Jürgen (Hg.) (1984): Sozialer Protest. Studien zu traditioneller Resistenz und kollektiver Gewalt in Deutschland vom Vormärz bis zur Reichsgründung. Wiesbaden: VS Verlag für Sozialwissenschaften.

Weber, Hermann (Hg.) (1966): Die Kommunistische Internationale. Eine Dokumentation. Hannover: Dietz.

Wehler, Hans-Ulrich (1995): Deutsche Gesellschaftsgeschichte. Band 3, , München: Beck.

Weipert, Axel (2015): Die zweite Revolution. Rätebewegung in Berlin 1919/1920. Berlin: be.bra.

Welshman, John (2013): Underclass. A History of the Excluded Since 1880. London: Bloomsbury Publishing

Widder, Roman (2020): Pöbel, Poet, Publikum. Figuren arbeitender Armut in der Frühen Neuzeit. Konstanz: Konstanz University Press.

Wiese, Leopold (1953): Über die Armut. In: *Kölner Zeitschrift für Soziologie und Sozialpsychologie* 6 (3/4), S. 42–62.

Wietschorke, Jens (2010): Schundkampf von links. Eine Skizze zur sozialdemokratischen Jugendschriftenkritik vor 1914. In: *Interna-*

tionales Archiv für Sozialgeschichte der deutschen Literatur 34 (2), S. 157–175.

Wietschorke, Jens (2019): Grenzen der Respektabilität. Zur Geschichte einer Unterscheidung. In: *Aus Politik und Zeitgeschichte* 69 (44–45), S. 33–39.

Wimmer, Christopher (2020): Der Wunsch nach einer eigenen Stimme. Streifzüge durch Klassenkämpfe, Aufstände und Revolten. In: Ders. (Hg.): «Where have all the Rebels gone?». Perspektiven auf Klassenkampf und Gegenmacht. Münster: Unrast, S. 284–294.

Wimmer, Christopher (2020a): Zum Wandel des Indienbildes von Karl Marx. In: *ASIEN. The German Journal on Contemporary Asia* (152/153), S. 5–23.

Winkler, Heinrich August (1990): Der Weg in die Katastrophe. Arbeiter und Arbeiterbewegung in der Weimarer Republik 1930 bis 1933. Bonn: Dietz.

Wolski-Prenger, Friedhelm (1994): Bündnispartner oder Lumpenproletariat? Zur Frühgeschichte gewerkschaftlicher Arbeitslosenpolitik. In: *Utopie kreativ* (47/48), S. 102–112.

Worsley, Peter (1972): Frantz Fanon and the «Lumpenproletariat». In: *The Socialist Register* (9), S. 193–230.

Zetkin, Clara (1957): Ausgewählte Reden und Schriften. Band 1. Berlin: Dietz.

Zetkin, Clara (1957a): Erinnerungen an Lenin. Berlin: Dietz.

Martin Birkner / Robert Foltin

(Post-)Operaismus

Von der Arbeiterautonomie zur Multitude.

2., durchgesehene, erweiterte Auflage
2010, 204 S., kart., Reihe theorie.org
ISBN 3-89657-661-5

Die vorliegende Einführung zeichnet die theoriegeschichtliche Entwicklung des Operaismus in seiner Wechselwirkung mit den sozialen Bewegungen nach.
Dabei beschränkt sich die Diskussion bewusst nicht auf Italien, sondern stellt die Auseinandersetzungen im globalen Rahmen dar. Die operaistisch beeinflussten Debatten der Gegenwart werden anhand «Multitude» und «Empire» von Hardt/Negri, John Holloways «Die Welt verändern ohne die Macht zu übernehmen» und Paolo Virnos «Grammatik der Multitude» ausführlich dargestellt.
Abschließend wird dem Einfluss postoperaistischer Theoriebildung auf aktuelle soziale Bewegungen wie die Disobbedienti in Italien und die EuroMayday-Kampagne nachgegangen.

«Die in Deutschland erhältliche Literatur zur Blüte des italienischen Linksradikalismus leidet oft unter ihrer Fokussierung auf die (bewaffnete) Auseinandersetzung zwischen Staat und militanter Bewegung. Birkner und Foltin hingegen legen mehr Wert auf die organisatorische und inhaltliche Unterscheidung zwischen den einzelnen linksradikalen Strömungen in Italien, die eine Breitenwirkung entfalten konnten, von der heutige AktivistInnen nur träumen können.»
Fabian Kunow in «Phase 2»

«Lust auf radikale Theorie abseits akademischer Diskurse, umsichtig, kritisch und gelungen aufgearbeitet? Dann ist dieses Büchlein absolut empfehlenswert!»
Klemens Pilsl in «Die Kumpfzeitung»

schmetterling verlag

Felix Klopotek

Rätekommunismus

Geschichte und Theorie
Geschichte

1. Auflage 2021, 240 Seiten, kartoniert, Reihe theorie.org,
ISBN 3-89657-674-7

«Die soziale Revolution ist keine Parteisache!», lautete der Schlachtruf des Rätekommunismus, bereits 1920 gegen den Führungsanspruch der Bolschewiki geschleudert. Diese Courage ihn legendär gemacht – organisationskritisch und antiautoritär, gleichermaßen gegen Sozialdemokratie wie Bolschewismus gerichtet, tief in der radikalen Arbeiterbewegung des frühen 20. Jahrhunderts verwurzelt.

Rätekommunisten galten als «Anarcho-Marxisten» und gleichzeitig als orthodoxe Vertreter eines reinen Marxismus. Aus diesem Zwiespalt erwuchs die Kritik an dieser Strömung: sektiererisch, utopistisch, blind gegenüber den Formveränderungen des Kapitalismus.

Felix Klopotek zeigt, dass weder zur Legendenbildung Anlass besteht noch die pauschale Kritik die Fakten auf ihrer Seite hat. Er schlägt eine systematische Aneignung der «rätekommunistischen Erfahrung » vor, die sich als erstaunlich aktuell erweist: Der entfaltete Rätekommunismus ist die Kritik des Kapitalismus als totalitäres System, das die Organisationen der Arbeiterbewegung in Agenturen der Konterrevolution verwandelt hat.

Peter Samol

Die Leistungsdiktatur

Wie Konkurrenzdruck unser Leben zur Hölle macht

234 Seiten, kartoniert, 16.80 EUR
Reihe BLACK BOOKS
ISBN 3-89657-196-6

Wir stehen stets unter dem Zwang, uns mit unseren Mitmenschen zu vergleichen und in der Konkurrenz mit ihnen zu bestehen. Für manche beginnt das Leid bereits in frühester Kindheit, sofern sie das Pech haben, sehr ehrgeizige Eltern zu haben. Und am Ende wird mit sterblichen Überresten zuweilen sehr ruppig umgegangen, sofern die Betroffenen in ihrem Leben nicht gewisse Mindeststandards erfüllt haben und demzufolge nicht genügend Geldmittel für ein würdiges Begräbnis zur Verfügung stehen. Was sind die Ursachen für diese Missstände?

Im Kern liegen sie darin, dass in kapitalistischen Gesellschaften die erträglichen Arbeitsmöglichkeiten laufend weniger werden, indem sie entweder ganz verschwinden oder durch schlechte Beschäftigungsgelegenheiten ersetzt werden. Neue Technologien, neue Organisationsformen oder auch nur eine schlichte Änderung des Massengeschmacks können über Nacht jede hart erarbeitete Position sowie sämtliche erworbenen Qualifikationen wertlos machen. Als einziges Rezept dagegen wird den Menschen empfohlen, sie sollen sich noch mehr anstrengen, noch härter arbeiten und noch intensiver miteinander konkurrieren. Wer sich angesichts dieser absurden Lage gar nicht erst bemüht, soll die Folgen ihres bzw. seines mangelnden Einsatzes deutlich in Form von Armut und Marginalisierung zu spüren bekommen.

Robert Foltin

Die Körper der Multitude

Von der sexuellen Revolution zum queer-feministischen Aufstand

192 Seiten, kartoniert, 12,80 EUR
Reihe BLACK BOOKS
ISBN 3-89657-056-0

Der Begriff der «Multitude» wurde durch Michael Hardts und Antonio Negris Buch «Empire» für ein breiteres Publikum eingeführt, die Theorie wurde von den gleichen Autoren in «Multitude» sowie in Paolo Virnos «Grammatik der Multitude» weiterentwickelt. Trotzdem sind viele Fragen offen geblieben. In diesem Text soll in das Konzept Multitude verständlich eingeführt werden.

Der Ausgangspunkt ist nicht nur ein kritischer Marxismus, sondern die Queer-Theorie, ergänzt durch feministische Ansätze (in den Texten der oben genannten Männer ist der Feminismus in die Fußnoten verbannt). Im ersten Teil werden Körper und Geschlecht, Sexualität und Arbeit sowie deren Bedeutung für den Kapitalismus diskutiert, im zweiten unterschiedliche Bewegungen, von den ArbeiterInnen über Rock ´n´ Roll bis hin zum Feminismus. Die nachfolgenden Teile stellen die konstitutiven Grundlagen der Multitude vor.

Viele Begriffe, wie «Reelle Subsumption», «Biopolitik», «Frau-Werden», «gesellschaftliches Individuum» oder ,«Commons» werden erläutert. Ergänzt wird das durch queer-feministische Diskussionen, wie der Kritik an den eindeutigen (zwei) Geschlechtern und der heterosexuellen Norm, sowie dem «Sexuell Arbeiten» (Renate Lorenz / Brigitta Kuster), der Produktion der Geschlechter im kapitalistischen Arbeitsprozess. Dieses Buch kann als Fortsetzung von «(Post) Operaismus» von Martin Birkner und Robert Foltin gelten.

schmetterling verlag